Myrna M. Milani, D.V.M.
Die unsichtbare Leine

Die unsichtbare Leine

Ein besserer Weg zum
Verständnis Deines Hundes!

MYRNA M. MILANI, D.V.M.

KYNOS VERLAG

Mürlenbach

Wir danken der Firma EFFEM GmbH für die Bereitstellung von sechs Farbfotos,
die wir für die Ausgestaltung dieses Buches nutzen durften.

Aus dem Amerikanischen übertragen von: *Dr. Dieter Fleig*
Originaltitel: The Invisible Leash
A Better Way To Communicate With Your Dog
© Myrna M. Milani D.V.M.

© KYNOS VERLAG Dr. Dieter Fleig GmbH
Am Remelsbach 30, D-54570 Mürlenbach/Eifel
Telefon 06594-653 - Telefax 06594-452
Internet: http://www.kynos-verlag.de
e-mail: info@kynos-verlag.de

ISBN 3-924008-45-0

Gesamtherstellung: Druckerei Anders, 54595 Prüm

Vorwort

Als mir von amerikanischen Hundefreunden, mit denen ich oft über die verschiedenen Wege der Hundeausbildung und Hundeerziehung diskutiert hatte, das vorliegende Buch geschenkt wurde, gab mir der Titel „DIE UNSICHTBARE LEINE" Anlaß zum Nachdenken. Was versteht die Autorin Dr. Myrna M. Milani als Tierärztin und praktizierende Hundeerzieherin unter diesem Begriff?

Beim Lesen des Buches wurde mir von Kapitel zu Kapitel immer deutlicher, weil an den verschiedensten Vorkommnissen erläutert, daß die unsichtbare Leine das Band zwischen Mensch und Hund versinnbildlicht, begründet durch Wissen, Vertrauen, Geduld und vor allem durch Liebe. Die Autorin analysiert anhand vieler Einzelfälle das Verhalten oder das Fehlverhalten der Hundebesitzer ihren Hunden gegenüber und kommt durch die von ihr entwickelte einfache Sechs-Schritt-Methode zur Lösung von Problemstellungen zwischen Mensch und Hund.

Diese Methode stützt sich einerseits auf das Einfühlungsvermögen in Psyche und Fassungskraft des Hundes und andererseits auf die unerschöpfliche Geduld und Selbstdisziplin des Menschen beim Umgang mit ihnen. Bei allen geschilderten Vorgängen und deren Analysen steht im Vordergrund die Überlegung, wie einem Hund klarzumachen ist, was von ihm verlangt wird; dabei stets aus der Perspektive des Hundes gesehen.
Hunde können den Menschen in einem erstaunlichen Ausmaß verstehen, ohne dabei an die Sprache gebunden zu sein, allein die Ausdruckserscheinungen genügen zur Verständigung. In diesem Buche ist wohl das Hauptanliegen der Autorin, Hunde zu verstehen und zu erfahren, wie sie uns verstehen, um Schwierigkeiten in der Hundehaltung zu überwinden und die Verständigung zwischen zwei Lebewesen zu ermöglichen.

Hier liegt eine Darstellung über Hundeerziehung vor, die in dieser Art, zumindest im deutschen Schrifttum, erstmalig ist. Neben der Analyse der Vorgänge in den einzelnen Kapiteln klingt überall die Erfahrung der Autorin als Tierärztin und praktische Hundeerzieherin durch.

Das Lesen dieses einmaligen Buches hat mich fasziniert und begeistert, so daß ich es dem Kynos-Verlag vorgelegt habe, der die Übersetzung und Überarbeitung der amerikanischen Originalausgabe dankenswerterweise übernommen hat.

Was in dem Buche überzeugend und wissenschaftlich fundiert vorgetragen wird, verdient die Beachtung jedes Hundehalters, ganz gleich welcher Rasse oder Disziplin; er findet reichlich Orientierung und Ausrichtung für die Hundeerziehung mal ganz anders und leicht verständlich dargestellt. Mir hat das Buch viel Freude gemacht und trotz langjährigem Umgang mit Hunden noch manche neue Erkenntnisse auf diesem Gebiete vermittelt. Mit Recht kann es allen Hundehaltern empfohlen werden, und jeder Leser wird dem Kynos-Verlag als Herausgeber großen Dank wissen.

Dr. H. Wirtz

Danksagung

Die unsichtbare Leine wäre ohne die Hilfe außergewöhnlicher Menschen
nie entstanden:

Cindy Kane, welche die Saat legte;

Michael Snell, der die Frucht reifen ließ;

Nancy Butcher, die zur Halbzeit mir mit Rat und Tat zur Seite stand;

und Majorie Zerbel, die, wann immer gefragt, sich an die Schreibmaschine setzte
und mich immer wieder aufmunterte.

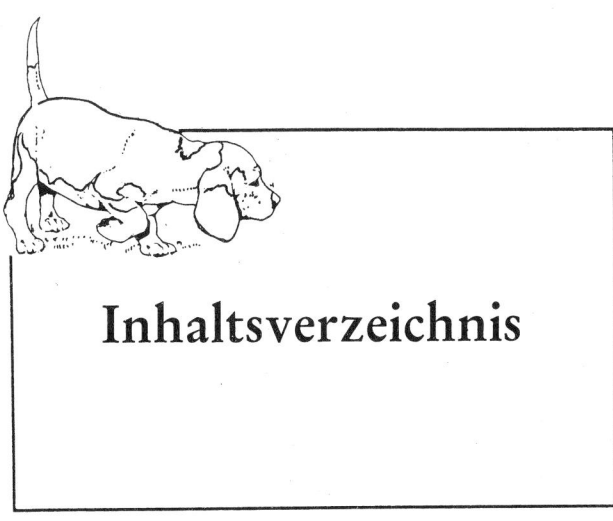

Inhaltsverzeichnis

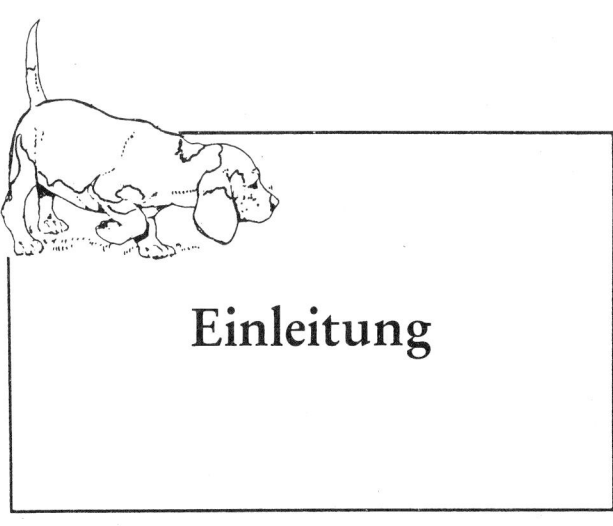

Einleitung

Einleitung

Im letzten Winter starb mein alter Hund Dufie. Obwohl ich als Tierarzt hunderten von Hundebesitzern geholfen habe, über den Tod ihrer geliebten Hunde hinwegzukommen, hatte ich das tiefe Empfinden, daß ich ein ganz wichtiges Familienmitglied verloren hatte. Wie alle Hundebesitzer war ich der Überzeugung, daß mein Hund etwas ganz Außergewöhnliches war, unsere Verbindung untereinander einmalig, nicht wiederholbar. Sicher, Dufie war nicht mehr als all die vielen braunen amerikanischen Standardhunde, ein Mischling, dessen Ahnen jede Hunderasse umfaßt, vom Beagle bis zum Schäferhund. Dennoch, kein anderer Hund sah aus wie er, kein anderer Hund wedelte genau so mit der Rute wie er, wenn ich mit ihm sprach.

In den zehn Jahren meiner Kleintierpraxis habe ich eine ganze Menge von Hunden behandelt, mit ihnen gesprochen, aber nie war ein Hund darunter wie Dufie. Auch wenn er niemals die freudige Intelligenz eines Dobermanns zeigte oder die guten Manieren eines sorgfältig erzogenen Pudels, er hatte seine eigene Art an Weisheit, an Wärme, nur er allein.

Wie gut kann ich mich all der heftigen Auseinandersetzungen erinnern, als ich versuchte, ihn als Junghund zu erziehen! Ich verbarrikadierte Türen, verschloß Zimmer, errichtete Anti-Dufie-Pyramiden mit Stühlen aus dem Speisezimmer, auf der Couch im Wohnzimmer, all dies, um ihn daran zu hindern, sich schlecht zu benehmen. Jedoch entweder durch seine nervenzerfetzende Dummheit oder unglaubliche Intelligenz, Dufie schien stets gerade in dem Augenblick sich entschlossen zu haben, sich nicht schlecht zu benehmen, wenn ich Extremmaßnahmen eingeleitet hatte. An dem Tag, als ich nach Hause kam und entdeckte, daß meine wunderschöne Zimmerpalme, ein geliebtes Familienmitglied, leblos auf dem Küchenboden lag, Dufie freudig erregt durch das ganze Haus raste mit der abgenagten Pflanzenwurzel im Fang, stellte ich meine kostbarsten Pflanzen nur noch hoch, außerhalb seiner Reichweite auf. Sowie ich all diese Arbeit hinter mir hatte, war Dufie völlig uninteressiert an jeder Art von Pflanzen, auch an Pflanzen, die er leicht erreichen konnte.

Nein, Dufie war kein gewöhnlicher Hund! Er hatte über Stunden in Pappkartons gespielt. Hob ich jedoch einen Karton auf, um ihn aus dem Weg zu räumen, wurde er nahezu verrückt vor Angst, urinierte, entleerte seine Analdrüsen und stürzte sich in Deckung, als hätte er nie zuvor einen so furchterregenden Gegenstand gesehen. „Was für ein Dufus (Schwachkopf)!" sagten wir dann. Und dieser Name blieb ihm.

Wann immer er zuviel bellte oder sein Bein an der Zentralsäule im Erdgeschoß hob, schrie ich ihm nach. Winselte er in Angstträumen frühmorgens um drei Uhr, versicherte ich ihm, daß keine Gefahr drohe. Ich teilte mein Essen mit ihm und zankte ihn aus, wenn er Futter vom Tisch stahl. Kurzum, über zwölf Jahre hinweg waren Dufie und ich engstens miteinander verbunden über Ohr, Auge, Geruch, Geschmack und körperliche Berührung, nicht zuletzt aber durch das, was man Liebe nennt. Auf diese Art schufen wir ein Band zwischen uns, eine unsichtbare Leine, die uns in ganz besonderer Art vereinte.

So eng verbunden miteinander empfand ich seinen Tod wie den eines besonders lieben Freundes, eines Lebensgefährten. Im Einklang mit meiner Lebensphilosophie schläferte ich Dufie im richtigen Augenblick ein. Ich sah ihn altern, körperlich zerfallen. Schlüpfrige Holzböden, enge Treppen, der eisige Neuenglandwinter wurden zu mächtigen Feinden seines schwächer werdenden Sehvermögens und seines arthritischen Hüftleidens. Nachdem es mir nach und nach gelungen war, weltliche Probleme wie Kläffen, Autos nachjagen, Haus verschmutzen und Betteln dank wachsenden Verständnisses der Sinneswelt des Hundes zu meistern, entschied ich mich, seinem Tod mit übersinnlichem Verständnis – Liebe genannt – entgegenzugehen. Ich wünschte mir, daß die letzten gemeinsamen Augenblicke Ausdruck des tiefsten gegenseitigen Verständnisses werden sollten. Als der Tag kam, an dem ich wußte, daß ich nicht länger seine Schmerzen gegen meine eigenen Gefühle der Furcht vor Trennung und Tod aufrechnen konnte, entschied ich mich, Dufie selbst einzuschläfern. Wir saßen zusammen auf den warmen Herdkacheln, Dufies Lieblingsaufenthaltsort.

Einleitung

Als ich das erste Mal versuchte, ihm die Spritze zu setzen, verfehlte meine zitternde Hand die Vene, aber Dufie zuckte nicht einmal oder versuchte wegzulaufen. Er vertraute meiner Berührung, dem Klang meiner Stimme, dem ihm vertrauten Geruch meines ausgebeulten, alten Pullovers. Ich setzte die Spritze an den anderen Vorderlauf, dieses Mal verfehlte ich die Vene nicht. Ich umschloß seine Pfote mit meiner Hand und blickte tief in seine alten, braunen Augen, wie ich dies schon hunderte Male getan hatte, als er freundlich um meine Aufmerksamkeit warb. Irgendwie fühlte ich, Dufie wußte ganz genau, was ich tat und warum ich es tat. Unsere gemeinsamen Jahre hatten ein solch festes Band des gegenseitigen Verständnisses geknüpft. Wir beide wußten, unser letzter Augenblick war viel mehr als all die vielen gemeinsamen Erlebnisse, die hinter uns lagen. Ich bezweifle, ob es irgendein zuverlässiges Aufzeichnungsinstrument gibt, das in der Lage ist, den Austausch hundlicher und menschlicher Gedanken und Gefühle aufzuzeigen. Es sind Wellen unaufhörlicher Kommunikation zwischen Lebewesen, sie eilten unermüdlich in jenen letzten Sekunden über eine äußerlich nicht wahrnehmbare Brücke zwischen Hund und Mensch.

Dufie wurde am höchsten Punkt unseres hinter dem Hause liegenden Gartens begraben – so wurde dies von meinen Söhnen beschlossen. „Er war mit uns über die ganze Länge seines Lebens, deshalb hat er die beste Aussicht verdient."

Wir legten Pinienholz auf den Boden seines Grabes, das ihn trocken halten sollte und weitere Hölzer darauf, um ihn zu wärmen. Mein Jüngster Dan meinte, wir sollten seinen Futternapf mit begraben. Auch zu dieser Zeit glaubten wir irgendwie, Dufie könne uns sehen, fühlen, riechen, hören und schmecken. Vielleicht sprang Dufie mit einem großen Satz in irgendein sonniges Hundeleben nach dem Tod, vielleicht auch nicht; aber er ist immer noch bei uns. Die Verbindung, die über das gesamte Leben zu uns bestand, lebt immer noch weiter fort.

Wodurch entsteht eine solche engste Verbindung? Was ermöglicht es einem Hund, seine Gefühle und Nöte dem Menschen zu vermitteln? Wie übertragen Menschen ihre

Wünsche und Gefühle auf ihre Hunde? Frage irgendeinen Hundebesitzer, vom streitsüchtigen Hank unten am Ende der Straße mit seinem schlecht erzogenen, einäugigen, schwarzen Labrador bis zum Trainer von Lassie! Du wirst schnell erfahren, daß, völlig unabhängig von Rasse und Intelligenz eines Hundes, jeder wirklich seinen Hund liebende Besitzer sagen kann, ob sein (oder ihr) Hund glücklich, verstockt, furchtsam oder nur gerade unwohl ist. Im gleichen Augenblick, wenn sie die Tür öffnen, spüren diese Besitzer, ob ihre Hunde das Haus in Unordnung gebracht haben, und gleichzeitig untersuchen die Hundenasen Zentimeter um Zentimeter der Kleidung ihres Herrn, um herauszufinden, wo er gewesen ist, was für interessanten Menschen oder Tieren er begegnete. Ein ganz bestimmtes Bellen warnt: „Jemand nähert sich dem Haus!" Empfindliche Ohren nehmen das Geräusch auf, wenn auf einer Entfernung von einer Meile Johnny den Förderkübel in Bewegung setzt. Völlig genau wie menschliche Wesen untereinander über ihre fünf Sinne (und den sechsten Sinn – Liebe genannt) untereinander kommunizieren, genauso nutzen Tierbesitzer und ihre Tiere die ganze Skala ihrer Sinne. Hierdurch wird die unsichtbare Leine geschaffen, die sie miteinander verbindet. Nur wenn wir voreingenommen erwarten, daß unsere Hunde auf äußere Eindrücke genauso reagieren wie wir, dann zerbricht die enge Verbindung; Probleme entstehen.

Wie erfolgt eine Verknüpfung mit einem Lebewesen, dessen Empfindungswelt so oft von unserer eigenen abweicht? Über die Jahre haben Dufie und meine Patienten und ihre Besitzer mich eine ganze Menge über die Schönheit, den Reichtum der Kommunikation verschiedenartiger Lebewesen gelehrt. Die wichtigste Erkenntnis ist, daß die Qualität des gegenseitigen Verstehens beider Lebewesen in erster Linie davon abhängig ist, daß beide sorgfältig auf des anderen eigentümlichen Gebrauch seiner Sinne achten. Die zwei Lebewesen sprechen verschiedene Sprachen, jedes von beiden muß des anderen Form der Kommunikation beherrschen, wenn Liebe daraus erwachsen soll. Uriniert ein scheuer Haushund an Türrahmen und Wandverkleidungen, um sein Eigentum zu markieren oder zu schützen, versteht ein seine Sinne wenig gebrauchender

Hundebesitzer die Botschaft nicht, sieht dahinter Geringschätzung und Trotz. Schlägt dieser Besitzer seinen Hund, um ihm beizubringen, solche schrecklichen Dinge nicht wieder zu tun, entsteht Mißverständnis, keine Verständigung.

Jede Art von Berührung sagt dem Hund sofort, sich auf eine von drei Arten zu verteidigen: Erstarren, Angreifen oder Fliehen. So sagt ein Schlag des Besitzers dem Hund nicht: „Du darfst hier nicht urinieren!", die Botschaft, die den Hund erreicht, bewirkt eine dieser drei Verteidigungsantworten. Es ist noch viel schlimmer, selbst diese natürlichen, hundeeigenen Antworten werden falsch verstanden. Ein Hund, der unbeweglich stehen bleibt, ist ein Feigling; ein Hund, der sich verteidigt, löst damit eine Einbahnfahrkarte zum Tierarzt, wo er wegen Bösartigkeit eingeschläfert werden soll; der Hund, der wegläuft, bekommt einen weiteren Hieb, wann und wenn er überhaupt zurückkommt. Kurz gesagt, die natürliche Antwort eines Hundes auf eine äußere Einwirkung ist nicht die gleiche wie die unsrige. Kein Wunder, daß so viele Hundebesitzer große Schwierigkeiten haben, Probleme mit ihren Hunden zu lösen.

Je besser wir erkennen, ob menschliche oder hundliche Kommunikation gleichartig oder verschieden voneinander sind, desto enger unsere Verbindung mit unseren Haushunden, sie wird zum festen Band, das unsere Beziehungen bereichert. Im Idealfall wird ein solch enges Band an dem Tage geknüpft, an dem Percy als liebenswerter Junghund in unser Leben tritt; auf diesem Weg entsteht dann eine ganze Reihe von Problemen gar nicht erst. Aber auch die Verbindung mit einem älteren Tier hat ihre ganz besonderen Werte. Neben der Ausdehnung des Wissens des Hundebesitzers über die natürlichen Kommunikationsmethoden des Hundes, kann ein solches Band auch Alternativlösungen für viele allgemeine Probleme bieten, die allzu oft selbst die liebevollste Verbindung untergraben.

Wie können wir unser Wissen über die Kommunikation Hund/Mensch zur Problemlösung einsetzen? Wie wir sonst ein Nylonband oder eine Lederleine benutzen, so nutzen wir auch die unsichtbare Leine der Verbindung Hund/Mensch, um das Verhalten des Hundes zu lenken oder zu verändern. Dabei ist es sehr viel einfacher, wenn wir konsequent immer nach der gleichen Methode vorgehen. In den folgenden Seiten dieses Buches werden wir eine ganz einfache Methode der Problemlösung in sechs Einzelschritten aufzeigen, die man bei einer breiten Vielfalt von Kommunikations- und Verhaltensstörungen einsetzen kann. Der erste Schritt bei diesem Prozeß ist, eine bestehende Situation als völlig normal anzusehen, ganz gleich, wie schrecklich das tatsächliche Verhalten oder unser Empfinden über dieses Verhalten auch sein mögen. Klingt dies unmöglich?

Nun, es ist gar nicht so schwierig. Hat man erst einmal begriffen, diese Methode anzuwenden, kann sie eine Menge an Zeit sparen. Die klare Definition des Problems ist der zweite Schritt, der dazu beiträgt, die Problemlösung zu vereinfachen. Sehr oft erhalten die Hundebesitzer auf ihre Erziehungsversuche recht armselige Resultate, weil sie sich einfach nicht die Zeit genommen haben, erst einmal herauszufinden, wo das Problem eigentlich liegt. Leopold anzuschreien, weil er den Teppich beschmutzt hat, wirkt überhaupt nicht, wenn Leopold den Teppich beschmutzt hat, weil er nahezu zu Tode erschrocken ist über den Lärm des Motorrads des Nachbarn und praktisch jedesmal uriniert, wenn er diesen Lärm hört. Maßnahmen einzuleiten, ohne zuerst die notwendigen Informationen zu sammeln, bedeutet wenig mehr als Vermutungen, die häufig viel mehr auf Vorurteil und Annahmen basieren als auf den tatsächlichen Nöten des Hundes. Derartige Erziehungsmaßnahmen sind in der Regel von Beginn an zum Scheitern verurteilt. Definieren wir jedoch erst einmal das Problem klar, sammeln alle notwendigen Informationen und wählen danach die notwendigen Schritte aus, dann haben wir auch gelernt, die Ergebnisse der Erziehungsmaßnahmen richtig zu werten. Geht das wirklich? Sollten wir es anders versuchen oder unsere Methode verändern? Sollen wir erst noch einmal einen Monat zuwarten?

Indem man diese Methode anwendet, können Hundebesitzer erkennen, wie vielschichtig alle möglichen Probleme bei emotionalen Übertreibungen sind („Georg glaubt, mit Serena gäbe es Probleme, ich glaube jedoch, es ist alles in Ordnung"); Gefühle können abgetrennt werden und verwandeln sich in einfache Aufgaben, die man bewältigen kann. Bei jedem Schritt überprüfen wir nicht nur, wie der Hund sich auf uns einstellt, sondern insbesondere auch, wie wir uns auf den Hund einstellen. Wir lernen, daß es Hundeprobleme gibt, aber auch Menschenprobleme; meist steckt in einem Problem etwas von beidem.

Die unsichtbare Leine erklärt alle die verschiedenen Arten, in denen Menschen und Hunde miteinander kommunizieren. Jedes Kapitel analysiert typisches Verhalten von Welpen und erwachsenen Hunden, aufgegliedert nach bestimmten Hunderassen und Rassetypen. Bis zum Ende des Buches gewinnt der Leser nicht nur ein besseres Verständnis über das wechselseitige Verhalten zwischen sich und seinem Hund, er gewinnt durch das verbesserte Verständnis eine weitaus befriedigendere Beziehung zu seinem Hund. Die unsichtbare Leine ist das magische Band, das auf einzigartige Weise den Hundebesitzer mit seinem Tier verbindet. Es ist nicht einfach etwas, das man hat oder nicht. Es ist etwas, was beide Lebewesen zusammen empfinden, etwas, das wächst, solange die beiden sich miteinander entwickeln.

Nachdem ich Dufie eingeschläfert hatte, mußte ich von meiner Wohnung in New Hampshire kurz nach Sonnenaufgang nach Boston fahren. Der Himmel war ungewöhnlich schön, schnell sich verändernde graue Wolken vermischten sich mit leuchtenden Flecken blau-silberner Sonne. Dufie war in allen meinen Gedanken! Obwohl ich wußte, daß ich das Richtige getan hatte, wünschte ich mir eine Bestätigung, irgendein Zeichen. Und mir wurde ein Zeichen geschenkt – ein wunderschöner Regenbogen. Wissenschaftler werden sagen, daß bei solchem Wetter häufig Regenbogen auftreten, aber ich werde mich stets gerade an diesen Regenbogen erinnern. Er erschien mir wie eine strahlende Brücke, ein unsichtbares Band zwischen zwei alten Freunden, eine Bestätigung, daß eine gute Beziehung nie endet.

Lassen Sie uns nun durch einfache und leicht verständliche wechselseitige Beziehungen reisen, die alle Menschen und Tiere ihr eigen nennen, durch alle jene körperlichen, geistigen und seelisch bedingten Fähigkeiten, die es uns ermöglichen, auf vielen Ebenen untereinander in Verbindung zu stehen. Auf diesem Wege werden Sie mit einigen Leuten und Hunden Bekanntschaft schließen, die ebenso außergewöhnlich sind wie Sie und Ihr eigener Hund.

Teil I

Das Verstehen
der unsichtbaren Leine

Wie man die Kommunikation verschiedenartiger Lebewesen verstehen kann

Wir Menschen neigen dazu, das gesprochene oder geschriebene Wort als die zuverlässigste Form der gegenseitigen Verständigung anzusehen, obwohl wir immer wieder feststellen müssen, daß die meisten Probleme in unserer Welt auf unsere Unfähigkeit zurückzuführen sind, diese Formen voll zu meistern. Seien dies Probleme aus dem Streit eines Liebespaares, ein Krieg oder ein sich schlecht benehmender Hund, in der Regel können wir das Problem auf die Tatsache zurückführen, daß die in das Problem verwickelten Parteien (einschließlich Hund) sich gegenseitig ihre Bedürfnisse in einer wechselseitig verständlichen und annehmbaren Weise nicht kundgemacht haben.

Wie können also Menschen, die es nicht einmal vermögen, sich untereinander perfekt zu verständigen, je hoffen, mit einem anderen Lebewesen reibungslos zu kommunizieren? Nun, reibungslose Kommunikation mag in unserer unvollständigen Welt unmöglich sein, wir können aber immer näher an dieses Ziel heranrücken, wenn wir lernen, *alle* unsere Sinne zu nutzen, alle Arten von Botschaften auszusenden und zu empfangen, anstatt uns nur auf eine oder zwei zu verlassen.

Kommunikation verschiedenartiger Lebewesen

Wenn auch Dichter und Diplomaten mit einem beschränkten Vokabular geschriebener und gesprochener Worte auskommen müssen, Hundebesitzer können Ton, Sicht, Geruch, Geschmack, Berührung und – den perfektesten sechsten Sinn – die Liebe nutzen. Sie können sicher sein, die Sinne spielen bei der zwischenmenschlichen Verständigung die wichtigste Rolle. Der schlechte Mundgeruch oder das zarte Parfüm einer Einzelperson, knochenzermalmendes oder zartes Handschütteln zur Begrüßung, laute oder zarte Stimmen, dies alles beeinflußt unsere Antwort. Trotzdem ist es Tatsache, daß die meisten Menschen solche subtileren Formen der zwischenmenschlichen Begegnung als zweitrangig ansehen.

Wenn wir damit beginnen, die Welt der Kommunikation verschiedenartiger Lebewesen zu erforschen, müssen wir als erstes lernen, die Sinneseindrücke als wichtigste Hilfen der Kommunikation zu verstehen, denn sie bilden mehr als Worte gute Beziehungen zwischen Menschen und ihren Haustieren. Hunde „sprechen miteinander" über Bellen, Winseln, Knurren. Viele Hundebesitzer glauben, sie könnten durch Imitation dieser Laute sich mit ihren Hunden verständigen. Dabei behaupten viele Hundebesitzer, ihre Hunde verständen jedes Wort, das sie sagen, südländischen Dialekt, neuenglischen nasalen Klang, kurz jeden Tonfall.

Obgleich Sprachkommunikationen mit Hunden in unseren Beziehungen eine Rolle spielen, ist dies bei weitem nicht die einzige Beziehung, nicht einmal die wichtigste. Wedelt Ihr Hund mit der Rute, drängt er sich dichter an Sie heran, wenn Sie ihn streicheln? Springt er vor Freude wie ein Federball, wenn Sie eine Büchse mit Hundefutter öffnen? Haben Sie je beobachtet, wie trotz Ihrer lauten Kommandos der gleiche Hund davonschoß, nur geleitet vom Geruch eines anderen Tieres? Ehe wir uns mit den Problemen des Mißverstehens unserer Hunde befassen, müssen wir zunächst wissen, wie ihre Sinne arbeiten, wie diese im Vergleich zu den unsrigen geartet sind.

Leiht mir Eure Ohren

Ein kurzer Blick auf das Äußere des menschlichen Ohrs und ein Blick auf die Ohren eines Beagles oder eines Deutschen Schäferhundes enthüllt auf den ersten Blick deutlich erkennbare Unterschiede. Obgleich es Menschenohren in vielerlei Gestalt und Größe gibt, sind die Unterschiede zwischen Rocky Marciano's blumenkohlartigen Ohrmuscheln und Meryl Streep's winzigen Öhrchen bei weitem weniger dramatisch als die Unterschiede in der Ohrform eines Dobermanns und eines Springer Spaniels.

Das Verstehen der unsichtbaren Leine

Die aufrecht stehenden Ohrmuscheln eines Deutschen Schäferhundes oder eines Chihuahuas, das Kippohr eines Shelties und eines Barsois, die schweren Behänge der Hounds, sie alle dienen dem gleichen Zweck wie unsere menschlichen Ohrmuscheln: Sie leiten den Klang in den Ohrkanal. Wenn wir uns jedoch mit etwas Vorstellungskraft die menschliche Ohrmuschel als eine Art Trichter vorstellen, welcher die Klangwellen zum Ohr leitet, ist es schwer zu glauben, daß die Schlappohren eines Hounds oder eines Pudels dieselbe Aufgabe haben.

Wildhunde, Wölfe, Kojoten und Füchse, sie alle haben aufrecht stehende Ohren. Ich vermute, daß dies die Ohrstellung ist, die sich am besten für das Sammeln von Klangwellen eignet. Demgegenüber gehören wahrscheinlich die Rassen mit den schweren Hängeohren zu den Kategorien von Hunden, die vermutlich mehr auf andere Sinneswahrnehmungen angewiesen sind. So kann ich mir zum Beispiel vorstellen, daß ein schützendes Hängeohr für Spürhunde ganz nützlich ist, da sie sich durch das Gehölz durcharbeiten, Nase am Boden, zahlreichen Dornen, aber auch Grassamen und anderen Dingen ausgesetzt, welche den Ohrkanal schädigen können. Die Einschränkung des Hörvermögens aufgrund des Hängeohrs dürfte leicht durch den wesentlich verbesserten Geruchssinn des Hundes kompensiert sein, wobei die Ohrlappen für das Ohr zusätzlichen Schutz bieten.

Es muß beachtet werden, daß sich die Ohrkanäle von Mensch und Hund geradezu dramatisch voneinander unterscheiden. Der menschliche Ohrkanal bildet einen ziemlich geraden Durchgang zum Trommelfell, das den äußeren Kanal vom Innenohr abtrennt, demgegenüber windet sich der Ohrkanal des Hundes am Anfang geradezu nach unten. Diese Windung ist eine Erklärung, warum einige Hunde so viele Probleme mit den Ohren haben. Ein unwissender Hundebesitzer, bewaffnet mit einem Q-Tip, kann Schmutz in den Ohrkanal hineindrücken, wo man ihn nur sehr schwer wieder herausbekommt. Hinzu kommt noch, daß eine Reihe von Hunderassen wie Pudel, Lhasa Apsos und Botails in der Ohrkanalöffnung ziemlich viel Haar haben, was gleichfalls zu Problemen führen kann.

Es ist richtig, schwerhängendes Ohr und Ohrbehaarung können das Hörvermögen der Haushunde im Vergleich zu ihren wilden Kollegen mindern. Dennoch kann auch der außerordentlich hochgezüchtete Rassehund viel besser als jeder Mensch hören. Ein Hund kann in einer Schwingungsbreite von 20 bis 50 000 Schwingungen je Sekunde (cps) hören, ein Kind im Vergleich hierzu in einer Schwingungsbreite von 30 bis 20 000, ein älterer Erwachsener zwischen 50 und 8 000 cps. Mehr als 95% aller Hunde reagieren auf einen Ton mit 38 000 Schwingungen je Sekunde, das ist ein Ton, der weit jenseits des menschlichen Hörvermögens liegt. Aber die Schwingungshäufigkeit allein bestimmt nicht, wieviel ein einzelnes Ohr zu hören vermag. Weitere Unterschiede resultieren aus der Stärke des Tons. Als allgemeine Regel kann man sagen, daß Hundeohren etwa vier- bis fünfmal so empfindlich sind wie unsere eigenen. Darüber sollte man eingehend nachdenken. Nicht nur, daß unsere Hunde viele Töne hören, die wir nicht wahrnehmen, sie hören sie auch über eine längere Dauer als wir. Ein Klang, den wir auf einem Abstand von sechs Metern verlieren, kann noch immer die Aufmerksamkeit eines Hundes erregen, der 24 Meter davon entfernt steht. Völlig unabhängig von dieser Tatsache schreien die meisten Hundebesitzer so laut nach ihrem Hund wie nach ihrem Kind, das sie davon abhalten wollen, sich schlecht zu benehmen. Solches Geschrei lehrt den Hund sich zu benehmen ebenso sicher, wie wenn man einen Dreijährigen im Zählen unterrichtet, indem man die einzelnen Zahlen so laut als irgend möglich in sein Ohr schreit. Nicht nur, daß er dabei nicht lernt, was man von ihm möchte, in der Regel wird er sich vor einem solchen Geschrei auch fürchten.

Die Nase weiß es

Was sagt uns die relative Größe über die Bedeutung eines Sinnesorgans? Trotz gewisser Gemeinsamkeiten schauen Hunde- und Menschennasen unterschiedlich aus. Weil die Nase und die in ihr liegenden zahllosen, papierdünnen Knochenblättchen, spezialisierte Zellen, Nerven und Blutgefäße, sich von der Nasenspitze bis zur Oberfläche des Gesichts ausdehnen, erkennen wir leicht, daß die Anatomie eines Hundes diesem Sinnesorgan viel mehr Raum gewährt als die Gesichtsstruktur des Menschen. Je nach Rasse ist der Nasenraum des Hundes 10- bis 26mal größer als der des Menschen.

Das vergleichsweise schwache Sehvermögen des Hundes führt dazu, daß dieser auf sein Geruchsvermögen viel mehr angewiesen ist, um einzelne Gegenstände und Lebewesen genau zu erkennen. In der Wildnis gewinnt ein Beutejäger klare Vorteile, wenn er seine Beute klar durch sein Geruchsvermögen identifizieren kann, ehe er sich auf eine anstrengende Jagd einläßt. Sind Sie je einem vertraut aussehenden, großen, dunkelhaarigen Mann in grauem Trenchcoat im abendlichen Hauptverkehr nachgerannt, nur um später zu entdecken, daß dies nicht Onkel Freddie war? Was für eine Verschwendung von Zeit und Energie! Jagt ein Wildhund hinter seiner Abendmahlzeit her, kann er es sich nicht leisten, Zeit zu vergeuden, indem er hinter nicht freßbarer oder anders unerwünschter Beute nachschleicht oder jagt. Es gibt nämlich nicht viele für eine Jagd günstige Stunden am Tag!

Über die Jahrhunderte haben Menschen Hunde nach ganz bestimmten Gesichtspunkten gezüchtet, ohne sich dabei viel um Anatomie oder selbst Gesundheit zu kümmern. Solche Zucht führte bei den plattnasigen, brachycephalischen Hunderassen wie Boxer, Mops, Bulldog und Pekinese zu vermehrten Atemproblemen. Diese Hunde haben zwar die gleiche Anzahl von Blutgefäßen, Nerven, Knochenblättchen und Gewebe in ihrem olfaktorischen (geruchswahrnehmenden) Sinnesorgan wie die Rassen mit langen Nasen; sie haben aber viel weniger Platz, um dies alles unterzubringen. Selbst ihre Nüstern sind oft abnorm klein oder deformiert. Dadurch wird die Menge von in der Luft liegenden Geruchsstoffen beschränkt, die auf ihr Geruchssystem einwirkt. So vermindert all dieses Zusammenzwängen nicht nur die Leistungsfähigkeit des Gesamtsystems, hinzu kommt noch eine Unterdrückung der normalen Abwehrmechanismen gegen Infektionen. Ähnlich wie Menschen mit Erkältung verlieren im allgemeinen Hunde mit Atemproblemen einen gewissen Teil ihres Geruchsinns.

Hiernach sollte man annehmen, daß die Menschen, welche spitznasige (dolichocephalische) Hunderassen gezüchtet haben wie Collies, Barsois und Dachshunde dies deshalb taten, um Sinnessysteme hervorzubringen, die ganz besonders auf den Geruchssinn ausgerichtet sind. Aber das ist nicht der Fall. Diese Hunde wurden ursprünglich für Hütearbeit an der Herde, für Jagd nach dem Auge oder zum Ausgraben der Beute aus Höhlen und Klüften gezüchtet. Interessant genug, echte Spurhunde wie Beagles, Redbones und Plott Hounds haben in der Regel mäßig breite (mesocephalische) Nasen.

Genauso wie der außerordentlich gut entwickelte Geruchssinn des Hundes einen Ausgleich darstellt für schwächer entwickelten Gesichtssinn, so ist unser viel besser entwickelter Gesichtssinn Kompensation für unseren relativ schwach entwickelten Geruchssinn. Diese Unterschiede müssen sich geradezu auf die Art, wie Hund und Menschen auf sogenannte „Geruchsbilder" reagieren, auswirken. Allgemein gesprochen neigen Menschen dazu, Düfte aufgrund ihrer Erfahrung als gut oder schlecht zu klassifizieren. Für einen in Manhattan wohnenden Buchhalter, der auf einer Farm in Wisconsin aufgewachsen ist, ist der Geruch von Dung auf einer Pferdeausstellung in Greenwich angenehm, erweckt positive Erinnerungen, während seine in der Stadt aufgewachsene Frau den gleichen Geruch durchaus als abstoßend empfinden mag.

Obgleich auch Hunde auf Düfte aufgrund ihrer Erfahrung reagieren, sind sie doch von Geburt an mit einer besseren Empfindlichkeit Gerüchen gegenüber ausgestattet. Mehr als 10% vom Gehirn eines Hundes sind ausschließlich dafür da, um Geruchsdaten zu verarbeiten. Beim Menschen dient hierzu im Vergleich nur 1% des menschlichen

Gehirns. Nehmen wir an, unser Buchhalter in New York und seine Frau nehmen ihren acht Wochen alten Welpen auf einen Spaziergang mit. Sie haben kaum die Tür verlassen, und schon beginnt der Junghund anzuhalten und *alles* abzuschnüffeln – Stöcke, Steine, alte Knochen, Unrat, schmutzige Papiertaschentücher, Hydranten und Bäume – alle Stellen, wo der Hund selbst und andere Hunde Blase oder Darm entleert haben. Mit seiner Nase baut sich der Junghund ein geistiges Bild auf, das für ihn so aufgegliedert ist wie für uns die klarste Fotografie. Der Hund kann nicht nur zwischen verschiedenen Tierarten differenzieren, sondern auch unter den Einzeltieren derselben Art. Urindüfte an Gartenpfählen oder Feuerhydranten übermitteln dem Hund ganz wichtige Botschaften, etwa: „Halte Dich hier raus! Dies ist mein Territorium!" Wenn der Junghund heranwächst, so lernt er wahrzunehmen, daß eine ganze spezifische Geruchsänderung in seiner Nachbarschaft bedeutet, daß die Hündin unten an der Straße heiß wird. Unglücklicherweise interessiert es unseren Hund überhaupt nicht, daß es sich dabei um einen Spitzen-Cocker Spaniel aus Championatszucht handelt, dessen Besitzer sie aber bestimmt nicht von ihm gedeckt haben will. Auf der anderen Seite könnte unser Junghund anders als die Besitzer der Hündin speziell diese heiß werdende Hündin in einem ganzen Zimmer voller Cocker-Champions leicht herausfinden.

Was tut der Besitzer des Junghundes, während sein Hund an der Leine beim Entziffern der Duftstoffe arbeitet? Die Besitzer schreien: „Komm mit, Bozo, auf geht's. Es wird dunkel und bald sehen wir überhaupt nichts mehr!" Geschwätz eines Blinden, der einen Tauben führt!

Eine Frage des Geschmacks

Geschmack wie Geruch können sehr subjektive Empfindungen sein. Anatomisch gesehen sind die Geschmackssinne bei Mensch wie Hund auf der Zunge angesiedelt.

Anders jedoch als Augen oder Ohren, die in erster Linie als Sinnesorgane funktionieren, hat die Zunge noch eine Menge anderer Aufgaben zusätzlich. Anders als Menschen benutzen Hunde auch ihre Zunge, um Flüssigkeiten zu schöpfen, zu ihrer eigenen Fellpflege, für die ihrer Nachkommen und Freunde. So dient die Zunge nicht nur als Waschlappen, Bürste und Kamm, sie ersetzt auch Reinigungstuch und Gaze, die man sonst zur Säuberung von Wunden braucht. Hündinnen benutzen ihre Zungen, um ihre Saugwelpen zum Urinieren und Kotabgeben zu veranlassen. Wären dies nicht schon genug Aufgaben, hilft die Zunge weiterhin durch den Hechelmechanismus die Körpertemperatur zu regulieren.

Die Menschen haben außerordentlich verfeinerte und vielschichtige Geschmacksempfindungen entwickelt, für alles, vom feinsten Wein bis zu frisch importierten Trüffeln. Können wir aber erwarten, daß unsere Haustiere diese gleichen Geschmackseinwirkungen schätzen? Braucht der Geschmackssinn eines wilden Hundes mehr zu unterscheiden als den Unterschied zwischen sicheren und gefährlichen Substanzen? Erschiene es vernünftig, wenn Beutejäger (was Wildhunde sicherlich sind) sich den Luxus leisteten, ein Mahl zu verschmähen, weil es etwa zu salzig oder zu süß wäre? Es ist verständlich, daß sich ein zum Haushund weiterentwickelter Wildhund in einer verwirrenden Lage befindet, wenn sein Besitzer hinsichtlich seines Futters übermäßig gefühlsbetont handelt.

Menschen, die ihre eigenen Geschmacksempfindungen auf ihre Hunde projizieren, verursachen hierdurch eine Fülle an Problemen. So nimmt zum Beispiel ein Hundebesitzer, der gekochtes Steakfleisch, Fritten oder Pizza liebt, viel zu oft an, daß seinem Hund dasselbe schmecke. Unglücklicherweise paßt jedoch solche Menschenernährung in keiner Weise zum Verdauungstrakt eines Hundes. Sie erfüllt auch in keiner Weise die Anforderungen eines Hundes an seine Ernährung. Es ist richtig, ein Hund bettelt nach Tischabfällen und scheint sogar eine Vorliebe für Briekäse, Kräcker oder Bier zu entwickeln. Dies hat aber kaum etwas mit seinem Geschmack zu tun, sondern mit seiner

Anpassung an den Hundebesitzer, der solche Fütterungsrituale ja immer wieder persönlich vornimmt.

Auf der anderen Seite schrecken Hundebesitzer oft voller Ekel zurück, wenn ihre Hunde absolut glücklich Vogelkot und tote Mäuse verzehren. Der Schock ist ebenso groß, wenn Hunde nachhaltig ihre eigene Anal- oder Genitalpartie oder die ihrer Artgenossen ablecken. Tatsächlich ist ein solches Benehmen jedoch für Hunde völlig normal und natürlich.

Man sollte sich immer wieder einhämmern: Projiziert man ein menschliches Vorurteil auf das Verhalten seines Hundes? Wenn ja, dann mißversteht man das, was der Haushund über seinen Geschmackssinn an den Menschen zu übertragen versucht. Zumeist liegt dann die Antwort, die der Mensch an den Hund richtet, für diesen völlig neben der Sache, große Kommunikationsprobleme entstehen.

Berühre mich, fühle mich

Klopfen und Streicheln, Übertragung von Wärme über körperliche Kontakte liegen im Zentrum innigster liebender menschlicher Verbindungen. Wie wir jedoch schon bei den anderen Sinnen gesehen haben, sind die Empfindungen von Hund und Mensch auf Berührung zuweilen gleich, oft aber auch verschieden. Was die Berührung angeht, entstammen die Unterschiede nicht so sehr anatomischen oder physiologischen Unterschieden, es sind vielmehr Unterschiede in der Auslegung, im Empfinden. Für Kinder kann eine Berührung entweder gut oder schlecht sein. Berührt man die sorglos weggelegte brennende Zigarette des Vaters, so verursacht dies Schmerz, völlig gleich wie etwa ein Klaps auf das Hinterteil. Aus der Sicht des Kindes sind beide Empfindungen schlecht. Auf der anderen Seite wissen die meisten von uns, Kinder verlangen Körperkontakte mit Erwachsenen, genießen Kitzeln, Sich-Anschmiegen und Liebkosen.

Nimmt man jedoch an, alle Tiere liebten instinktiv körperliche Berührung, kann dies zum Kurzschluß im gegenseitigen Verständnis führen. Für Hunde löst eine Berührung instinktiv Furcht aus, bewirkt Verteidigungsreaktion. Mit anderen Worten, ihrer Natur nach antworten Hunde auf Berührung auf eine von drei Arten: Sie erstarren, kämpfen oder fliehen.

Nun werden Sie sich sicherlich wundern: „Aber ich dachte doch immer, Hunde wären soziale Meutetiere?" Das sind sie, man muß sich aber vor Augen halten, daß viele Verhaltensarten von Hunden, die im Wildzustand durchaus nützlich waren, für das Verhaltensinventar eines Haushundes sich negativ auswirken können.

Betrachten wir uns einen Wurf neugeborener Welpen. Bis zum Alter von 2½ bis 4 Wochen krabbeln die Welpen alle übereinander, ohne untereinander irgendwelche Verteidigungsreaktionen auszulösen. Nach dieser Periode jedoch führt häufig Körperkontakt untereinander zu Abwehrhandlungen. Weshalb ändert sich das Verhaltensinventar auf so drastische Art? Aus einem Grund: Neugeborene Welpen haben so wenig Möglichkeiten, ihre Körpertemperatur zu steuern, daß Kälte nahezu stets zum Tod führt; deshalb bietet das Auf- und Ineinanderkriechen eine Art Überlebensgarantie. Haben die Welpen erst einmal bis zum Alter von 4 Wochen ihren eigenen, die Körpertemperatur regulierenden Mechanismus voll entwickelt, treten demgegenüber die Gesetzmäßigkeiten natürlicher Auswahl in den Vordergrund. Die Welpen kämpfen um ihre Position innerhalb des Wurfes, später innerhalb des Rudels.

Um in der Wildnis zu überleben, müssen Hunde schnell dominante und sich unterwerfende Verhaltensmuster entwickeln. Schwächere Einzeltiere müssen dadurch ausgeschaltet, zumindest an einer Fortpflanzung gehindert werden. Deshalb sind die Reaktionen der Welpen auf Berührung anderer (Erstarren, Kämpfen oder Fliehen) entscheidend für die Frage, ob sie überleben oder nicht, welche Position sie innerhalb des Rudels einnehmen. Verhaltensforscher haben entdeckt, daß die Dominierenden eines Wurfes es am schwierigsten haben, andere Welpen dazu zu bringen, mit ihnen zu spielen, weil ihre Aggressivität entweder Erstarrung, Kampf oder Flucht bewirkt.

Wie lernen dann Haushunde nicht defensiv zu reagieren, wenn sie berührt werden?

Man muß es sie lehren! Im allgemeinen passiert dies automatisch, zufällig. Werden Welpen in einer Etagenwohnung in Madison, Wisconsin geboren, werden die Besitzer, ihre Kinder, Nachbarn und Verwandten sie in der Regel in die Hand nehmen, sie berühren, sowie sie ihre Augen geöffnet haben. Gewerbsmäßige Züchter berühren und spielen mit ihren Welpen zu ganz bestimmten Zeiten und auf eigene Art vielfach täglich, um instinktive Verteidigungsreaktionen zu unterdrücken. Trotzdem, viele Welpen und Hunde haben leider keine solche Erfahrung. Wir alle haben schon jene scheuen Hunde gesehen, die in die hinterste Ecke eines Käfigs oder unter die Couch kriechen. – Du weißt, das sind die gleichen, von denen wir sicher sind, daß sie in unseren Armen dahinschmelzen voller Zufriedenheit, sobald wir sie aufgehoben haben. Achte aber darauf: Hunde oder Welpen, die ein solches Verhalten zeigen, sind in aller Regel solche, die außerordentlich unterordnungsbereit sind, es sind Hunde, die Boden verloren haben, als die Rudelrangordnung aufgebaut wurde. Wie der aggressive Welpe, der an Dir hochklettert und anfängt, in Deine Schuhe zu beißen, kann auch der Scheue durchaus defensiv auf Deine Berührung reagieren; anstatt mit zufriedenem Seufzen in Deinen Armen dahinzuschmelzen, könnte er durchaus Deine Bemühungen um ihn auch mit einem häßlichen Biß beantworten.

Achte bitte darauf, ich sagte, daß ein solcher scheuer Welpe *wahrscheinlich* defensiv reagiert, ebenso wie der aggressive. Halte Dir vor Augen, daß der dominante Welpe, der direkt auf Dich losläuft, seine Rangordnung im Rudel dadurch aufgebaut hat, daß er auf die Berührung seiner Wurfgeschwister aggressiv antwortete. Während also der scheue

Welpe defensiv auf Berührung reagiert, weil er beim Aufbau der Rudelordnung seine Prügel empfangen hat, wird der aggressive Welpe ebenso und vielleicht noch stärker defensiv reagieren, weil er gegenüber solchem Verhalten anderer viel weniger tolerant ist. Also gleich wie, es kann jeweils zum Biß führen.

Keine Erörterung der Berührung ist vollständig, ohne das Schmerzempfinden zu erklären. Anders als Menschen empfinden Hunde Schmerz nicht automatisch als schlecht. So werden zum Beispiel in Isolation aufgezogene Welpen wieder und wieder ihre Nasen in eine brennende Flamme stecken, selbst wenn sie sich mehrfach verbrannt haben. In natürlicher Umgebung lernen sie, auf Schmerz als Körpersignal zu reagieren, etwa ebenso wie der Autofahrer lernt, daß rote Ampeln „Stop" bedeuten. Schmerz signalisiert dem Hund „langsam", „einige Tage nichts fressen", „den verletzten Lauf einige Zeit nicht berühren". Schmerz ist ein natürlicher Lebensretter, keine Drohung. Scheint ein Hund auf Schmerz zu reagieren, etwa bei Impfungen, Gefangenschaft oder kleineren Verletzungen, dann ist es viel wahrscheinlicher, daß er dies bei Menschen abgeschaut hat. Stößt ein Welpe bei der Impfung einen kleinen Überraschungsschrei aus (nicht Schmerz), und reagiert der Besitzer darauf mit eigener Ängstlichkeit, dann bewirkt er unwissend seinerseits eine negative Antwort des Welpen. Dadurch erhalten wir einen Hund, der es haßt, vom Tierarzt behandelt zu werden. Was gab es zuerst – den Hund, der es haßt, zum Tierarzt zu gehen oder die Besitzer, die es hassen, mit dem Hund zum Tierarzt zu gehen?

Das Sehen von Auge zu Auge

Der letzte, bestimmt aber nicht unwichtigste Kommunikationssinn ist das Sehvermögen. Wir alle wissen um die Bedeutung des Augenkontakts im menschlichen Zusammensein. Von außen betrachtet scheinen Menschen- und Hundeaugen viel weniger voneinander zu differieren als Nasen und Ohren. Es gibt jedoch einige sehr wichtige Funktionsunterschiede, die eine Kommunikation Mensch/Hund relativ stark beeinflussen. Messen wir den Abstand zwischen den Augen der meisten Hunde (mit Ausnahme der brachycephalen Hunde), dann sehen wir, daß die Hundeaugen weiter auseinanderstehen als die der Menschen. Hieraus ergibt sich, daß Hunde ungefähr 20% weniger binoculare Sicht (Geradeaussicht) haben, aber 70% mehr peripherale Sicht (Seitensicht) als der Mensch. Menschen- wie Hundeaugen haben eine Netzhaut (Retina). In diese sind spezialisierte Empfangszellen eingebaut, die man Stäbchen und Zapfen nennt. Die Stäbchen unterscheiden die Bewegung, die Zapfen Farbe und Einzelheiten. Im Vergleich zur menschlichen Netzhaut enthält die Netzhaut des Hundes mehr Stäbchen als Zapfen, dadurch ist das Hundeauge viel besser dem Erkennen der Bewegung angepaßt. Menschen dagegen können leichter Einzelheiten und Farben erkennen. Seltsam genug, Menschen haben am oberen und unteren Augenlid Wimpern, aber auch die verführerischsten Hündinnen müssen sich zufriedengeben, mit Wimpern nur am oberen Augenlid zu zwinkern.

Wenn wir uns vor Augen halten, daß Hunde mehr Seitensicht und Erkennungsvermögen von Bewegungsabläufen haben, weniger Geradeaussicht und Detaileindrücke, dann verstehen wir leicht, daß und wie die zwei Arten Dinge verschiedenartig sehen.

Da Hunde mehr auf Bewegung insbesondere im Seitenbereich reagieren als wir, lösen Hundebesitzer, die ihre Hunde dadurch strafen, daß sie sie auf Kopf oder Rumpf schlagen, interessante Konsequenzen für sich selbst und andere aus. Da solche Hunde Schmerz oder Unbehagen mit Bewegung um ihren Kopf oder an Flanken verbinden, reagieren sie defensiv auf jede Bewegung in Richtung auf diese Körperteile. Wie wir gesehen haben, können sie eine solche Verteidigung auch in der wenig erfreulichen Art des Beißens betreiben. Wenn Du Brille oder Bart trägst, könnte das schlechte Unterscheidungsvermögen von Einzelheiten Deinen Hund dazu führen, furchtvolle Reaktionen auch gegenüber Deinem brillentragenden Nachbarn oder Deinem barttragenden

Schwager gegenüber zu entwickeln. Man nennt dieses Phänomen Generalisation. Hunde, die schlechte oder gute Erfahrungen mit einem Bartträger, Landstreicher, uniformierten Postboten, Fahrrad oder Laster gemacht haben, zeigen immer die Neigung, auf ähnliche Menschen oder Gegenstände defensiv zu reagieren. Wie wir in späteren Kapiteln noch sehen werden, kann eine solche Generalisation zwar dem unwissenden Hundebesitzer einige Kopfschmerzen bereiten. Sie kann aber auch ein wertvolles Werkzeug sein, bestimmte Probleme zu lösen.

Körpersprache

Alle Sinne spielen eine Rolle bei dem, was man im allgemeinen als „Körpersprache" bezeichnet. Dies sind nicht aus Worten bestehende Winke und Signale, die ebenso viel Bedeutung enthalten wie Sichteindrücke, Klang, Geruch, Berührung und Geschmack. Genauso wie der Mensch durch seine Gesten, Haltung und Körperbewegung spricht, genauso spricht der Hund auch durch seinen Körper. Es ist die Körperhaltung selbst, die ganz subtile Art, mit der er seine Ohren stellt, den Kopf neigt, die Rute bewegt, sein unterschiedlicher Gesichtsausdruck. Hast Du je einen Hund beobachtet, der sich ständig abduckt oder sich auf den Rücken legt, auch bei der nur leichtesten Herausforderung? Eine solche Körpersprache ist unter Wildhunden sehr verbreitet. Beim Wildhund besagt diese Haltung: „Ich erkenne deine Autorität an. Ich will nicht mit dir kämpfen!" Dies ist eine Botschaft, die für Frieden und Überleben im Rudel lebensnotwendig ist. Insgesamt gesehen muß ein Wildhundrudel eine möglichst große Verteidigungsfähigkeit nach außen haben, es muß klare Rangordnungsverhältnisse geben. Das gesamte Rudel profitiert, wenn Rudelführer und Untergebene klar festgelegt sind. Gehorsam auf solche Körpersprache ermöglicht es Hunden, so verbreitet vorhandene, unproduktive menschliche Gruppensituationen zu vermeiden, in denen am Ende jedermann schreit: „Wer hat hier eigentlich das Sagen?" Es wäre jammerschade, wenn der arme Besitzer eine solche unterwürfige Körpersprache seines Hundes als falsche Botschaft verstände, etwa: „Ich bin ein Feigling" und „Ich flehe dich an, mir zu vergeben".

Eine der köstlichsten Arten von Körpersprache ist das Lächeln. Einige Hunde ziehen ihre oberen Lefzen in Beantwortung heftigen Lobs zu einem Grinsen zurück. Die Wirkung auf Menschen kann dabei erstaunlich sein. Das erste Mal, als ich dies erlebte, sprang ich zurück und dachte: „Lieber Gott, dieser Hund zeigt mir seine Zähne; er wird mich gleich beißen!" Glücklicherweise sagte mir alles andere in der Haltung des Hundes, daß der Hund nicht daran dachte, so etwas zu tun. Solches „Lächeln" mag ein anderes primitives Zeichen der Unterwerfung sein, das bei bestimmten Haushunden auftritt. Da jedoch alle lächelnden Hunde, die ich je getroffen habe, von außergewöhnlich zuverlässigem Wesen waren, verbinde ich dieses Verhalten in gar keiner Weise mit Furcht. Ich habe nie erlebt, daß ein Tier, das diese Körpersprache zeigte, irgendeine Aggressionsbereitschaft aufwies. Ganz im Gegenteil, Hunde scheinen nur dann zu lächeln, wenn sie glücklich und zufrieden sind, ganz genau wie wir Menschen.

Das strahlendste Ding

„Und spräche ich mit den Zungen von Menschen und Engeln, hätte aber die Liebe nicht, wäre ich nur ein lärmender Gong, eine tönende Glocke." Diese Worte erinnerten früher Christen, daß zwischenmenschliche Beziehungen sehr viel mehr umfassen als den bloßen Austausch von Worten und Gedanken. Wahrscheinlich gibt es ebenso viele Definitionen und Beschreibungen der Liebe als es auf dieser Erde Menschen gibt. Die, von der ich glaube, daß sie dem Hundebesitzer am wertvollsten sein sollte, stammt von einem Sozialarbeiter, den ich kenne, der Menschen mit anscheinend unüberwindbaren Problemen berät: „Liebe ist die Ausnahme und die Regel. Sie ist ein Sicherheitsventil.

Besteht eine starke Liebe, dann kannst Du eine ganze Menge Fehler machen, dennoch wendet sich alles zum Guten. Es mag mehr oder weniger Zeit brauchen, um Probleme zu lösen, Liebe aber garantiert, daß sie gelöst *werden*."

Es ist unmöglich, über die Rolle zu sprechen, welche die Liebe in der Kommunikation spielt, ohne gleichzeitig das unauflösbare Band zu erkennen, das zwischen Liebe und Vertrauen besteht. Wie Liebe entspringt Vertrauen einem festen Glauben, daß wir verstehen, was wir tun und warum wir es tun, daß es das Richtige ist, für uns und unsere Tiere. Und durch dasselbe Geschenk der Liebe gewinnen Hunde die Überzeugung, daß das von ihren Besitzern gewünschte Verhalten natürlich und/oder für sie akzeptabel ist, und dadurch vollziehen sie ein solches Verhalten und sind dabei glücklich.

Lehren und lernen aus der Liebe heraus, aus Geduld und Vertrauen, können eine geradezu sensationelle Verbindung schaffen. Hat es Dir je einer Deiner Lehrer oder Verwandten bewußt werden lassen, wie sehr er oder sie sich darum bemühten, Dir irgendeine kleine Geschicklichkeit beizubringen, trotz Deiner Ungeschicklichkeit und Fehler? Haben sie nicht voll Deine Freude über Deinen Erfolg geteilt? Genau diese Haltung brauchst Du zur Erziehung Deines Hundes. Du bekommst exakt das heraus, was Du hineinsteckst!

Es ist überraschend, wie viele Menschen bei Welpen (insbesondere bei Rassehunden und teuren Hunden) meinen, es handele sich um eine Art von „Hundesetzlingen", die man nur füttern, tränken und von Zeit zu Zeit düngen müsse (etwa etwas erziehen), dann entwickelten sie sich völlig automatisch zu sich gut benehmenden, erwachsenen Hunden. Wir erhalten aber nur dann gut erzogene Erwachsene, wenn wir eine ganze Menge an Zeit und Nachdenken investieren, ohne Pfand, ohne Rückgabe.

Nichterziehen eines Junghundes führt zu vier negativen Ergebnissen:
– Zu einem zerstörerischen Hund, recht lästig, möglicherweise zu einer Gefahr für andere.

Das Verstehen der unsichtbaren Leine

– Zu einem Hund ohne Vertrauen.
– Zu einem unsicheren und schuldbewußten Besitzer.
– Zu einer armseligen Verbindung Hund/Mensch.

Würde irgendein Hundebesitzer vorsätzlich sich selbst oder seinen Hund nur einer dieser Konsequenzen aussetzen? Vielleicht vorsätzlich nicht, wir sehen jedoch landauf und landab Tag für Tag unbefriedigende Zustände. Sicher, alle Hundebesitzer sind bereit, etwas mit ihren Hunden zu arbeiten. Solange sie jedoch Lehren und Lernen mehr als eine Bürde, denn als Freude ansehen, investieren sie nicht die notwendige Zeit. Ebenso wenig stecken sie in jedes Ausbildungsprogramm wirklich eigenes Nachdenken. Einige verlieren ihr Interesse an der Ausbildung, wenn sie den Hund erst einmal stubenrein gemacht haben, andere wiederum gelangen nicht einmal bis zu diesem Ergebnis. Wieder andere kümmern sich um die Ausbildung überhaupt nicht, ehe der Hund ihren Lieblingsteppich zerrissen oder ein Kind gebissen hat. Die Ausbildung eines Hundes als Antwort auf schlechtes Benehmen anstelle einer echten Erziehung bedeutet in erster Linie, daß man Furcht und Schuldbewußtsein anstelle von Liebe und Vertrauen setzt – und genau dies ist die völlig falsche Geisteshaltung, um zu einer echten inneren Verbindung mit dem Hund zu gelangen.

Wir wissen, wir sind intelligenter als unsere Hunde. Warum haben wir dann so viele Schwierigkeiten, ihn auszubilden? Warum lösen sich alle unsere guten Absichten so oft in Rauch auf? Die meisten von uns versagen bereits im Ansatz, weil wir uns nie wirklich *entscheiden,* den Hund als Ausdruck unserer Liebe zu erziehen. Das klingt recht einfach? Unglücklicherweise stolpern wir oft über eine solch einfache, naheliegende Entscheidung, weil wir annehmen, die Erziehung eines Hundes erfordere außerordentlich große Anstrengungen, Einsatz an Zeit und Energie. Dies ist ein Hinweis, daß es sowohl am Hund wie an uns fehlt. So sagen wir manchmal: „Jemand sollte diesem Hund beibringen, nicht hochzuspringen" oder „Ich sollte eigentlich Plasmatic beibringen, nicht auf den Teppich zu pinkeln". Solche halbherzigen Entschlüsse können ganz einfach nicht zu dauerhaftem Erfolg führen. Entscheiden wir uns, daß wir einen erzogenen Hund *wünschen,* dann müßten wir uns auch selbst klar entscheiden.

Vier alles entscheidende Grundfragen

Auf dem Weg zum Entschluß, wie Du Dich mit Deinem Hund befassen willst, mußt Du sorgfältig überlegen, was ich als die vier alles entscheidenden Grundfragen bezeichne:

- Bin ich bereit, die augenblickliche Situation (das Verhalten des Hundes und seine Auswirkungen auf mich) und meine Empfindungen hierzu zu akzeptieren?
- Bin ich bereit, meine Empfindungen zu ändern, zu akzeptieren, was ich bisher als nicht akzeptabel angesehen habe?
- Habe ich den Willen, mein eigenes und/oder das Verhalten meines Hundes zu verändern, um es in Einklang mit meinen Vorstellungen zu bringen?
- Möchte ich mich von meinem Hund trennen?

Das sind die vier wichtigsten Fragen, die zu beantworten sind, wenn Du die Beziehung zu Deinem Hund abklären willst. Wir werden auf diese Fragen von Zeit zu Zeit zurückkommen. Mit der Auswahl der Antwort, die Du für Dich und Deinen Hund als beste ansiehst, eröffnest Du den ersten Schritt zur echten Kommunikation. Siehst Du in Deiner Beziehung zum Hund keine Probleme, ganz gleich, was andere darüber sagen und meinen, dann brauchst Du Dich auch zu keinerlei Veränderungen, zu irgendwelchen Maßnahmen entschließen. Willst Du den Hund in Wirklichkeit gar nicht, wirst Du

Das Verstehen der unsichtbaren Leine

Dich gleichfalls nie zu einer eigenen Anstrengung entschließen. Eine erfolgreiche Erziehung erfordert unabdingbar *stetige* Liebe und Vertrauen. Nur daraus entstehen Veränderungen für Hund wie Besitzer. Sind Liebe und Vertrauen nicht von Beginn an vorhanden, dann ist es möglich, daß der Hund perfekt *dressiert* wird, aber es kommt nie zu einem vollen Verständnis mit dem Gefährten Hund.

Im nächsten Kapitel bauen wir das Fundament auf, das dem Hundebesitzer hilft, den Unterschied zu erkennen zwischen Dingen, die man ändern kann und Dingen, mit denen man sich abfinden muß. Dann werden wir sehen, wie man Dinge ändert, die veränderbar sind, wie man sich mit anderen abfindet.

Das Echo zu unserer Philosophie haben die Beatles in ihrer eigenen Art festgehalten: „All you need is love! (Alles, was Du brauchst, ist Liebe!)"

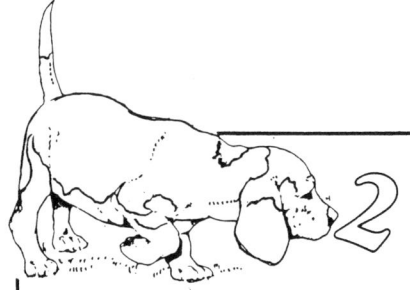

Der Schlüssel
zur Kommunikation –
Verhaltensforschung

Das Verstehen der unsichtbaren Leine

Bob und Lorena Goodman und ihr zweijähriger Terrier-Mischling Ralphie lieben es besonders, Seilziehen zu spielen. Als Junghund war Ralphie bei diesem Spiel etwas zögernd, so begannen die Goodmans, ein altes Tuch langsam über den Boden zu ziehen, lobten und ermunterten den Hund in höchsten Tönen, wenn er sich darauf stürzte.

„Guter Junge, Ralphie", schrie Bob.

„Ist Ralph nicht der großartigste Hund?" Lorena wandte sich überschwenglich an ihre Gäste. „Achtet auf seine Geschicklichkeit!" Jedermann lachte, wenn der Hund das Tuch so tüchtig durchschüttelte, Lorena der Länge nach auf dem Teppich lag.

Eines Morgens jedoch zerkleinerte Ralphie Lorenas Lieblingspullover, als seine Herrin noch schlief und Bob unter der Dusche stand. Als Bob aus dem Badezimmer auftauchte und den zerrupften Kaschmirpullover in Ralphies Fang sah, begann er, den Hund mit seinem nassen Badetuch durchzuhauen. Ralphie packte das Tuch, sprang danach und glaubte, sein Herr wollte ihn zum gemeinsamen Lieblingsspiel auffordern.

„Böser Hund, Ralph! Aus! Böser Hund, böser Hund!" Alle diese Unruhe weckte Lorena auf, sie schrie Bob an, den Hund nicht länger zu schlagen; als sie aber ihren ruinierten Pullover entdeckte, konzentrierte sie ihre Aufmerksamkeit auf Ralphie.

„Böser, böser Hund! Wie konntest Du mir das antun?" Sie schnappte den Pullover, warf ihn nach dem erschrockenen Ralphie, der es dieses Mal vorzog, eilends unter dem Bett zu verschwinden.

Traurig sagte Bob: „Ich weiß überhaupt nicht, Ralphie ist im allgemeinen ein wirklich lieber Hund, aber manchmal scheint er noch dümmer als ein Holzblock zu sein."

Wenn Du ebenso bist wie die meisten Hundebesitzer, hast Du wahrscheinlich ähnliche Erlebnisse mit Deinem eigenen Hund hinter Dir. Tatsächlich ereignen sich solche Dinge so häufig, daß viele Leute sie als völlig normalen, aber unangenehmen Teil der Hundehaltung ansehen. Über einige Tage erscheinen uns unsere Hunde außerordentlich intelligent; an anderen Tagen benehmen sie sich wie komplette Idioten. Und geht dies so über ein ganzes Hundeleben, über Jahre und Jahre, so kommen wir zu der

Überzeugung, daß irgendetwas falsch ist, mit uns, dem Hund oder beiden. Kommen solche Zweifel auf, folgen ihnen Schuldgefühle zwangsläufig auf den Fersen, ja man denkt darüber nach, ob der Besitz eines Hundes eigentlich all diesen Ärger lohnt. So müssen wir uns einfach die kleine Szene zwischen Goodmans und Ralphie etwas näher ansehen, um zu verstehen, wie die Kommunikation Mensch/Hund zusammenbrach.

Ein Potpourri von Lob und Strafen

Als Bob und Lorena ihren kleinen Welpen nach Hause brachten, begannen sie mit den altmodischen Standard-Erziehungsmethoden, Schimpfen und Schläge. Sie wollten Ralphie nichts Böses, aber sie gebrauchten zusammengefaltetes Zeitungspapier, um ihm auf den Rumpf zu schlagen, wenn er sich schlecht benahm. Sie benutzen auch die Zeitung, um auf den Eckschrank oder die Tischoberfläche zu schlagen, um ihn damit von einem ihnen unangenehmen Verhalten abzulenken.

In beiden Fällen ermahnten die Goodmans den Hund ernsthaft mit Sätzen wie „Nein, Ralphie!", „Ralph, hör auf!" und „Böser Hund!" Auf der anderen Seite, wenn die Besitzer Ralphie zeigen wollten, daß sie mit ihm zufrieden waren, streichelte Lorena freundlich über den Kopf des Terriers oder Bob forderte ihn zu einem rauhen und wilden Ringkampf auf dem Boden auf. Ralphies gutes Benehmen brachte ihm auch Anerkennung und echtes Lob ein wie „Braver Junge!", „Auf, Ralph!" und „Was ein lieber Hund!" Wie die meisten Junghunde war Ralphie solch ein liebenswertes Fellbündel, daß Bob, Lorena und ihre Freunde viel Zeit damit verbrachten, mit ihm zu spielen, über seine Possen zu lachen. Ja, Ralphies Name tauchte in beinahe jeder Unterhaltung immer wieder auf. „Ist Ralphie nicht ein geschickter Bursche?" „Rate, was Ralphie heute morgen gemacht hat!"

Das Verstehen der unsichtbaren Leine

Scheint dies nicht nahezu in Perfektion das natürliche Verhalten von Hundebesitzern? Vielleicht, aber man sollte es doch etwas näher untersuchen, um herauszufinden, wie natürlich dies alles für Ralphie ist.

Da das Hörvermögen eines Hundes nahezu vierfach besser ist als das unsrige, wirkt sich lautes Reden auf Ralphie ebenso aus wie auf uns? Kaum. Und erinnere Dich des normalen Verhaltens eines Hundes gegenüber Berührungen! Berührung löst instinktiv eine Verteidigungshaltung aus, signalisiert Ralphie zu erstarren, anzugreifen oder zu fliehen. Es sagt ihm aber *nicht*: „Du sollst nicht nagen, bellen oder kratzen." Richtig, ein intelligenter Junghund kann nach und nach *erlernen*, solche Verbindungen zu ziehen, sie sind aber nicht Teil seiner natürlichen Instinkte. In ähnlicher Weise muß der Hund Ralphie bei Streicheln oder wildem Spiel mit Lorena und Bob als erstes seine natürlichen Abwehrreaktionen unterdrücken, ehe er solche Handlungen als positive Gesten verstehen kann. Was passiert, wenn die Goodmans laute Töne in ihrer Kommunikation mit dem Hund *sowohl* für Lob wie Tadel verwenden? Beide Schlüsselreize lösen bei Ralphie zunächst Verteidigungshaltungen aus. So muß der Hund lernen, diese überhaupt erst einmal auszuschalten, ehe er herausfinden kann, welche Reaktion seine Besitzer wünschen. Das ist etwa so, wie wenn man die Worte hört: „Paß auf!", die aber bedeuten sollen: „Hallo, wie geht es Dir?" Als erstes muß man herausfinden, daß überhaupt keine Gefahr droht, ehe man erkennen kann, daß diese Worte etwas völlig anderes bedeuten als dies im ersten Augenblick erscheint.

Wenn wir einmal die Sätze überprüfen, die Bob und Lorena benutzen, um Ralphie zu loben oder zu strafen, dazuhin auch ihre Neigung, über den Hund untereinander und mit Freunden zu sprechen, dann entdecken wir eine andere allgemeine Übung, welche einer effektiven Kommunikation Mensch/Hund entgegen steht. Obwohl wir oft von unseren Hunden eine ganz bestimmte Reaktion erwarten, bieten wir ihnen gleichzeitig außerordentlich allgemeine Schlüsselreize an. So erwarten zum Beispiel Goodmans, daß Ralphie zu ihnen kommen soll, ganz gleich, ob sie ihn mit „Ralphie", „Ralph",

„Hund", „Junge" oder „Idiot" rufen. Mit anderen Worten, sie erwarten von ihm, daß er versteht, daß alle diese Namen ihm gelten. Auch wenn sie Kommandos geben wie „Nein!", „Hör damit auf!" oder „Marsch!" erwarten sie jeweils, der Hund solle sofort verstehen, was sie von ihm erwarten. Um die Dinge noch schwieriger zu machen, sie erwarten von ihm, daß er den Unterschied zwischen diesen Worten ebenso versteht wie zwischen all den verschiedenartigen Namen, mit denen sie sich an ihn wenden, mit denen sie untereinander sprechen oder gar mit Dritten.

Können wir Hundebesitzer zu Recht annehmen, daß unsere Hunde so feine Unterscheidungen machen können? Erinnere Dich daran, wir befassen uns mit einer Gattung, deren *Hören*, nicht aber deren *Intelligenz* der unsrigen weit überlegen ist. Alleine die Tatsache, daß Ralphie seine Besitzer hören kann, bedeutet nicht, daß er sie auch versteht.

Es dauert für Ralphie eine ganze Zeit, um herauszufinden, daß Ralphie, Ralph, Hund, Junge und Idiot sich alles auf ihn bezieht, durch einen eigenen Lernprozeß muß er herausfinden, ebenso viel auf den Ton, auf die Tonmodulation seines Besitzers zu reagieren wie auf die Worte selbst. Was bedeutet das, wenn die Goodmans ihre allgemeine Unterhaltung mit ähnlichen Worten, Tönen und Modulationen ausschmücken? Zunächst spitzt Ralphie seine Ohren, bemerkt er jedoch, daß des Sprechenden Aufmerksamkeit irgendwo ganz anders liegt, lernt er bald, Wort, Ton und Tonfall zu ignorieren, auch wenn das die Stimme seines eigenen Herrn ist.

Orientierung und Zuhören: Wie Mensch und Hund einen gemeinsamen Weg finden

Wir können solche Probleme dadurch vermeiden, daß wir die Sinnesvorgänge des Hundes beim Einprägen von Begriffen über das Ohr verstehen und nutzen. Wie prägen wir Hunde auf bestimmte Sinneswahrnehmungen? Die Welt des Hundes setzt sich aus seinen Sinneswahrnehmungen zusammen, so müssen wir seine Sinne ansprechen. Die Goodmans gebrauchen zum Beispiel den Klang, wenn sie Ralphie seinen Namen einprägen. Wenn sie dies jedoch tun, sollte sie sicherstellen, nur einen, nur einen einzigen Namen oder ein einziges Wort zu benutzen, um die Aufmerksamkeit ihres Hundes zu wecken, ihm einen Begriff einzuprägen.

Aus diesem Grund müssen die Goodmans sich entschließen, ob sie ihren Ralphie „Ralphie" rufen, weil er nun einmal wie ein Ralphie aussieht, oder weil sie bekannt werden wollen als die Leute, denen ein Hund namens Ralphie gehört. Ist das erstere der Fall, dann sollten sie ausschließlich das Wort „Ralphie" benutzen, wenn sie ihren Hund ansprechen. Wollen sie jedoch lieber bei ihrer Unterhaltung untereinander und mit Freunden den Hund als Ralphie bezeichnen, dann sollten sie ihn mit einem Namen wie „Hector", „Caruso" oder einem ähnlichen rufen, oder ihn ausschließlich mit einem Wort „Shazam!" oder „Hup!" anrufen, also ausschließlich einen bestimmten Klang anwenden.

Obwohl die bei weitem gebräuchlichste Art der Ansprache eines Hundes im Hundenamen, einem Pfiff oder einem anderen Klang besteht, können auch andere Sinne angesprochen werden. Die meisten Hundebesitzer empfinden, daß sich ihr Hund auf sie konzentriert, wenn sie ihn fest anblicken. Es handelt sich um visuelle Orientierung, dies ist der Eckpfeiler einer außerordentlich stark ausgeprägten Kommunikation zwischen tauben Menschen und ihren hörenden Hunden. Spitzensuchhunde wie „Trep", der Rauschgifte im Wert von 63 Millionen Dollar fand, wurden ausgebildet, sich in erster Linie nach ihrem Geruchssinn zu orientieren. Exakt das Gleiche tun tausende von kleinen, dicken Hundetieren alltäglich, wenn sie zwischen Herd und Kühlschrank während der Küchenzeit herumlungern. Hundebesitzer, die ihre Hunde über Leckerbissen ausbilden, orientieren diese sowohl über den Geschmack als auch über den Geruch, andere, welche ihre Hunde prügeln, um „sie aufmerksam zu machen", orientieren diese wiederum auf den Sinneseindruck der Berührung.

Obgleich so die meisten Hundebesitzer völlig automatisch ihren Hund auf die eine oder andere Art anleiten, ist die genaue *Auswahl*, einen Hund immer *gleichmäßig* und auf ganz *spezifische* Art zu orientieren, ein außerordentlich wertvolles Erziehungsmittel. Wenn man dies einsetzt, so bedeutet für den Hund ein ganz bestimmter Ton, ein visueller Eindruck, ein Geruch, ein Geschmack oder eine Berührung ganz einfach: „Aufpassen!" Ich stell mir gerne vor, daß eine solche Orientierung eine Art Schlüssel-ereignis ist, ein Schlüssel, der die Tür zwischen mir und meinem Hund aufschließt. Er garantiert zwar nicht, daß der Hund die richtige Nachricht aufnimmt, aber zumindest öffnet er den Weg, eine Botschaft zu übermitteln.

Die andere Hälfte der Orientierung erfordert eine laufende, aufmerksame Beobachtung unserer Hunde. Wir müssen ihre Wünsche, ihre gezielten Nachrichten an uns selbst begreifen lernen, stets bereit sein, uns zu jederzeit selbst an unseren Hunden neu zu orientieren. Einige Hundebesitzer glauben, es sei möglich, daß ein Hund Dinge völlig gleich wie sie wahrnimmt. Sagen sie ein bestimmtes Wort, erwarten sie, der Hund solle auf ganz bestimmte Art reagieren. Wie oft haben wir schon verzweifelt gerufen: „Wenn ich sage sitz, dann *meine ich SITZ!*" Für uns bedeutet „sitz", daß der Hund die Hinterläufe beugt, sich auf den Boden setzt. Tut ein Hund dies nicht, nehmen wir automatisch an, er sei dumm, dickköpfig, er respektiere unsere Autorität nicht oder wolle uns ärgern. Nimm einmal an, „sitz" bedeute für den Hund etwas völlig anderes. Wie etwa, wenn Deine laut peitschende Stimme beim Hund instinktiv einfach eine *Verteidigungshaltung* auslöst? Wenn die Goodmans also Ralphie anschreien „ICH SAGTE SITZ!", wenn dann beim Junghund die Botschaft ankommt: „Sie wollen mir etwas Böses antun." Was für ein weiter Irrweg gegenüber der Absicht des Hundebesitzers: „Beuge Deine Hinterläufe und setze Dich auf den Boden."

Nehmen wir ein anderes Beispiel. Schlechter anatomischer Aufbau im Bereich der Hüfte ist bei großen Hunden ziemlich verbreitet. Ist die Erkrankung ausgeprägt, wird auch ein junges Tier all die Einschränkungen empfinden, all das Unbehagen, wie ältere Tiere mit ausgeprägter Arthritis. In beiden Fällen kann die normale Sitzposition Zeit brauchen, ehe sie der Hund einnimmt. Für den Hund kann es weniger schmerzhaft sein, sich stattdessen hinzulegen. Hundebesitzer, die nicht bereit sind, sorgfältig und völlig automatisch ihre Hunde laufend zu beobachten, erwarten, daß alle Tiere sofort auf ihr Kommando „sitz" gehorchen. Klappt dies nicht, sind sie stets frustriert. Um Deine eigenen Empfangsantennen auszubauen, solltest Du Dir stets zwei Fragen stellen:

- Was übermittle ich meinem Hund?
- Was übermittelt mein Hund an mich?

Würden sich die Goodmans diese Fragen stellen, etwa in Hinsicht auf Ralphies Freude an zerstörerischem Kauen und ihre Erziehungsanstrengungen gegenüber diesem Laster, wäre die erste Antwort: „Wir möchten, daß er begreift, daß sein ständiges Kauen uns verrückt macht." Sie möchten, daß Ralphie erkennt, daß er etwas sehr Wertvolles zerstört, zusätzliche Arbeit auslöst, sie Geld kostet, sie unglücklich macht. Mit anderen Worten, sie wünschen sich, ihr Hund solle sich schuldig fühlen. Wie können aber Hunde ein menschenähnliches Schuldgefühl entwickeln? Selbst wenn sie es könnten, erleichtern Schuldgefühle einen Lernprozeß?

Wenn sie Ralphie das Gefühl ihres Ärgers vermitteln wollen, dann kann dies dadurch geschehen, daß sie auf und ab springen, schreien oder ihn verprügeln. Wollen sie ihm jedoch übermitteln: „Höre auf mit dem Gekaue, weil uns dies lästig ist", dann können sie hierfür eine viel effektivere Methode anwenden. Im ersten Fall ist alles, was sie übertragen, ihre schlechte Gemütsverfassung; im zweiten Fall übermitteln die Goodmans an Ralphie ihren Wunsch, er möge sein Verhalten grundsätzlich ändern. Höre Dir selbst immer zu, was Du sagst. Ist es nicht klar für Dich selbst, dann kannst Du gewiß sein, daß es auch für Deinen Hund unverständlich ist.

Was übermittelt Ralphie an die Goodmans? Ist er wirklich trotzig, dickköpfig und dumm? Dies alles sind menschliche Begriffe, von Menschen benutzt, um menschliches Verhalten zu beschreiben. Wir können sehr große Kommunikationsfehler begehen, wenn wir solche Vorurteile auf unsere Haustiere übertragen. Nicht nur, daß solche Vorstellungen unseren Hunden wenig oder überhaupt nichts bedeuten, sie blockieren außerdem unser eigenes Verstehen normalen tierischen Begreifens und Verhaltens. Und gerade dies brauchen wir, um viele Probleme zu lösen. Wenn Dein Hund etwas an Dich übermittelt, achte stets darauf! Versuche, seine Aussage zu verstehen, das ist viel besser, als seine Antwort emotional abzulehnen.

Wankelmütigkeit: Wenn das Ja von gestern, das Nein von heute wird

Nachdem die Goodmans zunächst eine recht verwirrende Sinnesverbindung mit Ralphie aufgebaut haben, verfielen sie dann auch noch der größten Verlockung des Hundebesitzers, der Wankelmütigkeit, fehlender Beständigkeit. Hundebesitzer können selbst bei den schlimmsten Ausbildungsmethoden noch gute Ergebnisse erzielen, solange sie konsequent bleiben. So kann zum Beispiel die gesamte Nachbarschaft zu einem sich vorzüglich benehmenden Hund Vertrauen haben, dessen Besitzer im gleichen Augenblick, wenn der Hund auch nur den geringsten Fehler macht, ihn brutal am Würgehalsband festhält. Schon vom ersten Augenblick an, als der Welpe in den Haushalt kam, machte der Besitzer eindeutig klar, daß er *jedes* falsche Benehmen sofort und in der gleichen Art beantworte. Nachdem der Hund stets dieser Bestrafung ausgesetzt war, wenn er irgend etwas dem Willen seines Herrn entgegengesetzt tat, hatte der Hund gelernt, seinen Besitzer ständig zu beobachten, seine natürlichen Instinkte zu unterdrücken. Obgleich ich jedes Zufügen von Schmerz bei der Hundeausbildung schärfstens ablehne, beweist das Vorhandensein eines sich gut benehmenden Tieres, das nach solchen Methoden ausgebildet wurde, die Tatsache, daß der Schlüssel für die Hundeerziehung nicht allein die Methode ist. Der Schlüssel ist vielmehr die ständige Anwendung der gleichen Methode.

Solange Bob und Lorena fünf verschiedene Namen für Ralphie benutzen, solange sie dieselbe Redewendung für verschiedenartige Dinge gebrauchen oder solange sie heute ein bestimmtes Verhalten des Hundes belohnen, Ralphie am nächsten Tage wegen desselben Verhaltens bestrafen, solange verhindert ihre Wankelmütigkeit, ihre fehlende Beständigkeit, jede sinnvolle Kommunikation mit dem Hund. Spielt Ralphie mit einem alten Handtuch Seilziehen, loben ihn seine Besitzer; zerrt er aber an einem Kaschmirpullover, verprügeln sie ihn mit einem anderen Tuch, das geradeso aussieht, wie sein Lieblingsspielzeug. Unglücklicherweise vergessen die Goodmans, daß die Augen Ralphies in erster Linie auf Bewegung reagieren, dadurch ist ein Stück Tuch für den Hund ebenso hübsch wie das andere. Solange Bob und Lorena Ralphies Seilziehenspiel mit einem Tuch loben, solange erwartet der Hund, daß sie bei analogen Situationen genauso reagieren. Mit anderen Worten, Ralphie ist aus sich heraus natürlich beständig und erwartet von anderen ein ähnliches Verhalten. Die Tatsache, daß Ralphie ein altes Tuch nicht von einem guten Tuch unterscheiden kann, ja nicht einmal von einem Pullover, bedeutet, daß seine Beurteilungsmaßstäbe für das Spiel von denen seiner Besitzer völlig abweichen. Was Ralphie angeht, bedarf es nur seines Ziehens an einem Stück Material, um seinen Besitzern zu gefallen; er erwartet, daß sie ihn unter derartigen Voraussetzungen stets loben. Solange Bob und Lorena ihn einmal in den höchsten Tönen loben, solange es sich um ein altes Tuch handelt – und bei anderer Gelegenheit bestrafen, weil es ein Kleidungsstück oder ein gutes Tuch ist, muß Ralphie verwirrt werden. Für ihn gibt es keinen Unterschied in seinem Verhalten oder in den Begleitumständen, die so radikal verschiedene Reaktionen des Menschen rechtfertigen.

Nun wollen wir sehen, wie Inkonsequenz Probleme schaffen kann, weil zwischen menschlichem und tierischem Geschmackssinn bedeutende Unterschiede bestehen. Bob und Lorena essen beim Fernsehen des Fußballspiels am Montag abend regelmäßig Pizza. Während der Werbeeinstreuungen vollführt Ralphie ebenso regelmäßig Kunststücke und erhält dafür kleine Stücke von Peperoni. Zuweilen bekommt er nach dem Fußballspiel sogar die Reste der Pizza. An einem Montag kochte Lorena eine Pizza für Feinschmecker, aber gerade, als sie diese Feinschmeckerpizza auf dem Kaffeetisch vor dem Fernsehen niederstellt, läutet das Telefon. „Braver Hund", murmelt sie gedankenlos zu Ralphie und läuft zum Telefon im Flur. Bis zum Zeitpunkt, da sie das Telefongespräch beendet hatte, hatte Ralphie die Pizza auf den Fußboden heruntergezogen, was er noch nicht aufgefressen hatte, klebte jetzt an dem nagelneuen Teppich. Diese Pizza war das einzige Essen im Haus, der Teppich kostete die Goodmans über 500 Dollar. Was würdest Du an Lorenas Stelle tun? Ehe Du antwortest, überlege sorgfältig, zunächst Deine normalen Methoden der Kommunikation mit Deinem Hund, dann auch die normale Reaktion Deines Hundes auf diese Methoden. Welche Sinneseinflüsse haben zu dieser Situation beigetragen?

Im Falle von Bob und Lorena spielt der Geschmackssinn eine besondere Rolle in der Kommunikation mit Ralphie. Macht er Kunststücke, belohnen sie ihn mit Pizza, dadurch wurde Pizza für den Hund viel mehr als nur einfach Fressen. Normales Futter ist der trockene Stoff, der immer in seinem Futternapf herumliegt, Pizza jedoch bedeutet für ihn Liebe. Und sagte ihm seine Herrin nicht, er sei ein braver Hund, als sie gerade das Wohnzimmer verließ?

Nun, Lorena wurde stinksauer, als sie den pizzabefleckten Teppich sah. Sie packte den armen Ralphie an der Halskrause, rieb ihm seine Nase in das Futter und verprügelte ihn gerade so, als hätte er seine gute Erziehung zur Stubenreinheit vergessen. Wir müssen die verschiedenen Einzelheiten der Inkonsequenz untersuchen, die bei diesem Problem alle zusammenkommen:

– Unter ganz bestimmten Umständen hatten die Goodmans Ralphie gelobt, weil er die Nahrung aufgefressen hatte. Unter anderen Umständen bestraften sie ihn jetzt, weil er das gleiche Futter aufgefressen hatte.
– Lorena bestrafte den Hund, weil er das Futter aufgefressen hatte, nachdem sie ihm zuvor das positive „Braver Hund"-Zeichen für seine Aktivitäten gegeben hatte.
– Lorena verwandelte das zuvor positive Futter in ein negatives, indem sie Ralphies Gesicht hineinrieb und ihn gleichzeitig verprügelte und ausschimpfte.
– Die letzte und verwirrendste Inkonsequenz von allen ist, daß die Goodmans jetzt erwarten, daß der Hund nie wieder Pizza vom Tisch essen werde. Sie erwarten jedoch gleichzeitig, daß er ebenso positiv auf die Leckerbissen am Montag abend reagiert, welche sie nach *ihren* Bedingungen anbieten.

Der beste Weg, Inkonsequenz zu vermeiden, ist, alle Dinge einfach zu halten. Benutze stets die gleichen Worte oder Gesten unter allen Umständen für den gleichen Gegenstand, für gleichartige Geschehnisse. Wenn Du Pizza einsetzt, um Deinen Hund zu belohnen, dann muß sie auch stets für solchen Zweck verwandt werden. Benutzt Du auf diese Art Futter, bedeutet es entweder Belohnung oder – bei Entzug – Strafe. In unserem Beispiel entwickelt Ralphie während des bevorzugten Montagabend-Rituals starke positive Gefühle in Richtung auf Pizza, da er gemeinsam mit den Peperoni und dem Käse sehr viele Streicheleinheiten empfängt. Hätten Bob und Lorena jedesmal, wenn sie Pizza aßen, Ralphie geschlagen, hätte der Hund bald gelernt, sich beim ersten Duftsignal von Peperoni dünne zu machen, beim bloßen Anblick von Käse unterwürfig am Boden zu kauern.

So stark sind die Gemütsverbindungen, die wir Menschen mit Futter und Geschmack auslösen, daß ihre Übertragung auf unsere Hundegefährten sehr große Probleme verursachen. Wir werden dieses Phänomen im einzelnen im Kapitel sieben besprechen. Für den Augenblick merke, daß der einfachste, konsequenteste Weg zur Vermeidung von mit Futter zusammenhängenden Problemen darin besteht, dem Hund das gleiche Hundefutter auf gleiche Art zur selben Zeit jeden Tag zu verabreichen.

Jedes Mal, wenn ich auf Leute treffe, die aufgrund von Inkonsequenz bei der Ansprache der Sinne ihres Hundes mit entnervenden Problemen im Umgang mit ihren Hunden befaßt sind, erinnere ich mich der von Sigmund Freud ausgearbeiteten Theorie, wonach Träume viele Sexualsymbole verkörpern. Mit der Zeit konnten Kollegen und Reporter in praktisch jedem Traum verborgene Bedeutungen entdecken. Bei dem Versuch, die Dinge wieder einmal zurechtzurücken, traf Freud in einer Unterhaltung die knappe Feststellung: „Manchmal ist eine Zigarre nichts anderes als eine Zigarre."

Hundebesitzer können ihre Kommunikation mit ihren Hunden verbessern und vereinfachen, wenn sie sich stets vor Augen halten, daß Hunde am besten auf Laute, Gesichtseinflüsse, Geschmack, Geruch und körperliche Berührungen reagieren, die nur eine einzige Bedeutung haben. Solch eine vereinfachte und andauernde Haltung in der Kommunikation mit unseren Hunden kann viele immer wieder auftretende Probleme ausschalten.

Normal gegen natürlich: Gemischte Signale

In Kapitel eins entdeckten wir einige allgemeine Charakteristika der Sinneswelt des Hundes. Wir lernten auch, wie sich diese natürlichen Sinne entwickelt haben, auf vermehrte Sicht nach den Seiten, bewegungsbetontes Sehvermögen, ganz besonders feines Hören, Verteidigungsreaktion auf Berührung der Tiere, die Beutegreifer sind und aufpassen müssen, nicht selbst zur Beute zu werden. In der Wildnis überleben vorteilhafte Eigenschaften, nachteilige verkleinern sich oder verschwinden ganz. Obwohl die Beziehung zwischen den einzelnen Sinnesleistungen und Verhaltensmustern komplex sind, gibt es doch einen Trend über natürliche Auswahl: Das zu verändern, was nicht funktioniert, anderes zu erhalten, was dem Überleben nützt. Die Menschen entwickelten sich in einer Richtung, die Hunde in einer anderen. Unglücklicherweise vergessen die Menschen manchmal die Unterschiede, bestimmen, was für einen Hund nach menschlichen Begriffen normal sei. Ganz gleich, wie vernünftig und erfahren Hundebesitzer sind, sie finden es oft außerordentlich schwierig, das, was sie als normales Hundeverhalten ansehen, nicht aus ihrer eigenen Anschauung zu definieren.

Wenn Bob Goodman bei seiner Mutter auf „Robert", bei seinem Mitarbeiter auf „Bob" und bei seiner Frau auf „Rob" antwortet, warum sollte dann ausgerechnet Ralphie nicht fähig sein, auf seine verschiedenartigen Namen zu reagieren? Wenn wir Stuhlgang und Urin widerwärtig empfinden, warum sollte dies nicht auch für unsere Hunde gelten? Wenn wir nur eine gewisse, verhältnismäßig kleine Tonskala hören können, warum sollten wir dann nicht auch erwarten, daß unser Hund alle anderen Töne ignoriert? Wenn wir ein Steak und Pommes Frites besonders gerne mögen, warum dann nicht der Hund?

Die Antworten solcher Fragen führen viele Hundebesitzer zur Auffassung, *normale* Hundeausbildung sei die Anpassung der Empfindungswelt ihres Hundes an ihre eigene. Das ist etwa das Gleiche, wie wenn Du den von Deinem Teenagerbruder frisierten 69er VW in einem Grand Prix zum Start bringst. Der VW-Käfer kann in der Welt Deines Bruders von ganz besonders großer Bedeutung sein, die einzige Antwort, die er bei einem Grand Prix erhält, lautet – daß er nicht hierher gehört. Ganz gleich, was wir je mit dem VW tun, er wird dadurch nie zu einem Formelrennwagen.

Ganz in gleicher Art, unabhängig von unseren menschlichen Erwartungen an unsere Hunde, werden unsere Hunde nie zum Menschen. Solange wir erwarten, daß sie seien wie wir, werden wir immer enttäuscht. Lassen wir sie aber Hunde sein und schaffen eine Umgebung, in der sie ihre Hundenatur als optimale Ergänzung unserer menschlichen Qualitäten ausleben, dann haben wir an den Ergebnissen unvergleichlich viel Freude.

Grundvoraussetzungen für eine Verständigung Mensch/Hund

Wissen und Einfühlsamkeit sind die Schlüssel, um die Kanäle einer Kommunikation Mensch/Tier zu öffnen und offen zu halten. Hierzu gehören:

- Das Wissen um die Sinnesleistungen unserer Hunde, insbesondere um die Unterschiede zu unseren eigenen.
- Einfühlsamkeit in jede Störung zwischen unseren Erwartungen und den Fähigkeiten unserer Hunde, darauf einzugehen.
- Das Wissen um normales Hundeverhalten im Vergleich zum normalen Menschenverhalten.

Ausgestattet mit diesem Wissen läßt sich Deine heutige Beziehung zu Deinem Hund sehr effektiv erweitern. Nicht der Weg ist richtig, den Du zuvor in Richtung auf eine Unterordnung beschritten hast. Richtig ist auch nicht der Weg, von dem Du geträumt hast, er sei richtig. Allein der jetzt gefundene Weg führt zum Ziel. Lehne Dich ganz einfach zurück, werfe einen kalten, harten Blick auf den augenblicklichen Stand Deiner Beziehungen zu Deinem Hund. Wie die Goodmans, so wirst auch Du finden, daß bei den meisten Deiner Probleme die Verständigung mit Deinem Hund im argen liegt.

In den folgenden Kapiteln werden wir gemeinsam herausfinden, daß Kommunikation nicht nur die Wurzel vieler Probleme ist, sondern gleichzeitig auch der Schlüssel, die Probleme zu lösen. Dies mag sich zunächst recht philosophisch anhören, theoretischer als der Gebrauch eines für 1.000 DM gekauften Teletakthalsbandes oder der Fütterung eines Hundefutters, das dem Hund ein langes Leben sichert. Aber unser Rezept wirkt. Hast Du es erst einmal geschafft, zu Deinem Hund eine echte, funktionssichere Verbindung herzustellen, hast Du eine Arbeitsgrundlage, die eine laufende Anpassung der gegenseitigen Beziehungen ermöglicht.

Wie kannst Du feststellen, ob Deine heutige Beziehung zum Hund wechselseitig annehmbar ist? Die Antwort ist ganz einfach: Funktioniert die Beziehung? Bist Du mit Deiner Beziehung zu Deinem Hund wirklich zufrieden? Wenn die Goodmans erst einmal gelernt haben, die verschiedenen Wege der Kommunikation zu Ralphie einzeln zu erkennen, können sie sich auch mit den Einzelheiten befassen, die sie abändern möchten, aber auch mit anderen Dingen, die sie genau wie bisher aufrecht zu erhalten wünschen. Sie werden sich auch mit Dingen abfinden müssen, die einfach nicht zu verändern sind, selbst wenn man dies will. Was immer sie sich zu ändern entscheiden, sie werden feststellen, daß effektive Kommunikation zu vernünftigen, langandauernden Ergebnissen führt.

Hinnehmen oder ändern

Yorkshire Terrier Disraeli der Familie Feldstein schläft immer im Bett seiner Besitzer, wenn sie ausgegangen sind. „George ist dieses Verhalten absolut zuwider!" sagt seine Frau Inez. „Jedesmal, wenn wir nach Hause kommen, schleicht George durch das Haus und versucht, den Hund zu ertappen. Über fünf Jahre ist dies langsam zum Spiel geworden." Streng privat gibt George zu: „Als der kleine Schuft damit anfing, ich glaube, ich hätte ihn totgeschlagen, wenn ich ihn auf dem Bett gefunden hätte. Heute, obwohl es mich immer noch wahnsinnig ärgerlich macht, wäre ich wahrscheinlich ein wenig enttäuscht, wenn ich ihn tatsächlich erwischen würde."

Obgleich also die Familie Disraelis Anwesenheit auf dem Bett als Problem bezeichnet, obgleich George betont, daß er das nicht ausstehen kann, so wurden dennoch sowohl das Verhalten des Hundes wie die Gefühle der Menschen zu einem gemeinsam akzeptierten Bestandteil ihres Lebens.

Vergleiche dies einmal mit der Reaktion von Pete d'Alesandro. Sein schwarzer Labrador Rugby freute sich über alle Maßen bei fremden Menschen wie Hunden. Zunächst bekam Pete jedesmal, wenn Rugby sich verabschiedete, um den Hund im Nachbarhaus zu besuchen, einen Tobsuchtsanfall. Er war über das Verhalten seines Hundes sehr zornig, entschuldigte sich bei seinen Nachbarn immer wieder. Er war aber auch über seine eigene Unfähigkeit, seinen Hund richtig zu erziehen, recht enttäuscht, ärgerte sich über Rugby, weil der sich davonmachte. Er fühlte sich dann aber auch wieder schuldig, weil er den Hund gestraft hatte, nur um seine eigene Frustration abzureagieren. Als die Nachbarn von Pete ihm versicherten, daß ihre Hündin sterilisiert, daß ihr Rugby stets ein willkommener Gefährte sei, wuchs in Pete schließlich die Einsicht. Er akzeptierte das Verhalten von Rugby als normal, letztendlich sogar als gut und vernünftig.

Ganz gleich, wie groß oder klein ein Problem sein mag, wir müssen stets nacheinander die vier Grundfragen stellen, welche wir bereits in Kapitel 1 festgelegt haben:

- Bin ich bereit, die augenblickliche Situation (das Verhalten des Hundes und seine Auswirkungen auf mich) und meine Empfindungen hierzu zu akzeptieren?
- Bin ich bereit, meine Empfindungen zu ändern, zu akzeptieren, was ich bisher als nicht akzeptabel angesehen habe?
- Habe ich den Willen, mein eigenes und/oder das Verhalten meines Hundes zu verändern, um es in Einklang mit meinen Vorstellungen zu bringen?
- Möchte ich mich von meinem Hund trennen?

Eine große Anzahl von Erziehungsmethoden steht Hundebesitzern wie den Friehoffers offen, welche die dritte Option wählen, den Wunsch haben, ihrem Chin-Chin Mee Tu das ewige Kauen abzugewöhnen. Mee Tu hat bereits zwei handgeknüpfte afghanische Teppiche zerstört und kaut gerade seinen Weg durch einen dritten. Abgesehen von dieser Untugend hat die ganze Familie Friedhoffer keinerlei andere Probleme mit ihrem Hund. Niemand möchte Mee Tu abgeben, aber niemand ist bereit, weiterhin das Familienerbe von dieser Hündin aufkauen zu lassen. In diesem Fall entscheiden sich die Besitzer, den Hund richtig zu erziehen, das Verhalten des Hundes auf ihre eigenen Wünsche einzustellen, Mee Tu das Zerkauen von Teppichen abzugewöhnen.

Über die Jahre habe ich genügend Hund/Mensch-Beziehungen angetroffen, um zu wissen, daß in manchen Fällen die vierte Wahl – den Hund abzugeben – durchaus die beste von allen sein kann. Wird Alonzo, der Spitz, blind, taub und von Arthritis geplagt, so daß schon die leiseste Berührung oder selbst kleine Bewegungen ihn vor Schmerz aufheulen lassen, ist die *Qualität* einer wechselseitigen Kommunikation zwischen Hund und Mensch weitgehend aufgelöst, entschwunden. Eine solche Beziehung bereichert nicht länger Alonzos Leben, seine paar übriggebliebenen Sinne senden und empfangen nur noch eine einzige Botschaft: „Paß auf, berühr mich nicht, ich habe Angst!" Dies ist auch für einen Hund keine schöne Welt mehr, um darin zu leben.

Du kannst es mögen oder nicht, auch eine Scheidung kann vernünftig sein! Bedeutet eine Scheidung, daß die Parteien nicht mehr an die Ehe glauben? Ganz im Gegenteil. Hat man gerade hohe Ideale über die Ehe, leidet aber unter der eigenen, kann die Scheidung zu einer starken Bestätigung der eigenen Ideale werden. Menschen erhalten leider immer wieder Hunde als Geschenke, viele dieser Beschenkten hätten sich gerade diesen Hund nie selbst ausgewählt. Solche Hundebesitzer mögen sich gezwungen sehen, das Beste aus der Sache zu machen, aber Unehrlichkeit, welche eine unerträgliche Verbindung aufrecht erhält, nützt selten auch nur einer der Parteien. Weil keine eigene enge Verbindung zum Hund vorhanden ist, gibt es auch nicht den Wunsch, eine dauernde Beziehung oder auch nur irgendeine Form eines vernünftigen Zusammenlebens aufzubauen. Hundebesitzer, die eine Bindung nur aus falschem Schuldgefühl oder Verpflichtetsein tolerieren, tun weder sich selbst, noch ihren Hunden damit einen Gefallen. Hunde mögen Menschen, sie haben den großartigen Übersinn „Liebe". Ist aber die Beziehung und die Verständigung untereinander nicht ernsthaft gewollt, so spüren es beide Teile.

Das berühmte Gebet von Reinhold Niebuhr gibt uns allen guten Rat: „Gott, gib mir die Gnade, das zu akzeptieren, was ich nicht ändern kann. Gib mir den Mut, die Dinge zu ändern, die ich zu ändern vermag und schenke mir die Weisheit, den Unterschied zu erkennen." Der erste Schritt, die Beziehungen zu unseren Hunden zu akzeptieren oder abzuändern, besteht in der bewußten Wahl, in der Entscheidung, genau das zu tun. Ohne einen Entschluß, ohne die Folgerungen, die aus einer solchen Wahl entstehen, wirst Du nie fähig sein, laufend bestimmte Verhaltensarten Deines Hundes zu akzeptieren, Dich selbst oder Deinen Hund zu erziehen, Verhalten zu verändern.

Jetzt, da wir verstehen, wie Kommunikation sich auf das Verhalten auswirkt, wollen wir uns der Methode zuwenden, wie man über sechs einzelne Schritte Probleme löst.

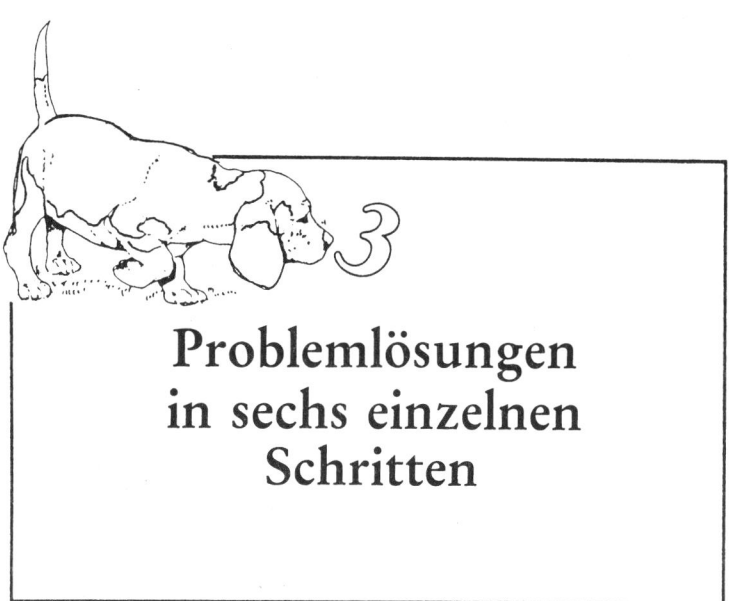

Problemlösungen
in sechs einzelnen
Schritten

Tim und Sherry Bardwell kauften ihren Golden Retriever Christi, als dieser noch ein süßes Fellbündel war. Sie konnten sich keinen anbetungswürdigeren oder liebenswerteren Haushund vorstellen. Da ist es schon ein Unglück, daß wann immer die Bardwells oder irgendjemand anderes oder auch ein fremder Hund in die Wohnung kommt, Christi sich sofort auf dem Boden plattdrückt und Urin tröpfeln läßt. Tim und Sherry wäre dies weniger unangenehm, würde sich die Haustür nicht direkt in das Wohnzimmer öffnen, in dessen Mitte ihr heißgeliebter Orientteppich liegt, ein Hochzeitsgeschenk der Eltern von Tim. Christi wurde immer und immer wieder ausgescholten, erhielt auch für dieses Verhalten eine Reihe von Klapsen. Aber nach vier Monaten täglicher Beschmutzung durch Christi, täglicher Reinigung durch Sherry, sieht der geliebte Teppich nur noch wie das Überbleibsel eines Schlußverkaufs aus. Tim kann sich lebhaft seiner Mutter Schreckreaktion vorstellen, sollten seine Eltern unerwartet zu einem Besuch hereinplatzen.

„Ich liebe Christi", seufzt Tim. „Aber es wird immer schlimmer mit ihr. Jetzt beginnt sie bereits zu pinkeln, wenn ich nur auf sie zugehe. Ich verstehe einfach nicht, warum sie so boshaft ist."

„Vielleicht solltest Du damit aufhören, auf sie einzuschreien und sie zu schlagen, wenn sie böse war", antwortet seine Frau.

„Ach, sie tut es auch, wenn Du mit ihr wie mit einem Baby sprichst, Sherry!"

„Ich weiß, aber sie ist nicht boshaft, sie ist ganz einfach dumm. Vielleicht sollte man sie zur Ausbildung weggeben."

„Oder sie in einem Teich ertränken."

„Niemals!" stößt Sherry heraus, und drückt den sich wehrenden Junghund gegen ihre Brust. „Niemand wird je meinem süßen Mädchen etwas antun!"

So haben die Bardwells ein Problem. In diesem Kapitel helfen wir Tim und Sherry

Schritt für Schritt, dieses Problem zu erkennen und zu lösen. Wenn wir am Ende sind, haben wir eine allgemeine Methode erarbeitet, die bei allen Arten von Problemen angewandt werden kann. Das bezieht sich nicht nur auf die in diesem Buch behandelten Einzelprobleme, sondern auf alle ungewöhnlichen Dinge, die im täglichen Zusammenleben mit Deinem Hund auftreten können. Ich weiß, eine solche schrittweise Prozedur kann dem einen oder anderen übermäßig formell erscheinen. Dem ist entgegenzuhalten, daß eine solche Strategie uns allen helfen kann, die Versuchung zu vermeiden, im ersten Augenblick bereits vom Problem zu einer Lösung zu springen, was oft in die Irre führt.

In unserem Beispiel haben die Bardwells im Verlauf der Zeit ihr eigenes (falsches) System der Problemlösung entwickelt. Verliert Christi Urin, schreit Tim und schlägt sie. Christi macht sich noch kleiner und uriniert noch mehr und macht dabei Tim noch wütender, er schlägt sie noch mehr. Dies erweckt in Sherry Schuldgefühle, sie liebkost den armen Hund und tröstet ihn, sobald sich der Sturm gelegt hat, obgleich dies den Hund erneut zum Urinieren veranlaßt. Da dieses Verhalten auch nach vier Monaten noch weiter anhält, kann man mit Sicherheit sagen, daß die altmodische Art der Problemlösung fehlgeschlagen ist. So wollen wir einen Weg suchen, mit dem wir den Bardwells helfen, eine bessere Methode zu finden, ehe jemand Christi in die ewigen Jagdgründe schickt.

Schritt eins: Betrachte das augenblickliche Verhalten Deines Hundes als normal

Erinnerst Du Dich der Wichtigkeit, genau festzustellen, was aus Deiner und Deines Hundes Sicht normal ist? Dies ist der erste und schwierigste Schritt jeder Problemlösung. Ob es die Bardwells nun mögen oder nicht, für Christi ist es *normal*, auf den Teppich zu urinieren, wenn Menschen oder Tiere ins Haus kommen, wenn Tim sie anschreit oder schlägt, oder wenn Sherry sie wie ein Baby liebkost. Achte genau darauf, wie wir es jetzt vermeiden, irgendwelche Werturteile wie gut, schlecht, trotzig, dumm oder anderes bei der Definition des Verhaltens von Menschen oder Tieren zu gebrauchen. Ich kann diesen Punkt überhaupt nicht genug unterstreichen. Selbst mit all meiner eigenen Erfahrung, im Hinblick auf das gesamte Spektrum von Hund/Mensch-Problemen, muß ich mir doch immer wieder vor Augen halten, alle derartigen Werturteile auszuschalten, selbst wenn ich mich mit dem abstoßendsten Verhalten beschäftige.

„Es ist *überhaupt nicht* normal, daß Hunde ins Haus pinkeln!" erwidert zornig Tim, der sicherlich nicht möchte, daß es bekannt wird, daß er Besitzer eines Hundes ist, der so etwas tut. Aber Tim projiziert seine eigenen Wertmaßstäbe auf seinen Hund. Das ist etwas, was jeder Hundebesitzer nur sehr schwer zu vermeiden vermag. Nichts desto weniger, die Bardwells können überhaupt nicht anfangen, ihr Problem zu lösen, ehe sie damit aufhören, solche menschlichen Begriffe auf den Hund zu übertragen. Sie müssen sich selbst in Christis Hundewelt eindenken, erkennen, wie Christi die Dinge sieht.

Hundebesitzer, die das Verhalten ihres Hundes analysieren, ihre eigene Reaktion darauf oder beides, dabei die Worte schlecht oder abnormal automatisch gebrauchen, definieren dabei sich selbst und ihre Hunde als schlecht oder abnormal. Damit hat die Problemlösung von Anfang an einen negativen Start. Es ist daher überhaupt keine Überraschung: Alle, die problematisches Verhalten als normal zu definieren lernen, sie gewinnen damit einen beachtlichen psychologischen Vorteil. Ganz gleich wie ein Problem sein mag, packt man es von der positiven Seite an, erreicht man schnellere und dauerhafte Ergebnisse. Das klingt ganz vernünftig, aber es ist nicht so leicht zu tun wie es klingt. Selbst wenn wir Hundebesitzer uns selbst von Werturteilen hinsichtlich des Verhaltens unseres Hundes befreien können, finden wir es um einiges schwieriger, uns von dem Urteil anderer zu lösen. Wenn 99 von 100 Menschen, die in Bardwells Häuserblock wohnen, das Beschmutzen des Hauses als abnorm ansehen, dann werden Tim und Sherry ziemlich unter Druck stehen, diesem nicht zuzustimmen. Ich habe hunderte von Hundebesitzern angetroffen, die mit ihren Hunden völlig zufrieden waren, aber unkonventionelle gegenseitige Beziehungen aufgebaut haben. Sie leiden aber fast alle an der nahezu einstimmigen Mißbilligung dieses Verhältnisses durch andere Leute. Ein solcher Hundebesitzer sagte mir: „Ich liebe es, mit meinem Spaniel im Bett zu schlafen, meine Freundin sagt aber, daß dies für sie so abstoßend ist, daß *sie* mit mir nicht mehr schlafen will." Habe ich nicht von äußerem Druck gesprochen!?

Wir wollen annehmen, Tim und Sherry schaffen es wirklich mit dem ersten Schritt. Damit eliminieren sie mit einem Schlag viele der zeitraubenden und unproduktiven Emotionen, die einer Problemlösung entgegenstehen. Unbeeindruckt von solchen Emotionen sind sie völlig frei, ihre Anstrengungen darauf zu konzentrieren, objektiv das Problem herauszuarbeiten und so schnell als möglich die beste Problemlösung zu finden.

Schritt zwei: Definition des Problems

Im Vergleich zum ersten Schritt ist die Definition des vorliegenden Problems eine Kleinigkeit. Dennoch kann es manchmal etwas verzwickt zugehen, weil manchmal das Hauptproblem mit anderen Problemen verknüpft ist. Um herauszufinden, ob Deine Definition des Problems die ganze Wahrheit enthält, solltest Du weiter fragen: „Warum?" und „Wann?" So haben zum Beispiel Tim und Sherry das Problem anfänglich damit definiert, Christi sei trotzig und dumm. Aber ist sie das wirklich? Lassen Sie uns Detektiv spielen, mehrfach die Bardwells fragen, *warum* sie glauben, daß Christi trotzig und dumm sei.

„Weil sie immer wieder in das Haus pinkelt", antworten sie.

„Warum?"

„Weil sie trotzig und dumm ist."

„Warum?"

„Weil Tim sie schlägt?"

„Weil Sherry sie wie ein Baby behandelt?"

„Warum?"

„Weil wir sie beunruhigen oder sie nervös machen?"

Obgleich wir zunächst das Problem präzise definiert hatten, haben wir uns jetzt von einem unlösbaren Problem (Trotz und Dummheit) zu einem lösbaren (nervösen Urinieren) weiterbewegt. Erinnerst Du Dich unserer vier Grundwahlmöglichkeiten? Hundebesitzer, die Probleme ihres Hundes als Trotz, Dummheit oder Schlechtigkeit definieren, lassen sich selbst überhaupt keine Alternative als entweder resignierend den Riß der Beziehung zur Kenntnis zu nehmen oder ihre Hunde loszuwerden.

Haben wir jedoch erst einmal ein Problem als lösbar definiert, dann können wir mit einer Serie von „Wann?"-Fragen beginnen.

„Hmmm", sagt Tim, „was überhaupt veranlaßt Christi, in das Haus zu pinkeln?"

„*Wann* tut sie das?"

„Wenn Leute an die Haustüre kommen."

„Wann noch?"

„Wenn sie andere Hunde sieht."

Nun kommen wir voran. Tim und Sherry zählen einzeln und exakt die Fälle auf, wann das Verhalten auftritt. Wir können ruhig noch einige weitere „Warum?"-Fragen stellen:

„Warum verliert sie bei diesen Gelegenheiten die Kontrolle über die Blase?"

Tim denkt eine Weile darüber nach. „Ich Dummkopf! Was haben alle diese Fälle gemeinsam?"

„Das möchte ich auch wissen", sagt Sherry. „Wenn Leute uns besuchen, ist sie wirklich ganz zufrieden, wenn sie die Leute erkannt hat, aber vor Schrecken völlig unsicher, wenn sie sie nicht kennt. Das gilt auch für Hunde. Und natürlich, sie erstarrt auch vor Schreck, wenn Du sie anschreist. Aber sie scheint so völlig glücklich, wenn ich sie wie ein Baby liebkose."

„Gerade das ist es!" schreit Tim. „Sie uriniert, wenn sie aufgeregt oder unsicher ist. Sie uriniert, wenn sie von starken Gefühlen gleich welcher Art überwältigt wird!"

Nachdem sie diesen Einblick gewonnen haben, können die Bardwells jetzt die Hauptursachen für das Verhalten von Christi erkennen. Der methodisch veranlagte Tim beschließt, in einer Liste aufzunehmen, was er und Sherry entdeckt haben.

Problem	Wann tritt/trat das Problem auf	Mögliche Erklärungen
Christi uriniert innerhalb des Hauses.	Wenn Menschen oder Hunde zu Besuch kommen.	Sie fürchtet sich oder ist erregt.
	Wenn Tim sie anschreit.	Sie fürchtet sich.
	Wenn Tim sie schlägt.	Sie fürchtet sich.
	Wenn Sherry sie wie ein Baby behandelt.	Sie ist aufgeregt.
Christi ruiniert den Teppich.	Genau wie beim ersten Problem.	Gleich wie beim ersten Problem.

So haben Tim und Sherry nunmehr das Problem klar definiert, sie können nun gemeinsam überlegen, wie mögliche Problemlösungen aussehen können.

Schritt drei: Verzeichnis aller möglichen Problemlösungen

Ehe sie Lösungsmöglichkeiten aufreihen, erinnern sich Tim und Sherry nochmals der vier Grundüberlegungen:

Das Verstehen der unsichtbaren Leine

„Wir könnten uns nie mit diesem Geruch abfinden oder mit einem Hund, der ins Haus pinkelt", betonen die Bardwells. „Aber wir lieben Christi wirklich und wir wollen uns keinesfalls von ihr trennen." Das ließ ihnen nur noch die dritte Alternative, das menschliche und/oder tierische Verhalten zu ändern.

Wie bei Schritt zwei können wir auch hier eine zielgerechte Frage stellen, die uns dabei hilft, die wirksamsten Lösungsvorschläge aufzulisten: *Wie* können wir unser eigenes oder das Verhalten unseres Hundes verändern? Die Aufstellung einer neuen Liste hilft uns dabei, jeden einzelnen Faktor des Problems separat zu untersuchen. Wie kann man zum Beispiel die Besucher der Bardwells davon abhalten, Christi zu verängstigen oder aufzuregen? Wie können sich Tim und Sherry Christi gegenüber anders benehmen? Bei der Auflistung von Alternativlösungen sollte man zunächst jede einzelne, wie sie einem in den Sinn kommt, niederschreiben, selbst wenn sie zunächst töricht erscheint. Wenn man alle Alternativen, alle eventuellen Hilfen zusammenstellt, dann kann man auch die wirksamste bestimmen. Nachstehend die Liste der Familie Bardwell:

Problem	Lösungsmöglichkeiten
Wenn Fremde Christi aufregen oder einschüchtern, uriniert sie.	– Keine Besucher einladen.
	– Christi aussperren, wenn fremde Leute kommen.
	– Freunde, welche Christi einschüchtern, mit ihr vertraut machen.
	– Diejenigen, welche gerne mit Christi spielen, veranlassen, sie zu negieren.
	– Alle Besucher veranlassen, Christi zu negieren.

Problem	Lösungsmöglichkeiten
Regt sich Christi über andere Hunde auf oder fürchtet sich vor ihnen, uriniert sie.	– Alle Besuche von Hunden untersagen. – Christi aussperren, wenn Hunde uns besuchen. – Nur sehr duldsame Hunde, die Christi keinesfalls bedrohen, in die Wohnung lassen. – Die Hunde auf der Straße aneinander gewöhnen.
Lautes Schimpfen von Tim veranlaßt Christi zu urinieren.	– Nicht schimpfen.
Schläge von Tim lösen Urinieren aus.	– Keinesfalls schlagen.
Zärtliches Kindergeschwätz von Sherry regt Christi so auf, daß sie uriniert.	– Damit aufhören.
Christis Urinieren ruiniert den Teppich.	– Den Teppich abdecken. – Christi nicht mehr ins Wohnzimmer lassen. – Den Teppich sorgfältig reinigen, Geruchsspuren beseitigen. – Den Teppich aufrollen und wegräumen.

Beachte, Tim und Sherry haben gar keine große Auswahl, wenn sie zu den Problemen drei, vier und fünf gelangen. Die meisten Hundebesitzer sind durchaus bereit, ihr eigenes, das Verhalten des Hundes auslösendes Tun einzustellen, wenn sie erst einmal erkannt haben, daß das Verhalten des Hundes nicht auf Dummheit oder Trotz, sondern auf Verständigungsschwierigkeiten beruht. Tim versteht zwar nicht völlig, warum sein Schreien Christi zum Urinieren bringt, nachdem er aber die Tatsache erkannt hat, ist er bereit, sein Verhalten zu ändern, um damit zur Problemlösung beizutragen. Auf ähnliche Art ist Sherry auch bereit, ihre Art, mit dem Hund zu sprechen, zu ändern, wenn das die Situation bereinigen hilft. An diesem Punkt beruht die Entscheidung der

Bardwells, ihr Verhalten zu ändern, mehr auf klarer Beobachtung als auf Information durch Dritte. Sie wissen, daß Christi nicht uriniert, wenn sie die Hündin weder aufregen, noch erschrecken. Wenn man das Stimulanz wegnimmt, ganz gleich aus welchem Grund, dann schaltet man auch die Reaktion auf das Stimulanz aus. Damit haben Hundebesitzer und Hund bereits neue Linien der gegenseitigen Verständigung eröffnet.

Schritt vier: Sammle jede Information

Beim Studium ihrer Problemliste und der alternativen Lösungsmöglichkeiten stellen Tim und Sherry fest, daß bereits die Änderung ihres eigenen Verhaltens ihre Liste auf drei Hauptproblembereiche verkürzt hat:

1. Christis Reaktion auf Besucher;
2. Christis Reaktion auf andere Hunde;
3. Der Teppich.

Wir wollen jetzt die möglichen Problemlösungen jeder dieser Schwierigkeiten untersuchen.

„Wir können nicht alle unsere Freundschaften aufkündigen!" betont Tim. „Wir können sie aber auch nicht jedesmal vor die Tür bringen, wenn die Haustürglocke läutet", setzt Sherry hinzu. „Selbst wenn wir das könnten, wäre es doch sehr grausam."

So haben die Bardwells bereits alle Alternativen mit Ausnahme von dreien aus den möglichen Lösungsmöglichkeiten gestrichen.

- Besucher, die Christi ängstigen, sollen mit ihr vertraut gemacht werden.
- Besucher, welche sie besonders mögen und damit aufregen, sollen Christi ignorieren.
- Alle Besucher sollten Christi ignorieren.

Nachdem die Hundebesitzer das Problem definiert, mögliche Lösungen herausgearbeitet haben, beginnen sie jetzt, alle Informationen zu sammeln, welche die Gründe beleuchten, warum die eine oder andere Lösungsmöglichkeit am besten sein könnte. Hundebesitzer, welche planmäßig hier Informationen sammeln, gewinnen dadurch für ihre Entscheidung eine ganze Menge an Wissen. Die meisten Büchereien bieten ein breites Angebot an Büchern über tierisches Verhalten und Hundeerziehung, beides kann sehr hilfreich sein. Tierärzte, Züchter und andere Hundebesitzer können gleichfalls Rat erteilen. Man sollte unbedingt darauf achten, wirklich genügend Fakten zu sammeln, um bei der abschließenden Entscheidung ganz sicher zu sein. Je mehr Vertrauen Du in Deine Entscheidung hast, desto leichter kannst Du diese *beständig* auch durchstehen.

„Was ist falsch daran, wenn man erst etwas ausprobiert und dann feststellt, daß es nicht geht?" fragt Tim. Obgleich die „Versuch-und-Irrtum-Methode" Resultate liefert, kann sie dennoch auf den Hund verheerende Auswirkungen haben. Man darf nie die Wichtigkeit folgerichtigen Handelns übersehen. Unterstelle einmal, die Bardwells laden einige Freunde zuviel ein, bitten jene, die ursprünglich Christi gegenüber ganz freundlich waren, sie bei ihren Annäherungsversuchen zurückzuweisen, während sie den anderen, vor denen sich Christi fürchtet, sagen, sie sollten versuchen, liebevoll mit dem Hund zu spielen. Solche plötzlichen und beunruhigenden Veränderungen des menschlichen Verhaltens könnten den Hund völlig unsicher machen, nervlich schwer belasten, neue Probleme auslösen – an Ende hätten die Bardwells einen Hund, der sich, wann immer die Haustürglocke ertönt, unter dem Bett versteckte und urinierte.

Nur gründliche Forschung und eigenes Überlegen führen dazu zu erkennen, welche Botschaft Dein Hund versucht, durch sein Verhalten an Dich weiterzugeben. Nicht weniger wichtig ist, welche Botschaft Du selbst durch Deine Reaktion an den Hund weiterleitest. Sherry entschloß sich, bei dem Züchter anzurufen. Sie wollte herausfinden, ob dieser Licht in das Problem bringen könnte.

„Alle Welpen tun das!" erzählt der Züchter, nachdem Sherry Christis Problem beschrieben hatte. „Beunruhigen Sie sich nicht; sie wird ganz von alleine mit der Zeit damit fertig."

Sherry bestand auf weiterer Aufklärung. „Aber warum tun das die Junghunde?"

„Solange sie noch kleine Welpen im Wurf sind, urinieren sie nur, wenn sie ihre Mutter hinten leckt. Das stimuliert die Welpen, Urin und Stuhl abzugeben. Die Mutter leckt es auf und säubert dabei die Welpen. Wenn das eine Hündin nicht tut, können sich die Welpen nicht selbst entleeren, sie können sogar krank werden, weil sie den Kot nicht loswerden."

„Sie leckt es auf? Das ist ja widerlich, warum läßt sie es denn nicht einfach weglaufen?"

„Das ist die Art, wie alle Hunde ihre Welpen sauberhalten. In der Wildnis verhindert dies das Ausbreiten von Parasiten und Krankheiten."

„Oh, jetzt fange ich an zu verstehen."

„Ein Welpe uriniert auch, wann immer seine Mutter ihn bestraft; damit erkennt der Junghund ihre Autorität an. Werden sie älter, behalten sie solches Verhalten gegenüber fremden Hunden, aber auch gegen größere und stärkere Wurfgeschwister aus dem gleichen Grund bei. Sie erinnern sich doch, was für ein scheuer, kleiner Welpe Christi war; jeder andere Welpe im Wurf hatte ihr gegenüber Vorrang."

„Ach ja, ich habe das alles vergessen."

Aus dieser Unterhaltung lernt Sherry, daß im Normalfall Hunde durch urinieren miteinander kommunizieren. Obgleich diese Information hilft, Christis Reaktion auf andere Hunde zu verstehen, erklärt dies auch ihr Betragen Menschen gegenüber? Sherry rief den Tierarzt an, um es herauszufinden. Der Tierarzt versicherte ihr, daß Hunde oft Menschen gegenüber auf gleiche Art reagieren wie gegenüber anderen Hunden.

„Christi sieht Sie und Ihre Mitmenschen als Teil ihres Rudels an. Da sie innerlich verunsichert ist, glaubt sie, sie müsse sich allen Rudelmitgliedern unterordnen, sie uriniert, um ihren Respekt zu zeigen." Der Tierarzt fuhr fort und betonte, daß das Hörvermögen von Christi bedeutend ausgeprägter ist als das ihres Besitzers, daß Schreien und Kindergerede sie gleichermaßen unsicher mache, weil beide Geräusche in der normalen Kommunikation Hund zu Hund fremdartig sind. Außerdem schrecke sie zurück, wenn Tim die Hand oder eine Zeitung hebt, da ihr Sehvermögen es ihr nicht erlaubt, Einzelheiten genau zu erkennen. Nahezu jede schnelle Bewegung erweckt in ihr den Gedanken, jemand wolle sie schlagen.

Was ist aber jetzt mit dem Teppich? Sherry lernt von einer Freundin, daß sie die bereits aufgetretenen Flecken und Gerüche dadurch entfernen kann, daß sie die Flecken mit einer starken Salzlösung tränkt, nach dem Trocknen des Teppichs das überbleibende Salz mit dem Staubsauger entfernen kann. Eine andere Freundin empfiehlt eine Mischung von weißem Essig und Wasser, um die Ränder zu entfernen. Nachdem die Stellen abgetrocknet sind, kann Sherry eine dünne Auflage Mottenpulver darauf streuen, um dadurch den Geruch noch besser zu tilgen und auch den Hund abzuschrecken. (Obgleich beide Methoden recht wirksam sind, erfordert ihre Anwendung zunächst eine Probe auf einem ganz kleinen Stück, um sicher zu sein, daß das Material farbecht ist.) Aufgrund des hohen Werts des Teppichs und der Erinnerung an die Eltern möchte Tim keinerlei Risiko eingehen. So befragt er einen Orientteppich-Händler und findet zu seiner Freude heraus, daß diese Firma darauf spezialisiert ist, wertvolle Teppiche zu betreuen, zu säubern und auch zu lagern. Tim erkundigt sich, was es kostet, den Teppich gewerblich zu reinigen und vorübergehend zu lagern.

Schritt fünf: Auswahl und Ausführung der besten Lösung(en)

Hast Du genügend Informationen gesammelt, aus allen zu Deinem Problem gelernt, dann wählt sich die beste Lösung praktisch von selbst aus. Um zu erkennen, wie dies in der Praxis aussieht, wollen wir zunächst nochmals alle die Informationen zusammenstellen, welche die Bardwells über Christi gesammelt haben. Weil Christi bei einer Reihe verschiedenartiger Voraussetzungen uriniert, wäre es da nicht das Beste, wenn wir eine Lösung fänden, die auf so viele als möglich anwendbar ist? Wann immer Christi mit Menschen und Hunden zusammentrifft, reagiert sie darauf. Gleichzeitig löst Christi jedesmal, wann ihr das mit dem Urinieren zustößt, eine menschliche Reaktion aus. Nicht nur für Tim und Sherry wäre es viel leichter, möglichst wenig Veränderungen in ihrem recht ausgefüllten Tagesplan vorzunehmen, auch ihr Liebling würde durch ein Minimum an Veränderungen des menschlichen Verhaltens profitieren. Deshalb beschließen die Bardwells, daß es sehr viel einfacher und effektiver wäre, *jedermann* zu bitten, den Hund beim Betreten des Appartements völlig zu ignorieren.

Sherry faßt die gefundenen Lösungen zunächst einmal zusammen.

„Ich werde nicht mehr mit dem Hund so kindisch reden, Du hörst auf, Christi anzuschreien und zu schlagen, und wir müssen alle veranlassen, Christi zu ignorieren, wenn sie in die Wohnung kommen. Dies gilt auch selbst dann, wenn sie auf den Teppich pinkelt."
„Ist ein solches Ignorieren für Christi nicht sehr grausam, Sherry?"
„Erinnere Dich, sie uriniert ja nur, wenn die Leute gerade ankommen. Sind sie erst eine Weile in der Wohnung, beruhigt sie sich und macht keinen weiteren Fehler, wenn sie niemand mehr aufregt oder erschreckt. Ich bin ganz sicher, unsere Freunde werden dies verstehen. Nach allem, auch sie lieben Christi ebenso sehr wie wir."
„Was machen wir aber, wenn sie wegen anderer Hunde uriniert? Wir können diese Hunde nicht veranlassen, Christi zu ignorieren."
„Nein, aber der Züchter glaubt, daß sich dies bald von selbst löst, insbesondere, wenn wir bis auf weiteres Hundebesuch auf solche Hunde beschränken, welche weitgehend

neutral sind. Im übrigen können sich die Hunde zunächst im Vorgarten begegnen, so haben wir die Bescherung nicht im Haus."

„Und was machen wir mit dem Teppich?"

„Wir lassen ihn reinigen und eine Weile auf Lager nehmen. Ich würde lieber einen blanken Fußboden aufwischen und Du brauchst dir dann nicht die ganze Zeit wegen des Teppichs Sorgen zu machen."

Schließlich beginnen Tim und Sherry mit den vorgesehenen Veränderungen. Als erstes finden sie beide heraus, daß eine Veränderung ihres eigenen Verhaltens weitaus schwieriger ist als sie sich dies vorgestellt hatten. Tims *normales* Dampfablassen ist zu schreien, Sherry braucht für sich als völlig *normal* solch ein kindisches Reden. Und beide Bardwells stellen fest, daß es recht schwierig ist, Christis freudige Begrüßung zu ignorieren. Dennoch, ihre Liebe zum eigenen Hund veranlaßt sie, sich ausgesprochen hart an die notwendigen Veränderungen zu gewöhnen.

Sie mußten nicht nur ihr eigenes Verhalten ändern, sondern auch ihre Gäste davon überzeugen, daß diese ihr Verhalten ändern mußten.

Freunde mit dominanten Hunden wurden taktvoll gebeten, über einen bestimmten Zeitraum ihre Hunde zu Hause zu lassen. Die Freunde, die Christi enthusiastisch begrüßt hatten, wurden gebeten, den Hund völlig zu ignorieren. Glücklicherweise stimmten ihre Freunde, wie erhofft, diesen Änderungen schnell zu, da nun auch sie Christis Verhalten verstanden und daran interessiert waren, daß Christi mit ihren Besitzern ein möglichst glückliches Verhältnis haben konnte. All die Erkundigungen der Bardwells zahlten sich so mehrfach aus: Tim und Sherry gewannen bald wachsendes Vertrauen in ihre eigenen Maßnahmen, ein Vertrauen, das wiederum den richtigen Weg zur Lösung des Problems wies.

Schritt sechs: Überprüfe das Ergebnis

Nach einem Monat ständiger Befolgung des ausgearbeiteten Programms setzen sich die Bardwells zusammen, um die Ergebnisse zu prüfen.

„Es ist zwei Wochen her, seit Christi zum letzten Mal uriniert hat, als wir nach Hause kamen!" Tim nickt und schaut auf den Kalender. Wie viele Hundebesitzer findet es Tim bei solchen Fragen nützlich, ein gewisses Erfolgsmuster schriftlich niederzulegen. Er nutzte ganz einfach die Abkürzungen T, S, L und H. Er schrieb dann auf, wann immer Christi urinierte aufgrund seines Verhaltens (T), Sherrys Verhaltens (S), des Verhaltens anderer Leute (L) oder des Verhaltens anderer Hunde (H). Interessanterweise enthielt Christis Fehlverhalten keine Eintragungen von S oder L über die letzte Woche, aber auch weniger T und weniger H als zuvor.

Sherry erklärte dies Tim damit: „Christi war ein solch scheuer Junghund. Ich glaube, sie braucht länger damit, Dich und andere Hunde zu akzeptieren, ohne den Drang zu empfinden, ihre Unterwerfung zu dokumentieren."

Da die Änderung einer Verhaltensstörung immer Zeit braucht, müssen wir geduldig sein, erste Ergebnisse weiter verfolgen und oft das neue System über Wochen, selbst über Monate fortsetzen. Ändert sich das Problem jedoch auch nach längerer Zeit nicht, trotz Einhaltung des Programms und viel Geduld, dann sollte man die gesamte Prozedur überprüfen, eine andere Lösungsmöglichkeit ins Auge fassen.

Hast Du irgendetwas bei der ersten Analyse übersehen? Das wäre gar nicht verwunderlich, oft tritt das einfach dadurch auf, daß Hundebesitzer zu wenig Informationen sammeln. Problemanalyse und Informationen sammeln braucht selten mehr als einen oder zwei Tage. Man muß aber wissen, daß die Lösung eines nicht richtig erkannten Problems Monate der eigenen Zeit vergeuden kann, ja sogar oft zusätzliche Probleme mit dem Hund auslösen wird. Hätten Tim und Sherry sich überhastet entschlossen,

Christi ganz einfach bei der Ankunft von Freunden oder wenn sie zur Arbeit gingen in die Toilette einzusperren, dann hätte dies wahrscheinlich dazu geführt, daß sie am Schluß sowohl einen „Heuler", wie einen „Tröpfler" im Haus gehabt hätten.

Die 100-Prozent-Lösung

In diesem Kapitel haben wir gesehen, wie zwei typische Hundebesitzer vom Stadium nahezu ständiger Frustration über ihren Hund sich zu vermehrter Empfindsamkeit und besserem Vertrauen durchgearbeitet haben. Gleichzeitig hat sich ihr Hund aus einem unterwürfigem, nervösen Wrack zu einem verläßlichen, zufriedenen Haushund entwickelt. Beide Seiten erreichten untereinander effektivere Kommunikation, sie überwanden eine frustrierende Situation, in der negatives Verhalten ganz einfach weiteres negatives Verhalten auslöste.

Wir wollen uns nochmals die Sechs-Schritte-Lösung ins Gedächtnis rufen, die wir bei der Problemlösung auch in folgenden Kapiteln einsetzen werden:

Schritt eins: Anerkenne das augenblickliche Verhalten Deines Hundes als normal.

Schritt zwei: Definition des Problems.

Schritt drei: Verzeichnis aller möglichen Problemlösungen.

Schritt vier: Sammle jede Information.

Schritt fünf: Auswahl und Ausführung der besten Lösung(en).

Schritt sechs: Überprüfe das Ergebnis.

Diese Schritte eignen sich für jedes Problem, aber keine Änderung kann ohne Geduld und Vertrauen Erfolg haben. – Das Vertrauen entsteht durch die Entdeckung, daß wirksame Kommunikation Mensch/Hund Zeit und eigene Anstrengungen braucht. Es bedarf auch der Zuversicht, daß nach einer solchen Maßnahme und eigenen Anstrengungen die Beziehung zum eigenen Hund reicher, wechselseitiger, belohnender wird.

Wir wollen jetzt jeden der menschlichen und hundlichen Sinne einzeln erforschen und dabei lernen, Probleme, die mit diesen Sinnen verbunden sind, zu lösen. Dann werden wir uns damit befassen, einige schwierigere Verhaltensmuster in Angriff zu nehmen, die auf allen Sinnesleistungen beruhen und dabei feststellen, wie unser neues Verständnis der Kommunikation Mensch/Hund uns helfen kann, auch diese Probleme aufzuklären und zu lösen.

Teil II

Wie die unsichtbare Leine entsteht –
Sinn für Sinn

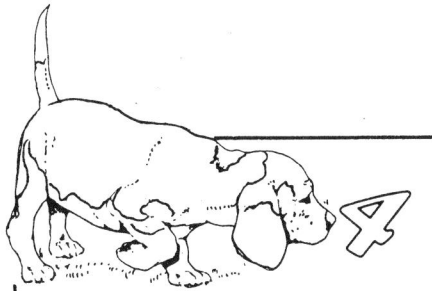

Das Gehör: Immer wiederkehrende Grundprobleme mit Deinem Hund

Wie die unsichtbare Leine entsteht – Sinn für Sinn

Svenson Igor, der Norwegische Elchhund der Familie Hanff, konnte sich an den hektischen Haushalt seines Besitzers nicht gewöhnen. Bei Teenager-Töchtern gibt es immer plärrende Rock and Roll Musik, klingelnde Telefone, ins Schloß geworfene Türen. Obwohl die Hanffs den Junghund bereits vor einem Monat gekauft haben, bellt er noch immer, uriniert oder versteckt sich bei gewissen Geräuschen unter der Couch.

„Sven, Sven, Sven", schimpft Mr. Hanff, als er beobachtet, wie sich der Junghund beim Klang raschelnden Zeitungspapiers unter der Couch versteckt. „Dieser Hund fürchtet sich vor seinem eigenen Schatten! Ich glaubte, Elchhunde wären ihrer Veranlagung nach stets tapfere Hunde!"

„Vielleicht wächst sich dies alles aus, Vati", tröstet ihn die älteste Hanff-Tochter Bonnie und versucht erfolglos, den sich fürchtenden Junghund aus seinem Versteck hervorzuholen.

Die jüngste Tochter Lisa fällt ein: „Ich möchte darauf wetten, irgendjemand hat diesen Hund falsch behandelt, ehe wir ihn bekamen."

„Das mag schon sein", antwortet ihre Mutter. „Aber ich kann auch jegliches Knurren oder Schnappen nicht ausstehen. Es gibt innerhalb und außerhalb des Hauses zu viele Kinder, zu viel Lärm, um einen Angsthasen anstelle eines Hundes zu haben."

Bonnie und Lisa fühlten die Zweifel ihrer Eltern, ob sie Sven weiter behalten wollten und beschlossen, ihn von seinen Ängsten zu heilen. Um dies zu erreichen, setzt sich Bonnie auf den Boden und liebkost den Junghund, während Lisa mit Kochtopfdeckeln lauten Lärm verursacht. Als der Junghund versucht auszubrechen, hält ihn Bonnie eng an sich gepreßt und flüstert ihm laufend ins Ohr.

„Ruhig, ruhig, Svenny. Es ist alles in Ordnung." Aber der Junghund strampelt immer weiter und bewirkt dadurch, daß nunmehr auch Bonnie ihre Beherrschung verliert. „Hör auf, Svenny, hör auf!" schreit sie, packt ihn am Halsband und drückt ihn noch enger an sich.

Der immer mehr in Panik geratene Junghund wehrt sich heftig und hinterläßt nunmehr häßliche Kratzer mit seinen nadelscharfen Krallen auf Bonnies Arm.

„Mutti, vielleicht hat Du recht!" gibt Bonnie zu und reibt sich ihre Wunden. „Svenny ist wirklich ein Huhn!"

Diese kurze Geschichte illustriert einen vollkommenen Zusammenbruch der Mensch/Hund-Beziehung aufgrund geradezu dramatischer Unterschiede zwischen menschlicher und tierischer Sinneseinwirkung, insbesondere hinsichtlich der Wahrnehmung von Geräuschen. Nicht nur nehmen empfindsame Hundeohren eine viel breitere Skala von Lauten auf, hinzu kommen noch drei weitere Charakteristika, die zu vollkommenem Mißverstehen führen:

- Sie empfinden Geräusche nicht auf dieselbe Art wie wir.
- Ihr Berührungsempfinden überspielt ihr Hörvermögen.
- Viele Hunde haben die Neigung, den Menschen nachzuahmen.

Leider nehmen viele Hundebesitzer an, ihre Hunde hörten *besser* als sie, was aber nicht notwendigerweise der Fall ist. So wollen wir zunächst das charakteristische Hörvermögen des Hundes untersuchen und herausfinden, ob wir der Familie Hanff dabei helfen können, zu Sven eine bessere Kommunikation aufzubauen.

Orientierung: Wie und wann entsteht eine Verständigung über den Ton

Nehmen wir einmal an, ich fordere Dich auf, den Klang einer einzelnen Oboe herauszufinden, welche mit einer Gruppe von hundert weiteren Oboen die gleiche Melodie spielt.

„Das ist unmöglich", wirst Du sagen. „Ich könnte die eine nur dann herausfinden, wenn sie etwas anderes spielen würde als die anderen."

85

Wie die unsichtbare Leine entsteht – Sinn für Sinn

Das ist genau richtig. Unterstelle nun, ich fordere Dich auf, den Klang einer einzelnen Oboe herauszufinden aus einem mit 250 Instrumenten besetzten Orchester, darunter 100 Oboen.

„Sei doch vernünftig! Kann ich eine einzelne Oboe von den anderen nicht unterscheiden, kann ich sicherlich auch nicht eine aus einem ganzen Orchester herausfinden!"

Ist dies so klar? Ja, bestimmt! Aber wir verursachen für unseren Hund Tag für Tag ähnliche Probleme. Gerade weil unsere Hunde viel mehr verschiedenartige Töne hören können als wir, bedeutet dies sicherlich nicht, daß sie diese alle isolieren und voneinander unterscheiden können. Dies gilt vielleicht nicht einmal bei denselben Tönen, die wir unterscheiden können. Was wäre erforderlich, damit wir eine aus hundert Oboen wirklich heraushören können? Diese Oboe müßte eine falsche Note spielen oder vielleicht eine andere Melodie. Um unsere Hunde aufmerksam zu machen, haben wir es weitgehend mit demselben Problem zu tun. Wir müssen ihre Aufmerksamkeit gewinnen – sie orientieren –, ehe wir mit ihnen kommunizieren können. Und *wie* wir unsere Hunde orientieren, das beeinflußt in hohem Maße die Reaktion, welche wir auslösen.

Die gebräuchlichste Art, einen Hund anzusprechen ist es, seinen Namen zu rufen. Die meisten Hundebesitzer jedoch entwickeln schnell alle Arten von Kosenamen, die oft den Hund so verwirren, daß er wirklich keine Ahnung hat, was sein wirklicher Name ist. Man läßt ihn damit im Stich und erwartet dennoch, daß er exakt auf jeden Namen reagieren soll. Andere Hundebesitzer wiederum erziehen geradezu ihren Hund, den eigenen Namen zu ignorieren, indem sie ihn von Fall zu Fall ganz einfach in ihre Unterhaltung mit anderen Menschen einfließen lassen. (Erinnern Sie sich an die Besitzer von Ralphie in Kapitel zwei?) Wenn Hanffs wirklich Svens Aufmerksamkeit auf sich lenken wollen, sagen sie manchmal zu ihm etwas wie: „Svenson Igor, hör zu!" Die ganze übrige Zeit sprechen sie ihn mit Svenny oder mit Sven oder sogar mit Dummkopf an. Obgleich ein Hund im Laufe der Zeit seine vielen Kosenamen auswendig lernt, ist eine Verständigung mit ihm viel einfacher, wenn die Hundebesitzer ausschließlich einen einzigen Namen oder ein einziges Wort verwenden, wenn sie die Aufmerksamkeit des Tieres wecken wollen.

Da die Hanffs unterschiedslos und immer erneut mit seinem Namen umherwerfen, geschieht es bald, daß Sven sowohl seinen Namen wie auch seine Besitzer ignoriert. Bei solchen selbst verschuldeten Situationen orientieren die Hundebesitzer einen Hund meist nur durch negativ belastete Worte wie „Nein!" oder „Pfui!". Werden selbst diese Worte regellos benutzt, führt es häufig so weit, daß der Hund auch diese ignoriert. Dann glaubt der frustrierte Hundebesitzer, sein Hund sei dumm, nur ein Hieb erwecke seine Aufmerksamkeit. Beide, Hund wie Besitzer, sind in einer nur schwer wieder zu lösenden Falle eines Musterbeispiels des Nichtverstehens – der falschen Kommunikation – gefangen:

- Indem die Hundebesitzer den Namen des Hundes unterschiedslos benutzen, lehren sie den Hund, diesen Namen zu ignorieren.
- Weil der Hund seine Besitzer ignoriert, sprechen diese laut und grob mit ihm, glauben, das Tier sei dumm oder trotzig.
- Weil die Hundebesitzer laut und ärgerlich mit ihm sprechen, wird der Hund verwirrt, fürchtet sich vor den Besitzern.
- Weil der Hund sich fürchtet, kann er auf eine unspezifische Wortkommunikation seines Besitzers nicht reagieren. Dies bedeutet, er ignoriert, was sein Besitzer zu ihm sagt.
- Dies wiederum verstärkt den Glauben seines Besitzers, sein Hund sei dumm und/oder trotzig. Er schlägt den Hund, um seine Aufmerksamkeit zu gewinnen.

All dieser Unsinn kann ganz einfach dadurch vermieden werden, daß man den Hund lehrt, sich zu orientieren. Aufzupassen.

Ignoriert der Hund bereits seinen Namen, kannst Du entweder seinen Namen oder irgendein Wort oder ein Klangbild auswählen, das nur Du zu seiner Orientierung verwendest, um ihn aufmerksam zu machen. Einige Hundebesitzer stoßen auf diese Technik im Zorn, gewöhnen sich an, ihren Hund mit Schimpfworten wie Kopfnuß, Holzkopf, Luftikus oder Flohsack anzusprechen. Diesen Worten geht im allgemeinen ein Laut voraus wie „Hey", etwa „Hey, Holzkopf!" Andere Hundebesitzer finden heraus, daß ein „Hey!" allein vollkommen ausreicht, um die Aufmerksamkeit des Hundes zu erwecken. Eine meiner Lieblingsgeschichten befaßt sich mit einer Frau, die ihren Hund, einen wunderschönen Lhasa Apso namens Chung King, mit dem Namen „Clarence" ansprach, um Verhaltensprobleme zu lösen. „Clarence" war der Name ihres früheren Mannes, es war ein Name, den sie mit einiger Schärfe aussprechen konnte. Auf diese Art konnte sie Chung King stets ansprechen, ja ihn davon abhalten, Autos zu jagen.

Obwohl ich die Probleme einer Kommunikation, die auf Leckerbissen aufgebaut ist, nicht besonders mag, gibt es Hundebesitzer, die ihre Hunde recht erfolgreich mit Worten wie „Lecker?" oder „Möchtest du etwas Gutes?" anlocken. Unglücklicherweise kann das Anbieten solcher Bestechungen dazu führen, daß das Tier aufhört, darauf zu reagieren. Pfiffe, Glocke oder das Rasseln mit Schlüsseln arbeiten gewöhnlich besser. Ganz wichtig! Du solltest einen Klang auswählen, der für den Hund keinerlei andere Bedeutung hat außer: „Aufgepaßt!" Solche Aufmerksamkeitsworte wirken besonders gut, wenn eine Menge anderen Lärms (Autos, Stereos, Kinderspiele) droht, jede andere Kommunikation zu ertränken. Benutze Dein Wort oder Deinen Klang nur, wenn Du die Aufmerksamkeit Deines Hundes wecken willst, um ihm etwas mitzuteilen. Wenn Du dann stets die erwünschte Antwort lobst, dann lernt Dein Hund schnell, darauf zu hören. Obwohl auch Körpersprache und andere Sinne im Gesamtausbildungsprozeß eine Rolle spielen, ist die Orientierung, das Aufmerksammachen des Tieres, ein erster kritischer Schritt.

Ich stelle mir eigentlich gerne vor, daß ein solches Orientierungswort eine Art Code auf dem Umschlag eines wichtigen Briefes ist. Obgleich im Umschlag eine ganz dringende Botschaft liegt, könnte diese Botschaft den Empfänger nie erreichen, wäre die Adresse nicht korrekt. Auf der anderen Seite, adressiere ich den Umschlag korrekt, vergesse aber, einen Brief einzulegen, wird mein Briefempfänger nie meine Botschaft empfangen. Unterläuft mir wiederholt der gleiche Fehler, wird der Empfänger anfangen, die Umschläge wegzuwerfen, ohne sie überhaupt zu öffnen. Zusammengefaßt: Orientiere Deinen Hund, wecke seine Aufmerksamkeit, übermittle ihm Deine Botschaft und lobe ihn für seine angemessene Reaktion.

Hände weg

Selbst wenn es Dir erfolgreich gelingt, Deinen Hund auf ein solches Stichwort auszubilden, kannst Du den gerade gewonnenen Boden sofort wieder verlieren, wenn Du gleichzeitig Deinen Hund berührst. Eine solche Berührung kann in der Praxis das Hören Deines Hundes auslöschen. Auslöschen? Darauf kannst Du wetten! Hunde antworten so stark und abwehrend auf Berührung, so daß dieses Empfinden gegenüber jedem Klang überwiegt.

Setze Dich vor Deinen Hund, sprich leise mit ihm. An einem bestimmten Punkt der Unterhaltung lege Deine Hand auf seine Schultern oder nehme seine Vorderpfote auf, während Du weiter sprichst. Was passiert? 19 von 20 Hunden werden aufhören, in Dein Gesicht zu blicken, auf Deine Worte zu hören und jetzt auf Deine Hand schauen. Empfindet Dein Hund die Berührung als einen Ausdruck Deiner Dominanz, könnte es sein, daß er sogar wegzieht oder versucht, Deine Hand wegzudrücken. Selbst wenn er Deine Berührung toleriert, interessiert ihn offensichtlich der Druck Deiner Hand auf seinen Körper sehr viel mehr, als was Du sagst.

Selbst Menschen reagieren auf diese Art. Irgendjemandes Hand auf meinem Knie könnte veranlassen, daß ich rot sehe oder Glocken höre. Kaum werde ich mich aber an irgendetwas erinnern, was diese Person gesagt hat. Oder denke an einen Liebhaber, der zu Dir über neue Reifen für das Auto spricht, während er zart den Ansatz Deines Halses streichelt! Wie gut kannst Du Dich auf diese Diskussion konzentrieren, etwa auf die Vorzüge stahlverstärkter Radialreifen?

Außer dem Druck gibt es noch zwei andere Einwirkungen, welche die Reaktion eines Hundes auf Töne auslöschen: Zischendes Geräusch oder Explosion. Obgleich Du derartige physische Berührungen gar nicht selbst ausübst, können sie den Hund zu einer Reaktion veranlassen, die so stark ist, als hättest Du ihn geschlagen. Tatsächlich ist die Auswirkung auf die Fähigkeit oder Bereitschaft Deines Hundes zur Konzentration nahezu dramatisch. Ich empfehle Dir nicht, dies einmal auszuprobieren, um zu sehen, was passiert. Trotz des alten Spruchs: „Blase mir in mein Ohr, und ich werde Dir überall hin folgen!" regt eine solche Handlung Deinen Hund in ganz besonderem Maße auf.

Interessanterweise erntet ein Hundebesitzer, der seinem Hund ein Kommando gibt wie „Sitz!" oft unwissentlich eine garantiert völlig auf Furcht basierende Verteidigungsreaktion des Tieres, nur, weil er in sein Kommando zischende und explosionsartige Laute einbezogen hat. Es kann sein, der Hund greift sogar an, er könnte dabei die falsche Person angreifen, aber auch sich verkriechen oder fliehen. Leute, die derartige falsche Kommandos geben oder sich gar angewöhnen, einem Hund nur zum Scherz ins Ohr zu pusten, schaffen möglicherweise eine explosive Lage.

Die goldene Regel des guten Tons

Das dritte Charakteristikum des hundlichen Verhaltens, die Nachahmung von Menschen, bietet ein wertvolles Werkzeug, viele mit Lauten verbundene Probleme zu lösen. Nehmen wir einmal an, Du erwiderst Geräusche, die Dein Hund von sich gibt, indem Du selbst Geräusche erzeugst. Solche Austauschspiele eskalieren zuweilen in folgender Art:

„Wau, Wau, Wau!"

„Svenny, Ruhe!"

„Wau, Wau, Wau!"

„Sven, ich sagte RUHE!"

„WAU! WAU! WAU! WAU! WAU!"

„SVENSON IGOR, DU DUMMKOPF! ICH SAGTE RUHE! RUHE!"

Hunde können großartige Nachahmer sein. Je mehr Lärm wir verursachen, desto mehr sie auch. Im Zustand der Wildhunde ermöglicht dieser Instinkt der Imitation, von älteren Hunden Überlebenstaktiken zu erlernen. Kluge Hundebesitzer können dieses hundliche Talent zu ihrem eigenen Vorteil nutzen, indem sie eine Variation der goldenen Regel annehmen:

Sprich gegenüber Deinem Hund, wie Du es gerne hättest, daß er zu Dir spricht. Achte darauf, erzielst Du eine Klangkommunikation mit Deinem Hund, dann ist der Ton zumindest ebenso wichtig wie sein Volumen, wahrscheinlich sogar wichtiger.

Nun wollen wir überprüfen, ob Familie Hanff ihr Wissen über Svens Hörvermögen nutzen kann, um ihr Problem zu lösen.

Auflösung der Zeitbombe Hören

Als erstes muß die Familie Hanff Svens Reaktionen auf Lärm als absolut normal akzeptieren, ihre Haltung aufgeben, solches Verhalten als feige anzusehen, insbesondere als einen Makel an einem Elchhundrüden. Wie Du dir vorstellen kannst, ist es oft für

Besitzer von Yorkies oder Chihuahuas leichter, solches Verhalten zu akzeptieren als für Besitzer von Schäferhunden, Dobermännern oder Huskies. Haben wir in unserem Hause einen kräftigen Rin-Tin-Tin oder einen Nanook nordischen Ursprungs, insbesondere dann, wenn wir den Besitz des Hundes als Erweiterung unserer eigenen Persönlichkeit ansehen, bedarf es zur Tolerierung furchtausgelösten Verhaltens als normal auf Seiten der Menschen ausgeprägten eigenen Muts. Andererseits macht eine Fortsetzung der Beurteilung des Hundeverhaltens in menschlichen Begriffen alles nur noch viel schwieriger, wenn man es wirklich ändern will.

Hat man erst dieses Verhalten einmal als normal akzeptiert, dann ist die Familie Hanff bereit für Schritt zwei, die Definition des Problems. Offensichtlich fürchtet sich Sven vor Lärm, wichtig ist jetzt, *wann* und *wo*? Schnell stellen die Hanffs fest, daß der Junghund stärker auf plötzlichen oder unerwarteten Lärm reagiert, etwa auf ein anfahrendes Motorrad, wenn Lisa die Tür ins Schloß wirft oder wenn das Radio mit harter Rockmusik plötzlich in voller Lautstärke aufgedreht wird. Familie Hanff stellt aber auch fest, daß, bei Wiederholungen dieses Lärms, Sven diesen nach und nach ignoriert. Lärmt erst die Rockmusik eine gewisse Zeit, scheint sie den Hund nicht mehr zu beunruhigen, selbst wenn sich der schmerzhafte Lärm einige Stunden später wiederholt, reagiert der Hund weniger stark als zuvor.

Aus diesen Beobachtungen schließen die Hanffs, daß das Verhalten von Sven in erster Linie auf fehlende Erfahrung und fehlendes Vertrauen zurückgeht.

Aber warum reagiert der Junghund so bösartig auf Bonnies Versuch, ihn mit Gewalt festzuhalten? Mutter Hanff ist über die tiefen Kratzwunden auf Bonnies Armen wesentlich beunruhigter als über Svens Furcht vor Lärm. Ist der Junghund schlecht veranlagt? Familie Hanff kommt bei dem Ausarbeiten des Gesamtproblems zu nachstehendem Überblick:

Problem	Wann tritt/trat das Problem auf	Mögliche Erklärungen
Sven verfällt zu leicht in Furcht.	Wenn laute oder fremde Geräusche plötzlich auf ihn eindringen.	Er ist von Natur aus feige.
		Ihm fehlt Erfahrung und Vertrauen.
Sven greift manchmal Menschen an.	Wenn er festgehalten wird.	Er ist seiner Natur nach bösartig.
		Er wird falsch gehalten.
		Er versteht nicht, warum er festgehalten wird, da es ihm an Erfahrung mangelt.

Als nächtes befassen sich die Hanffs mit unseren vier Grundoptionen. Wie oft in Familien gab es keine Übereinstimmung zu Frage eins. Frau Hanff würde eigentlich am liebsten den Welpen an den Züchter zurückgeben, ihr Mann ist wenig interessiert, weil er kaum mit dem Hund zusammen ist. Beide Töchter jedoch wollen unter allen Umständen den Hund behalten. In derartigen Situationen ist die Sechs-Schritte-Methode eine Art Lebensretter, weil niemand während der ersten vier Schritte überhaupt irgendetwas mit dem Hund direkt *zu tun* braucht. Müßte Familie Hanff sofort irgendein Erziehungsprogramm einleiten, an dem sich alle Familienmitglieder beteiligen müßten, bestände die schlimme Aussicht, daß die Eltern Hanff sich daran nur halbherzig beteiligen würden. Ohne jedoch ständige Unterstützung durch die Eltern und in Anbetracht des nur unvollständigen Verstehens des Verhaltens von Sven durch die Teenager würden selbst Bonnie und Lisa wahrscheinlich sehr schnell bei ihrem Erziehungsprogramm entmutigt werden. Steckt erst inkonsequentes Handeln in einem Erziehungsprogramm, wie sollen dann positive Resultate daraus erwachsen? Die meisten Hundebesitzer sind jedoch durchaus bereit, ein paar Stunden damit zu verbringen, ein bestimmtes Problem klar zu definieren, Lösungsmöglichkeiten aufzulisten. Die Lösungsvorschläge der Familie Hanff sind folgende:

Problem	*Lösungsmöglichkeit(en)*
Sven erschreckt sich bei lauten Geräuschen sehr.	– Ignorieren, abwarten und hoffen, daß sich dies mit der Zeit von alleine bessert.
	– Den Hund laufend lauten Geräuschen aussetzen.
	– Den Hund bestrafen, wenn er auf Lärm reagiert.
	– Den Hund nach und nach an Lärm gewöhnen.
	– Den Hund abschaffen.
Sven greift zuweilen an.	– Kratze und Bisse ignorieren.
	– Es sich nicht gefallen lassen, den Hund bei Widerstand bestrafen.
	– Ihn nicht in seiner Bewegungsfreiheit einschränken.
	– Ihn nach und nach daran gewöhnen, daß er festgehalten wird.
	– Den Hund abschaffen.

Nachdem das Problem klar herausgearbeitet und die Liste aufgestellt war, entschieden die Eltern im Hinblick auf die starken Gefühle ihrer Töchter gegenüber Sven doch etwas Zeit zu opfern, zusätzliche Informationen einzuholen. Im übrigen war bei Frau Hanff nun doch ein eigenes Interesse entstanden im Hinblick auf das „Warum?", die Ursachen für das Verhalten von Sven. Herr Hanff wiederum bevorzugt Männer, die *jedes* Problem lösen können. Bei der Sammlung weiterer Informationen über die Eindrücke von Lärm auf Sven, entdecken sie folgende Tatsachen:

- Svens Ohren reagieren viel empfindlicher als die eigenen.
- Sven wurde in einem sehr ruhigen Zwinger aufgezogen, weit entfernt von Telefon, Türglocken, Kindern oder allen anderen Arten von Lärmquellen, die heute in Hanffs Familienleben auf den Hund einwirken.

Diese Tatsachen führen dazu, daß Familie Hanff jetzt versteht, warum sich der Junghund bei starken Geräuschen verkriecht. Erklärt dies aber auch, warum der Hund jedermann angreift, der versucht, ihn in seiner Furcht festzuhalten? Dies ist noch keine vollständige Erklärung, denn hier kommen zwei Sinneseinwirkungen gemeinsam zum Tragen, Klang *und* Berührung. Es muß untersucht werden, ob diese Sinneseindrücke gemeinsam oder gegeneinander wirken. Wir haben diese mit der Berührung im Zusammenhang stehenden Fakten schon früher diskutiert – Berührung löst instinktiv Furcht aus, Berührung ist eine sehr viel stärkere Sinneswahrnehmung als Klang, zischende oder paffende Geräusche lösen Verteidigungsreaktionen aus –, das wirft ein neues Licht auf Svens Widerstand gegen das Festgehaltenwerden.

Bonnie sagt: „Ich bin nicht ganz sicher, ob ich das richtig verstehe. Ist die Berührung gegenüber der Klangeinwirkung absolut vorrangig, warum läßt dann mein Festhalten von Svenny diesen nicht den ganzen Lärm vergessen?"

„Das tut es", erwidert ihr Vater. „Aber der Hund denkt dabei nur noch daran, sich zu verteidigen, entweder durch Kampf oder durch Flucht. – Dein Festhalten ersetzt gerade eine Furcht durch die andere."

„Sagtest Du ‚shhhhh, shhh, Svenny', dann wurde alles noch schlimmer", setzt Lisa hinzu. „Und wenn Du ihn dann noch anschriest und ihn noch fester hieltest, wurde er nahezu verrückt."

Durch sorgfältige Wertung der eigenen Informationen und Vergleich mit menschlicher Reaktion auf Ton und Berührung beginnt die Familie Hanff zu verstehen, in welch entscheidendem Umfang die Welt des Junghundes sich von der ihren unterscheidet.

„Ich kann jetzt verstehen, wie der Hund die Dinge unterschiedlich empfindet, aber Sven muß in unserer Welt leben und nichts entschuldigt ihn, daß er ein Kind angreift!" Das sind Frau Hanffs Schlußfolgerungen. „Was können wir tun, um den Hund davon abzuhalten, irgendjemand bei der nächsten Kinderparty oder beim nächsten Weihnachtsfest zu verletzen, wo es dann doch so viele Kinder in unserer Familie gibt?"

Mit anderen Worten hat Frau Hanff schon entschieden, daß sie das Verhalten des Hundes nicht einfach ignorieren kann, hofft, daß Sven größer wird und sich ändert. Welche weiteren Schlußfolgerungen gibt es noch?

Da die Familie jetzt weiß, daß Svens Hörvermögen viel empfindlicher ist als das eigene, daß er in einem Zwinger aufgezogen wurde, in dem er nur in ganz geringem Umfange unerwartetem Lärm ausgesetzt war, schien es kaum vernünftig, ihn für sein Verhalten zu strafen. Da man weiterhin wußte, daß Sven weniger empfindsam auf Geräusche reagierte, die er schon zuvor gehört hatte, konnte ein „den Hund ständig dem Lärm aussetzen" positiv wirken. Andererseits könnte ein Aufzwingen des Lärms ihn aber auch noch viel beunruhigter machen als zuvor. Das wäre genauso wie eine Bestrafung des Junghundes, wenn er Furcht zeigt. Sie wird aller Wahrscheinlichkeit nach nichts anderes bewirken, als die Furchtreaktion zu verstärken, da ja nun die Furcht vor der Bestrafung zusätzlich zu der Furcht vor Lärm auftritt. Ganz gleich, was ein

Hund auch fürchtet, die Furcht ist es, die sich in seinem nicht akzeptablen Verhalten niederschlägt.

Deshalb erscheint die beste Lösungsmöglichkeit der Probleme mit Sven nur eine Lösung, bei der es keine Strafe gibt – also ihn an verschiedene Lärmquellen langsam zu gewöhnen, ohne ihn dabei in seiner Bewegungsfreiheit einzuschränken. Familie Hanff kann zunächst mit tiefen Tönen anfangen, welche Sven nicht erschrecken, langsam das Volumen dieser Töne bis zum Normalvolumen in ihrem Haushalt verstärken.

Ehe sie ihr Erziehungsprogramm begannen, schlug ich ihnen vor, den Hund auf ein anderes Klangzeichen als den eigenen Namen umzustellen. In diesem Fall ging ich sogar so weit zu empfehlen, aufgrund der furchtsamen Reaktion des Hundes auf das ihn beunruhigende zischende „s" den Namen völlig zu verändern. Als die Hanffs den Namen „Sven" auswählten, glaubten sie, sie übertrügen damit das stolze norwegische Erbe auf den Junghund. Alles was der noch furchtsame Junghund jedoch hörte, war das drohende Zischen.

Aufgrund meines Rates änderte Familie Hanff den Namen des Hundes auf „Thor". Dies erfolgte nach dem nordischen Gott des Donners, es war ein Scherz hinsichtlich seiner Tapferkeit, der die ganze Familie zum Lachen brachte. Man sollte sich in solchen Situationen klar sein, daß Humor oft auch schlimme Ausgangslagen verbessern kann. Außerdem benutzte von da an die Familie eine winzige Glocke, um den Hund anzusprechen. Diese Glocke war ein Originalgeschenk der Mutter von Frau Hanff an die Familie. Nachdem Thor langsam auf die zart tönende Glocke reagierte, begannen die Hanffs, andere Töne einzuführen, einen um den anderen, und langsam das Volumen dieser Töne zu steigern. Um das Ganze einfach und auch lustig zu machen, hatten Bonnie und Lisa ein Kassettenband bespielt, dabei allgemein auftretende und weniger oft auftretende Geräusche im Haushalt aufgenommen. Sie begannen das Training mit ziemlich allgemein auftretenden Geräuschen wie eine Tür ins Schloß werfen oder eine Pfanne auf den Boden fallen lassen. Hatte Thor erst einmal die Art des Geräusches und auch das Geräuschvolumen akzeptiert, gingen sie weiter zu komplexeren Klangeinwirkungen wie Rockmusik, Sirenen, das Geschrei und Gequicke von Teenagermädchen und Streitgespräche. Wann immer ein solcher Klang Thor zu erschrecken schien, sprachen die Hundebesitzer den Hund an, stärkten sein Selbstvertrauen. Auf diese Art war Familie Hanff in der Lage, die einzeln auf den Hund eindringenden Geräusche zu kontrollieren, ebenso die Reaktion des Hundes.

Nachdem Thor so erst einmal seine Furcht vor Lärm überwunden hatte, begannen die Hanffs ein zusätzliches Programm, um den Junghund an Berührung und Festgehaltenwerden zu gewöhnen. Als erstes beschränkten sie jegliches Streicheln des Hundes auf die dem Hund nicht bedrohlich erscheinenden Körperzonen unter dem Kinn und von da an nach unten im Brustbereich. Nachdem Thor mehr Selbstvertrauen gewonnen hatte und auch Vertrauen in die Beziehung zu seinen Besitzern, begann der Hund, mehr auf seine guten Erfahrungen mit seinen Menschen als auf seine Instinkte zu vertrauen. War seine Familie von ungewöhnlichem Klang oder Ereignis unbeeindruckt, überwand auch er seine Instinkte wegzulaufen und sich zu verstecken, blieb bei seinen Besitzern. Berührten sie ihn oder hielten ihn in einer Art fest, daß dies vom Instinkt her Verteidigungsreaktionen auslöste, lernte er trotzdem zu erkennen, was *sie* ihm übertragen wollten, ehe er reagierte. Auf ähnliche Art lernten alle Familienmitglieder einzuschätzen, wie wichtig ihre eigene Gleichmäßigkeit und Zuverlässigkeit in der Behandlung dafür war, daß Thor Geräusche und Berührungen als harmlos ansah, mit der Zeit sogar als sehr angenehm, selbst wenn ihm seine Instinkte etwas anderes sagten.

Künstliches Herbeiführen von negative Reaktionen auslösenden Situationen, um diese zu unterbinden

In allen Fällen, wo sich Verhaltensprobleme möglicherweise lästig oder schädigend auswirken, kann man solche Situationen künstlich herbeiführen, um deren negative Effekte zu mindern, den Ausbildungsprozeß zu beschleunigen. Bei einer solchen Erziehung simuliert man Situationen, welche in der Regel unakzeptables Verhalten auslösen. Dadurch kann man ihnen mit Beharrlichkeit entgegentreten. So weiß zum Beispiel die Familie Hanff, daß Thor besonders dann Besucher fanatisch verbellt, wenn er sich ihnen nicht entziehen kann. Manchmal droht er dabei zu beißen – ein häufiges Verhalten scheuer Junghunde, denen es an Selbstvertrauen fehlt. Obwohl dieses Benehmen aufhört, wenn man es einfach ignoriert, ist Familie Hanff dennoch der Auffassung, es sei falsch, dies einfach so hinzunehmen. Besonders gefährlich wäre solches Verhalten beim Besuch des hundehassenden Vetters von Frau Hanff oder ihres 80jährigen Nachbarn, beide besuchen Familie Hanff von Zeit zu Zeit. Bei solchen Besuchen kann die Familie die Situation nicht genügend kontrollieren, um dem Hund das Bellen abzugewöhnen.

Um den Hund zu verleiten, lädt Familie Hanff Freunde zu sich nach Hause ein. Für die Dauer von zwei Wochen wird die exakte Zeit für den Abend im voraus abgesprochen. Damit wird die Erziehung zum Spiel und gleichzeitig für alle zu einem interessanten Erlebnis. Kurz vor der vereinbarten Ankunftszeit rufen die Hanffs Thor, erteilen irgendein einfaches Kommando. Im Augenblick, in dem die Türklingel läutet, befiehlt Bonnie: „Platz! Platz!" und fixiert Thor mit ihrem Blick, während sie die Tür öffnet und den Besucher hereinläßt. Das Kommando und der Blick zwingen Thor, sich weniger auf den Besucher als auf Blick und Kommando von Bonnie zu konzentrieren. Danach lobt Bonnie den Junghund überschwenglich für seine Reaktion auf ihr Kommando. Damit zwingt sie den Hund, sich weiter auf sie zu konzentrieren. Tritt der Besucher herein, folgt er Bonnies Anweisung, den Junghund völlig zu ignorieren.

Da Thor die schlechte Angewohnheit entwickelt hat, nach einigen Besuchern zu schnappen, erweitert Familie Hanff die Übung und bittet die Besucher, das Kommando „Platz!" selbst zu wiederholen, *ehe* Thors Aufmerksamkeit sich auf sie richtet und er ein aggressives Verhalten zeigt. Da Bonnie Thor bereits veranlaßt hat, auf dieses Kommando zu gehorchen, und weil der Hund positive Kommunikation und das damit verbundene Lob schätzt, gehorcht er auch jetzt bereitwillig. Da es für ihn wesentlich schwieriger ist, aus der Position „Platz" anzugreifen, ist er gehemmt. Durch die Kombination der Befehle wird er gezwungen, ein alternatives Verhalten anzunehmen.

Lächelt dann die fremde Person, die ihm das Kommando erteilt hat und reagiert mit der gleichen positiven Haltung wie Bonnie, wird es für den Junghund noch schwieriger, die fremde Person zu bedrohen. Dann geben Bonnie und der Besucher alternativ neue Kommandos und loben ihn, bis die Ursache seiner ursprünglichen Furcht ihre Bedeutung verliert.

Thors Schnappen nach Menschen wurzelt in seiner Furcht vor Unbekannten, in fehlender Erfahrung und Selbstvertrauen. Deshalb verließ er sich auf seine primitiven Verteidigungsinstinkte. Reagierten dann die Hanffs und ihre Besucher auf das Schnappen des Hundes furchtsam, bestärkte das den Junghund in seinem Glauben, daß er tatsächlich bedroht werde. Durch planmäßigen Einsatz der künstlich herbeigeführten Situation und ständige Übung (in diesem Fall ein gleichmäßiges Kommando „Platz"), stärken alle nicht nur ihr eigenes Selbstvertrauen und das des Junghundes, sie öffnen auch einen vertrauensvollen Kanal der wechselseitigen Kommunikation. Jetzt wissen sie, wie man Verleitungen einsetzt, um unangenehme Reaktionen durch akzeptables Verhalten zu ersetzen.

Einige Hundebesitzer haben etwas gegen solche Übungen, glauben, es sei unfair, gekünstelt. Es tut mir leid, das sind in erster Linie menschliche Wertungen, deshalb völlig ungeeignet zur Beurteilung der Erziehungsmaßnahmen. Lösen die Hände anderer beim Menschen gleiche Verlegenheitsreaktionen aus wie bei Hunden? Kaum! Kann sich ein Hund betrogen fühlen, wenn man ihm dauerndes Kläffen, zerstörerisches Kauen oder das Nachjagen hinter Autos abgewöhnt? Das ist sicherlich sehr unwahrscheinlich. Nur wenn Du künstlich geschaffene Situationen aus dem Blickwinkel Deines Hundes beurteilst, kannst Du unproduktive menschliche Emotionen richtig werten, sie in der Praxis vergessen.

Wenn man einem Tier hilft, seine Furcht vor Lärm zu überwinden, ist dies dem Lehren einer völlig neuen Sprache recht ähnlich. Reagiert ein Hund auf einen bestimmten Klang negativ, wollen wir jedoch, daß er auf diesen gleichen Klang positiv reagiert, müssen wir immer wieder den gleichen Klang benutzen und dem Hund deutlich machen, daß dieser „gut" bedeutet. So können zum Beispiel die Hanffs nicht erwarten, daß Thor auf lauten Lärm furchtlos reagiert, wenn sie Bratpfannen zusammenschlagen und ihn jedesmal prügeln, wenn er sich dabei schlecht benimmt. Auf der anderen Seite, lehren sie ihn, *alle* lauten Töne zu ignorieren, dann können sie ihn nachher nicht tadeln, wenn er auch den lauten Ton ignoriert, von dem *sie* wünschen, daß er darauf achtet. Wollen wir unsere Tiere unsere eigene Sprache lehren, müssen wir stets darauf achten, daß Tiere sich ihrer Natur nach gleichmäßig verhalten, dasselbe auch von uns erwarten.

Eine vernünftige Alternative für den alten Hund

Wenn wir weitergehen, werden wir immer wieder entdecken, daß die meisten Verständigungsprobleme bei Junghunden sich aus ihren voll funktionierenden Sinnen, gekoppelt mit zu wenig Erfahrung, ergeben. Bei älteren Tieren treffen wir oft auf das Gegenteil. Die Tiere haben aus ihrem Alter heraus eigene Erfahrungen, ihr Sinnesapparat funktioniert aber nicht mehr in allen Einzelheiten. Solch ein Tier wird oft von dem gleichen mangelnden Selbstvertrauen geplagt wie ein Junghund. Weil der alte Hund sich unsicher fühlt, wird er defensiv. Treten jetzt Situationen auf, die ihn nie zuvor aufgeregt haben, könnte er erstarren, angreifen oder gar weglaufen. Übersehen die Hundebesitzer dieses langsame Schwinden der Sinnesleistungen, finden sie sich zuweilen plötzlich mitten in schwierigen Situationen.

So wurde zum Beispiel Ellen Costello erstmals gewahr, daß ihre elfjährige Puli-Hündin schlechter hört, als sie eines Tages von der Arbeit nach Hause kam und an der Tür ihres Hauses einen Strafbefehl der Polizei vorfand. Offensichtlich hatte die erstklassig erzogene, sanfte Dulci den Gasableser gebissen. Wie konnte das geschehen? Angesichts einer Ladung vor Gericht und im Empfinden einer tief verwurzelten Verantwortlichkeit für alle, die ihre Wohnung betreten, begann Ellen, die Lösung dieses Problems in Angriff zu nehmen.

Es war für Ellen überhaupt nicht leicht, ohne große Gefühlsbewegungen zu akzeptieren, daß Beißen ein völlig normales Hundeverhalten ist. Sie fühlte sich schuldig, aufgeregt und wollte gerne wissen, ob der Gasableser etwas getan hatte, was den Hundebiß auslöste. Eine solche Erklärung ist bequem, aber Ellen war sich darüber im klaren, daß das Beißen ihres Tieres aus ihr noch unbekannten Gründen ernsthafter zu sehen war. So konnte sie es weder ignorieren, noch im Augenblick verstandesmäßig einordnen.

Ellen hatte Schritt eins schon erfolgreich hinter sich gebracht, befreit machte sie sich daran, aufzuklären, wann und warum der Biß erfolgte. Der Polizist gab ihr einen Durchschlag seines Berichtes:

„Am 9. Januar 1984 versuchte Joseph Gilliland, ein Angestellter der Consolidated Public Service, die Wohnung Melody Lane 337 zu betreten, welche Ellen K. Costello gehört. Joseph Gilliland wollte wie üblich die Gasuhr ablesen. Es war vereinbart, daß Mrs. Costello speziell hierfür die hintere Tür offen ließ. Bei allen früheren Gelegenheiten war der Hund von Mrs. Costello frei, erschien freundlich; er hatte nie zuvor Mr. Gilliland bedroht. An diesem Tag jedoch schlief der Hund hinter der hinteren Eingangstür. Als Mr. Gilliland versuchte, über den Hund hinwegzusteigen, um in das Haus zu gelangen, sprang der Hund plötzlich auf und biß ihn in den linken Knöchel. Die Wunde bedurfte ärztlicher Behandlung, mußte genäht werden."

Zunächst war Ellen erschrocken, ärgerlich und frustriert. „Das sieht überhaupt nicht wie Dulci aus!" murmelte sie. Trotzdem rief sie Mr. Gilliland an, um sich zu entschuldigen und bat ihn, mit herauszufinden, was Dulcis Verhalten so drastisch verändert hatte. Ellens Bereitschaft, die Verantwortung zu übernehmen, minderte schnell Joes eigene negativen Gefühle über den Unfall. Gerne war er bereit zu helfen.

„Ganz ehrlich, Mrs. Costello, ich bin ihr bestimmt nicht auf den Schwanz oder etwas ähnliches getreten. Sie schlief ganz tief. Alles, was ich tat, war über sie hinweg zu steigen. Plötzlich wachte sie auf und biß mich."

Das war noch ziemlich schwach, aber Ellen definierte ihr Problem mit Dulci als: „Beißt schlafend an der hinteren Eingangstüre liegend, wenn irgendein Fremder über sie steigt und sie aufwacht." *Warum* sollte Dulci so etwas tun? Ellen erinnerte sich, was Joe gesagt hatte, Dulci sei plötzlich aufgewacht. Das klang aber seltsam! Dulci hatte stets einen leichten Schlaf, normalerweise sollte sie Joes Schritte schon gehört haben, als er den Garten betrat. War Dulci plötzlich zum Tiefschläfer geworden? Warum hörte sie nicht Joes Näherkommen?

Nach Prüfung der vier Grundoptionen entscheidet sich Ellen, daß sie weder das Verhalten des Hundes akzeptieren kann, noch ihn abgeben möchte. Nur wenn es ihr nicht möglich wäre, Dulcis Problem zu lösen, mußte sie in Erwägung ziehen, sie einzuschläfern. Als andere mögliche Lösungen listete Ellen auf:

- Dulci stets eingesperrt halten.
- Gründliche Kontrolle beim Tierarzt.
- Warnschilder „Vorsicht vor dem Hund!" rings um ihr Eigentum.
- Darauf vertrauen, daß es nicht wieder passiert.

Ellen schienen die ersten zwei Alternativen die vernünftigsten, so brachte sie Dulci zum Tierarzt und hoffte, dabei Neues zu erfahren. Der Tierarzt versichert Ellen, daß

Wie die unsichtbare Leine entsteht – Sinn für Sinn

Dulci für ihr Alter völlig normal sei, ihr Alter verursache aber gewisse Einschränkungen: Vermehrte Steifigkeit in den Hinterläufen, verbunden mit Arthritis, vermindertes Sehvermögen durch Veränderung der Augenstruktur und wahrscheinlich Verlust an Hörvermögen. Ellen schüttelt ihren Kopf: „Ich glaube, das ist genauso, wie wenn man mit heranwachsenden Kindern zusammenlebt, man sieht die Veränderungen nicht. Ist Dulci taub?"

„Nicht völlig, aber ich glaube, es gibt einen Verlust an Hörvermögen aufgrund schwächer werdender Nerven und der Funktionen des Innenohrs, altersbedingt." Ellen fragt den Tierarzt, wie man das Hörvermögen von Dulci testen könne und erfährt, daß dies gar nicht leicht ist. Hunde lassen sich nur sehr ungerne von Fremden festhalten, werden nur zu leicht in fremder Umgebung verwirrt und nervös. Der Tierarzt beschrieb Ellen jedoch, wie sie zu Hause möglicherweise einen Hörverlust feststellen könne.

„Versuchen Sie einmal, sie aus einem anderen Zimmer zu rufen oder schnipsen Sie einmal mit den Fingern oder klatschen in die Hände, wenn sie nicht schaut. Hat sie einen Teil ihres Hörvermögens verloren, wird sie auf ihr vertraute Klänge dann nicht reagieren, wenn sie Sie nicht sehen kann. Ein anderes Zeichen wäre, daß sie auch bei Geräuschen weiterschläft, welche sie in der Vergangenheit normalerweise aufgeweckt hätten."

Der Tierarzt unterstreicht, daß Hunde im Regelfall den langsamen Verlust an Hörfähigkeit über das Auge oder andere Sinne kompensieren. Völlig taube Hunde scheinen oft auf den Ruf ihres Besitzers zu reagieren, während sie in Wirklichkeit nur auf Bewegungen ihres Besitzers und dessen Körperhaltung und Ausdruck reagieren. Der 16 Jahre alte Spaniel einer Frau reagiert nicht auf seinen Namen, kommt jedoch sofort, wenn seine Besitzerin sich auf die Oberschenkel schlägt, weil er mehr auf die Bewegung und vielleicht gewisse Vibrationen reagiert als auf den Klang. Gerade aufgrund dieser Fähigkeit des Hundes, sich durch Nutzung anderer Sinne anzupassen, kann ein langsamer Hörverlust lange unentdeckt bleiben. Bis irgendetwas passiert, was den Kompensationsmechanismus des Hundes stört.

„Ich muß blind gewesen sein!" denkt Ellen nach. „Dulci bleibt tatsächlich seit einiger Zeit immer enger bei mir, so ist sie selten für eine Kommunikation allein auf das Hören angewiesen. Warum aber sollte ein Verlust an Hörvermögen sie bösartig gemacht haben?"

„Obwohl man sicherlich ein solches Verhalten kaum akzeptieren kann, würde ich es keinesfalls ‚bösartig' nennen. Dulci wachte plötzlich auf, glaubte sich selbst und das ihr anvertraute Eigentum bedroht und reagierte abwehrend."

„Aber sie hat doch den Gasableser so oft zuvor gesehen!"

„Aber dieses Mal lag sie im Tiefschlaf. Weder sah sie, *noch* hörte sie ihn, bis er versuchte, über sie hinwegzusteigen. Wie würden Sie selbst reagieren, wenn sie angestellt wären, um etwas zu schützen, während dieser Aufgabe einschliefen und plötzlich aufwachten durch irgendetwas, was sich über Sie hinwegbewegte? Sie könnten versehentlich sogar Ihre eigene Tochter für einen Einbrecher halten und dementsprechend reagieren."

Die einfachen Tests, wie sie der Tierarzt empfohlen hatte, ergaben, daß das Hörvermögen von Dulci tatsächlich stark nachgelassen hatte. Nun setzte Ellen zu ihrer Definition der Probleme das Wort „Hörverlust". Hieraus ergaben sich andere Lösungsmöglichkeiten:

- chirurgische Hilfe
- Hörgerät
- Ausbildung, um das verbliebene Hörvermögen zu verbessern
- andere Kommunikationsmittel mit Dulci.

Unglücklicherweise kann man durch chirurgische Eingriffe einen normalen, degenerativen und altersbedingten Hörverlust nicht beseitigen. Obgleich Ellen vermutete, irgendjemand hätte möglicherweise ein Hörgerät für Hunde entwickelt, hält sie ein solches Hilfsmittel für zu gekünstelt. Da beide verbleibende Lösungsmöglichkeiten irgendeine Form von Ausbildung erforderten, rief sie einen erfahrenen Hundeausbilder an und bat um Informationen.

Der Hundeausbilder empfiehlt, Ellen soll Dulci auf andere Reize ausbilden als den Ton, zum Beispiel auf flackerndes Licht, Geruchseinwirkungen und Körpersprache. Ellen lernt, daß sie als Orientierung für Dulci sowohl eigene Körperbewegung einsetzen kann als auch Vibrationen, die etwa durch Aufstampfen mit dem Fuß entstehen. Solche Methoden könnten es Ellen ermöglichen, mit ihrem Hund zu kommunizieren. Aber wie soll dies mit anderen Personen erfolgen?

„Das ist eine wirklich schwierige Frage, Mrs. Costello, schwer zu beantworten. Sie müssen Ihren Hund fortwährend sehr genau beobachten. Alte Hunde schlafen sehr viel, manchmal vergessen wir sogar, daß sie hinter einem Rosenbusch schlafen, bis das kleine Mädchen des Nachbarn bei der Suche nach ihrem verlorenen Ball auf den Hund stößt. Dulci braucht in keiner Weise ein bösartiger Hund zu sein, aber es wäre außerordentlich ratsam, wenn sie rings um Ihr Eigentum Warnschilder postierten."

Mit dieser zusätzlichen Information überprüft Ellen ihre Lösungsliste neu. Nach den Ratschlägen des Tierarztes und des Hundeausbilders konnte das Problem nicht völlig beseitigt werden, gleich was sie auch tat, um Dulcis stark gemindertes Hörvermögen zu kompensieren. Andererseits hatte Dulci überhaupt nichts dagegen, im Hause zu bleiben, während Ellen arbeitete. Sie fand sich auch stets gerne damit ab, in Ellens verschlossenem Schlafzimmer zu schlafen, wenn Ellen Besuch hatte.

So macht sich Ellen daran, die beschlossenen Veränderungen durchzuführen. Dulci lernt schnell zu kommen, wenn Ellen mit dem Fuß stampft. Nachts „ruft" Ellen Dulci zu sich, indem sie einen automatischen Lichtgeber einschaltet. Ellen erlaubt von jetzt an ihrem Hund jedoch nur in dem kleinen eingezäunten Hausgarten hinter dem Haus frei zu laufen; die übrige Zeit hält sie den Hund an der Leine, stets in Sichtweite oder in einem gesicherten Zimmer. Ellen versucht auch, alle die äußeren Umstände unter Kontrolle zu bekommen, welche den Hund aufregen könnten. Sie warnt ihren Hund vor durch Aufstampfen mit dem Fuß. Obgleich solche Vibrationen die schlafende Dulci aufwecken, verbindet der Hund doch gleichzeitig Ellen mit diesen Vibrationen, erschrickt nicht und reagiert auch nicht abwehrend. Und das Ergebnis? Ellen und Dulci konnten ein weiteres Jahr ohne irgendwelche negativen Vorkommnisse genießen.

Eines Morgens aber erhält Ellen einen Brief von ihrem Sohn, der mit Frau und drei kleinen Kindern über die letzten zwei Jahre in Deutschland als Soldat stationiert war. „Ich werde in zwei Monaten vom Militär entlassen. Können wir danach bei Dir ein paar Wochen wohnen?" Natürlich können sie, aber was wird aus Dulci? Kann die ganze Familie ihres Sohnes lernen, die schwindenden Sinne des Hundes zu kompensieren oder könnte ein Familienmitglied verletzt werden?

Ellens Überlegung spiegelt die harte Wahrheit über degenerative Probleme alter Hunde. Obwohl vieles kompensiert werden kann, um uns selbst und unseren Haustieren dieselbe Lebensqualität aufrecht zu erhalten, wird dieser Lebensstil immer mehr eingeschränkt, wenn die Zeit weitergeht. Die Kommunikation untereinander wird immer und immer schwieriger, mit dem Älterwerden der Tiere spezialisierter. Wir erfinden eine „Spezialsprache", um mit unseren Hunden zu sprechen, aber damit machen wir es zunehmend schwierig, andere Leute in unseren Lebensstil einzubeziehen. Aber Ellens Fähigkeit, mit Problemen fertig zu werden, fachdienliche Informationen zu sammeln, gewährleistet, daß jede Entscheidung, die sie trifft, gut überlegt ist, sowohl ihre eigenen Notwendigkeiten als auch die Liebe zu ihrem Tier einbezieht.

Taubheit

Außer einer Ertaubung Schritt für Schritt, parallel zu zunehmendem Alter, kann Taubheit oder verringertes Hörvermögen auch als Ergebnis auftreten von:

- ererbter Taubheit
- schwerer oder chronischer Ohrinfektionen
- Trauma, etwa durch einen heftigen Schlag gegen Ohr oder Kopf.

Auf viele Arten kann man mit völliger Taubheit oder einem *festumrissenen verminderten* Hörvermögen bei jüngeren Tieren leichter zurechtkommen als mit dem Verlust des Hörvermögens älterer Tiere Schritt um Schritt. Man muß dabei wissen, verschiedene Menschen reagieren verschiedenartig auf Körperbehinderungen, Sinnesverluste.

Als Al Shaefer feststellen mußte, daß sein Hund taub war, ließ er ihn sofort einschläfern. Al ist der Besitzer einer eigenen Heilquelle, sein ganzes Leben ist auf die Forderung nach körperlicher Perfektion ausgerichtet; ein solcher Mensch kann ganz einfach keinen „defekten Hund" besitzen. Herzlos? Grausam? Da gibt es viele Menschen, die sagen würden, daß dieses Problem Al härter trifft als seinen Hund. Da er offensichtlich weder den Zustand seines Hundes verändern noch akzeptieren kann, welche anderen Entscheidungen wären für ihn sinnvoll? Könnte Al wirklich eine wechselseitige positive Beziehung mit einem Tier aufbauen, das ihn ständig an dasselbe erinnert, etwas, das Al am meisten fürchtet: Körperliche Unvollkommenheit? Sicher, die unter uns mit anderen Orientierungsmaßstäben könnten Al tadeln, ihn und seine Welt. Sie behaupten, sie *könnten* sich darauf einstellen, sie *würden* aus eigenem Willen sich damit abfinden und solche Einschränkungen akzeptieren. Aber Beziehungen auf Basis von Schuldgefühlen helfen selten irgendjemandem. Wie lange dauert es, und das

Schuldgefühl verwandelt sich in Ressentiment, und es ist völlig unvermeidlich, daß eine solche Wandlung eintritt!

Ein zweites Beispiel. Florence Damico reagiert auf die Taubheit ihres Pudelwelpen Clouseau auf völlig andere Art. Obgleich der Junghund völlig gesund und auch sonst normal ist, behandelt Florence den Pudel Louseau als wäre er ein völliger Krüppel. „Armes, armes, taubes Hundebaby!" liebkost sie ihn und erinnert sich stets und ihre ganze Umwelt an Clouseaus „Problem". Anstelle Erziehungsmethoden einzuschlagen, die nicht auf Tönen beruhen, erzieht Florence lieber den Welpen überhaupt nicht. Da sie ihn als völlig gehandicapt und verletzlich ansieht, hält sie ihn die meiste Zeit im Haus. Deshalb fehlt es dem Junghund an allen Erfahrungen, er ist extrem scheu und fürchtet sich vor allen Besuchern, ebenso wenn Florence ihn allein läßt. Das Verhalten des Hundes spiegelt den Glauben seiner Besitzerin, er brauche ständigen Schutz und Fürsorge. Hierdurch entsteht ein ständiger völlig unproduktiver Kreislauf. Dadurch, daß man Clouseaus Schicksal als abnormal definiert, ein Schicksal, das Florence große Opfer abverlangt, wurde der Hund völlig abhängig von Florence. Sie hat sich selbst so eng mit ihm verknüpft, daß sich diese Situation nie bessern kann. Alles, was sie für ihre Liebe erntet, ist ein unerzogener, furchtsamer Hund.

Wäre es da nicht viel klüger, Florence betrachtete Clouseaus Welt eher als verschieden, als anders, denn als mit Mängeln behaftet? Dann erst könnte Florence realisieren, daß ihre Kommunikationsmöglichkeit mit ihrem Hund sich verändert hat, keinesfalls aber um ein Fünftel vermindert wurde. Eine solche Neuorientierung kann sehr gut durch den Bibelspruch zusammengefaßt werden: „Der Herr hat es gegeben, der Herr hat es genommen." Für einige wie Florence bedeutet dies, wir haben nur soviel bekommen, verlieren wir es, ist es vorbei.

Für andere bedeutet, daß wenn ein Ding weggenommen wird, es durch etwas anderes ersetzt wird. Für taube Hunde und ihre Besitzer muß das gemeinsame Leben kein böses Geschick sein. Es kann ein Leben sein, in dem andere Sinnesleistungen sich erweitern, die Lücke ausfüllen, die durch den Hörverlust eintrat. Ein solches Tier braucht durchaus nicht weniger als ein gesundes zu sein!

Lassen Sie uns einen Blick werfen, wie die Familie Eastabrook sich mit dem Problem der Taubheit ihres Dalmatiner-Junghundes Alexander auseinandersetzt. Nachdem sie die vier Grundoptionen erwogen haben, stellt die Familie fest:

- Sie müssen sich mit dem Problem von Alexander abfinden. Es gibt hier keine Möglichkeit der Veränderung.
- Sie möchten alle ihre negativen Gefühle, die sie Taubheit gegenüber empfinden, in positive umwandeln.
- Sie müssen ihre positiven Gefühle voll einsetzen, um ihr Verhalten dem Hund gegenüber zu ändern, um andere Ausbildungsmethoden anzuwenden.
- Sie wollen sich trotz des Leidens nicht von dem Junghund trennen.

Abweichend von der Situation der Familie Hanff steht Familie Eastabrook einem Grundproblem aller Menschen gegenüber. Sie haben keine direkten Klagen über das Verhalten des Junghundes; sie haben nur ein Problem, von der Taubheit Alexanders verursacht. Sie müssen alle notwendigen Veränderungen, die sich hieraus ergeben, als „normal ansehen".

Bei den Eastabrooks gibt die Diskussion innerhalb der Familie über Handicaps im allgemeinen und Taubheit im besonderen die beste Information hinsichtlich notwendiger Änderung der Gefühle. Da sie alle den Welpen behalten wollen, unterstützen sie sich gegenseitig während der gesamten Periode des Lernens und der Veränderung.

Nachdem sich Familie Eastabrook zunächst einmal über ihre Gefühle klar geworden ist, lernen sie jetzt alles über Hundeerziehung mittels Sichtzeichen durch Hand oder Licht, sowie über Vibration. Anstelle den Junghund durch einen Ton anzusprechen, benutzen sie jetzt ein weißes Taschentuch und sich bewegende Handzeichen; bei Nacht werden die Handzeichen durch eine in der Hand geführte starke Stablaterne deutlich gemacht.

Natürlich benutzen sie lieber weniger auffällige Bewegungszeichen. Durch Beobachtung der Reaktionen des Junghundes auf Bewegung erkennen sie, daß sie jeweils ein Bewegungssignal wählen müssen, das sich deutlich von fliegenden Vögeln, rennenden Nachbarkindern, Fahrrädern, Autos und ähnlichem unterscheidet. Nachdem sie erst einmal Alexanders Aufmerksamkeit geweckt haben, benutzen sie durchaus Standardausbildungsmethoden, wobei jeweils für die Kommandos „Hier!" „Sitz!" und „Bleib!" verschiedene Handzeichen gewählt werden. Wendet der Hund ihnen den Rücken zu, stampfen sie mit dem Fuß auf den Boden, um ihn durch Vibrationen aufmerksam zu machen. Beide, Hundebesitzer und Hund, müssen eine neue Form der Kommunikation erlernen, das alles dauert etwas länger als gewöhnlich. Alexander ist jedoch ein eifriger und gelehriger Schüler und Familie Eastabrook erinnert sich der Bedeutung stetiger, gleichmäßiger Beharrlichkeit.

Natürlich gibt es Augenblicke der Frustration, etwa als Alexander den Umschlag von Randys Lieblingsschallplattenalbum abkaut, der Teenager automatisch die Hand hebt, um den Hund zu strafen. Als Randy jedoch des Junghunds sofortige Aufmerksamkeitspose auf diese Geste erkennt, erstarrt er, findet Kontrolle über den eigenen Ärger und gibt stattdessen dem Hund das Handzeichen, sich zu setzen. Jedesmal, wenn Junghund und Besitzer sofortige Antwort ihrer Signale finden, verstärkt sich das gegenseitige Verstehen, die Fähigkeit, sich untereinander verständlich zu machen. Damit verstärkt sich auch das Vertrauen.

Beunruhigt es Dich, daß die Familie Eastabrook kein Mittel hat, Alexander für schlechtes Betragen zu strafen? In unserem nächsten Kapitel werden wir uns einzelne Strafen näher ansehen, ebenso einige andere Formen körperlicher Berührung, die zu Mißverständnissen zwischen Hund und Besitzer führen können. Wie würdest Du reagieren, wenn Dein perfekt erzogener Junghund plötzlich begänne, Deine sechsjährige Tochter zu terrorisieren? Schauen wir uns an, wie Familie Schindler dieses Problem und einige andere Probleme körperlicher Berührung löst.

Tastsinn: Besteigen, Berühren, Pfotensprache und andere körperliche Kontakte

Ehe Howie und Gale Weisbuch mit der Zucht ihrer Vizslas begannen, lernten sie alles über die Zucht dieser Rasse und über Hundehaltung im allgemeinen. Danach wählten sie sorgfältig Rüden und Hündin aus, erzogen sie ordentlich und gaben sich alle Mühe mit ihren Hunden, um ihnen eine artgerechte Haltung zu ermöglichen. Ihre Anstrengungen machten sich bezahlt, Katrinka gebar fünf gesunde Welpen, es gab keinerlei Geburtsprobleme. Die Familie Weisbuch war höchst zufrieden, ebenso alle ihre Freunde, die den wunderschönen Nachwuchs gebührend bewunderten.

Einer der Welpen ging an enge Freunde der Familie Weisbuch, an Evan und Debbie Schindler, die eigentlich nie ernsthaft an die Anschaffung eines Hundes gedacht hatten, ehe sie diese außergewöhnlich schönen Welpen sahen. Familie Schindler suchte einen besonders temperamentvollen Rüden aus. Sie verließen Familie Weißbuch und träumten von glücklichen Zeiten, welche sie mit diesem zappelnden Fellbündel erleben würden.

Etwa einen Monat später rief Debbie Schindler Gale an, sie konnte kaum ihren Ärger und ihre Frustration unterdrücken und beklagte sich: „Dieser verdammte Junghund besteigt alles, was ihm je zu Gesicht kommt, es ist abscheulich!"

Gale war schockiert: „Das kann doch nicht sein! Er ist hierfür viel zu jung!"

„Und trotzdem ist es so! Er belästigt stets Kimmy, wenn sie auf dem Fußboden spielt, es wird von Tag zu Tag schlimmer. Wenn das so weiter geht, muß ich den Hund zurückgeben."

In den vorangegangenen Kapiteln besprachen wir im einzelnen, wie Ton und Berührung bestimmte Hundeprobleme auslösen können, weil sie ihre Wurzel in der Verteidigung des Hundes haben. Schon von Beginn der gegenseitigen Beziehungen an reagieren Hundebesitzer und Hunde auf Berührung völlig verschiedenartig. Für Menschen bedeutet Berührung ein Ausdruck der *gegenseitigen Vertrautheit*, der Intimität. Wenn wir Menschen jemanden umarmen, liebkosen, so zeigen wir damit unsere Zuneigung. Geben wir einem einen Fehler machenden Kind einen Klaps oder versohlen wir ihm den Po, drücken wir dadurch unsere Mißbilligung aus. Mit anderen Worten, wie bei vielen unserer Sinneswahrnehmungen gibt es bei Menschen eine breite Skala der Wertung verschiedener Berührungsarten, von der besten bis zur schlimmsten. In aller Regel allerdings fällt es uns weder ein, Fremde zu umarmen oder zu küssen, noch schlagen wir auf dem Weg zum Supermarkt wahllos Passanten!

Menschen haben nicht nur allgemein starke Gefühle hinsichtlich Berühren und Berührtwerden durch andere Menschen, viele von uns haben außerdem noch starke Vorurteile gegenüber Berührungen durch andere Lebewesen. Erinnerst Du Dich noch des Peanuts-Cartoons, wo Lucy auf Snoopys Küsse reagiert, indem sie zurückweicht und schreit: „Brrrh, ein Hund hat mich geküßt!"? Stell Dir den erschreckten Gesichtsausdruck einer keinen Hund besitzenden jungen Mutter vor, die gerade erlebt, wie ein liebenswerter Neufundländer versucht, ihren Junior mit ein paar lockeren Leckbewegungen zu säubern. „Hilfe, Keime!", das werden so ihre ersten Gedanken sein.

Vergleiche auf der anderen Seite dieses Verhalten mit unseren verwirrten Interpretationen des Verhaltens der Hunde auf Berührung. Ob ein Hund nun einmal in einem Penthaus in Paris oder in einer Bretterhütte im Baltimore Slum wohnt, seine natürliche Antwort auf Berührung ist eine der drei folgenden: Angriff, Erstarren oder Flucht. Und wie bei allen instinktiven Verhaltensweisen treten natürlich bei Junghunden am häufigsten den Menschen unverständliche Verhaltensmuster auf. Solange Jungtiere neue Erfahrungen nichts anderes lehren, verlassen sie sich zunächst auf ihre Instinkte. Schauen wir uns jetzt an, wie die unterschiedlichen Reaktionen von Menschen und Hunden auf Berührung den Traumwelpen von Schindlers in einen Alptraum verwandelten.

Das Besteigen der Hunde

Als Evan und Debbie Schindler sich entschlossen, einen Welpen der Familie Weisbuch zu kaufen, wurde die Auswahl des Hundes zu einer gemeinsamen Entscheidung der ganzen Familie. Sie packten ihre zehn und sechs Jahre alten Kinder Justin und Kimmy in das Auto, dann fuhren sie bei Familie Weisbuch vor, um ihre Auswahl unter den Welpen zu treffen. Als die Familie als erstes all die Welpen sah, gab es viel Lärm. Die Kinder kreischten, die Welpen kläfften aufgeregt, das Ganze steigerte sich noch gegenseitig. Zwischen all den Oohs und Aahs und Gekichere waren die Schindlers von einem besonders herumtobenden Rüden begeistert. Er war der lebhafteste Welpe im Wurf.

„Wir wollen diesen!" schrien die Kinder, als sie mit dem Welpen durchs Zimmer rannten. So wurde Quabbin sofort zum Familienmitglied der Schindlers.

Unglücklicherweise ist in den vier kurzen Wochen, die Quabbin nun bei den Schindlers lebt, diese Beziehung ziemlich sauer geworden. Sitzt Kimmy auf dem Fußboden, stellt ihr Quabbin seine Vorderläufe auf die Schulter oder auf den Rücken. Dabei hat er manchmal genügend Kraft, um sie sogar umzuschmeißen. Dies versetzte wieder Kimmy in Unruhe, sie fing an, dem Junghund auszuweichen. Ihre Mutter glaubt, Kimmy beginne sich mehr und mehr vor dem Hund zu fürchten. Auf der anderen Seite ermutigen sowohl Justin wie sein Vater Quabbin zum rauhen Spiel, lassen sich auf alle Viere nieder und jagen mit dem Hund durch das ganze Haus. Haben sie ihn gefangen, werfen sie ihn auf den Rücken und „kitzeln" ihn. Bei den paar Gelegenheiten, bei denen Kimmy versuchte, sich an diesem Spiel zu beteiligen, knurrte Quabbin nach ihr und schnappte mit seinen nadelscharfen Babyzähnen zu.

„Evan, ich mag überhaupt nicht, daß der Junghund nach Kimmy schnappt", sagt Debbie mit gerunzelter Stirn. „Er läuft immer hinter ihr her, und er spielt mit ihr so rauh."

„Sei doch nicht so prüde! Kimmy ist so furchtsam, sie läßt ihm alles durchgehen. Sie sollte lernen, mit dem Hund rauher zu spielen."

„Das glaube ich nicht. Ich mag nicht, daß Quabbin sie ängstlich macht, das ist nicht recht von ihm."

„Höre auf, sie wie ein Kleinstkind zu behandeln!" erwidert Evan. „Ich werde ihr beibringen, sich kräftig zu wehren."

„Ja, Mutsch!" mischt sich Justin ein. „Quabbin ist ein prima Junghund. Kimmy ist ganz einfach eine übervorsichtige Katze."

Eines Tages kam Debbie gerade dazu, als Kimmy von dem Hund am Boden festgeklammert wurde, und sie rief sofort bei Gale Weisbuch an.

Eine sehr von Gefühlen überlagerte Situation! Zunächst wollte die Hälfte der Familie (Justin und Evan) keinesfalls den Junghund abgeben, während die andere Hälfte (Kimmy und Debbie) sich wünschten, sie hätten nie einen Hund bekommen. Kehren wir jetzt wieder zu unserer Problemlösung in sechs Schritten zurück. Können wir dann eine solche Ausgangssituation als normal ansehen? Wenn Quabbin „unrecht hat", dann gilt dies auch für Justin und Evan. Hat Quabbin jedoch „recht", dann haben Kimmy und Debbie ihr Problem.

Solche Konflikte entstehen oft in Familien, inbesondere in solchen Fällen, wenn der Hund für einzelne Familienmitglieder zur Bestätigung ihrer eigenen Überzeugung wird. Sind dann die jeweiligen Meinungen weit auseinander, ist es recht schwierig, irgendein Problem überhaupt zu definieren oder gar zu lösen.

Womit soll man anfangen? Gibt es in einer Familie zwei verschiedenartige Vorstellungen, wie eine gute Beziehung zu einem Haustier aussehen soll, werden die unterschiedlichen Definitionen akzeptablen oder schlechten Verhaltens eine folgerichtige Kommunikation mit dem Hund unmöglich machen. Um dieses Problem zu lösen, sollten die Schindlers sich vorstellen, ihre voneinander abweichenden Meinungen ständen wie zwei feindliche Armeen auf dem Schlachtfeld sich gegenüber, der kleine Quabbin in der Mitte. Bei diesem Bild sollten sie auch erkennen, daß – gleich welche Seite gewinnt – dies stets zu Lasten des Junghundes geht.

Wie die unsichtbare Leine entsteht – Sinn für Sinn

Ein anderer Weg, auf dem Familie Schindler zu dem Ziel käme, Quabbins Verhalten als normal zu begreifen, wäre, zuerst die vier Grundfragen durchzugehen. Entscheiden sie sich dabei, daß sie den Hund behalten wollen, müssen sie etwas ändern. Wenn sie alle den Hund behalten wollen, sollten auch alle bereit sein, Änderungen vorzunehmen, selbst wenn sie Auffassungen aufgeben müssen, die sie persönlich favorisieren, denn diese sind nur wenig hilfreiche Werturteile. Obwohl Evan und Debbie hinsichtlich Akzeptanz und Bedeutung von Quabbins Verhalten gegenüber Kimmy völlig voneinander abweichende Auffassungen haben, können sie nur dann untereinander und mit dem Hund ein besseres Verhältnis erlangen, wenn sie versuchen, die gegenseitigen Standpunkte besser zu verstehen.

Hat Familie Schindler dies erst einmal begriffen, dann muß sie zunächst die den Blick verstellenden Verflechtungen menschlichen und tierischen Verhaltens auseinanderpflücken, um das Problem definieren zu können. So stellen Evan und Debbie ihre eigenen Problemlisten auf und bemühen sich darum, möglichst wenig Gefühle und Vorurteile hineinzuschreiben:

Problem	Wann tritt/trat das Problem auf	Mögliche Erklärungen
Quabbin belästigt und erschreckt Kimmy.	Wann immer er kann, aber zumeist, wenn sie auf dem Fußboden sitzt.	Er spielt.
		Justin hat ihn gelehrt, zu rauh zu spielen.
		Er will sie verletzen.
		Sie erlaubt ihm dieses Verhalten.

Problem	Wann tritt/trat das Problem auf	Mögliche Erklärungen
Evan und Justin spielen mit Quabbin zu rauh.	Immer.	So spielen alle Welpen.
		Sie wollen ihn wild machen.
		Sie wollen verhindern, daß er ein Feigling wird.
		Sie wollen ihm zeigen, wer der Herr ist.
Kimmy behandelt Quabbin nicht mit genügender Kraft.	Immer.	Sie fürchtet sich vor ihm.
		Sie ist zu sanft.
		Er ist zu aggressiv.

Ehe wir nach Alternativlösungen ausschauen, wollen wir zunächst den Schindlers dabei helfen, die in die einzelnen Teile des Problems einwirkenden Sinne zu bestimmen.

Wenn der Junghund auf Kimmy springt, ohne hierzu in irgendeiner Weise provoziert zu sein, kommt offensichtlich *Berührung* ins Spiel. Beachte, wie unterschiedlich Evan und Debbie ihre Probleme hinsichtlich der Berührung des Welpen beschreiben: Männliches Spiel ist rauh, während Kimmy zart ist. Jetzt entscheiden sich Debbie und Evan, zunächst einmal mehr über Quabbins Empfindungen auf Berührung zu erforschen.

In diesem Fall hilft die Einholung von Informationen, die bisher emotionelle Betrachtungsweise auszuwechseln. Anstelle der persönlichen Meinung über die Ursache des Konflikts tritt objektive Forschung. Ihre Freunde und gleichzeitig die Züchter von Quabbin, Familie Weisbuch, vereinbaren, einen Samstag nachmittag zu Besuch zu kommen, auszuprobieren, ob ihr Wissen über Hunde im allgemeinen und im speziellen über Vizslas einiges Licht in das Problem bringen kann.

Gale Weisbuch erklärt, daß das Verhalten des Aufsteigens nicht immer eine sexuelle Bedeutung hat. „Junghunde tun das oft, um ihre Stellung in der sozialen Rangordnung des Rudels zu bestimmen. Selbst Hunde gleichen Geschlechts besteigen sich aus diesem Grund gegenseitig."

Wie bei so vielen Hundebesitzern brauchen die Schindlers einige Zeit, um die Tatsache zu begreifen, daß Berührung für Quabbin etwas ganz anderes bedeutet als für Menschen. Nicht nur löst Berührung Verteidigungsreaktionen aus, gewisse Berührungen in bestimmten Körperbereichen übermitteln eine ganz spezielle Botschaft. So berühren zum Beispiel Hunde sich gegenseitig beim Aufbau der Rudelrangordnung, Berührung oder Druck im Schulterbereich besagt die Dominanz des einen Tiers.

„Stellt sich ein Hund auf die Hinterläufe und stellt die Vorderpfoten auf die Schultern des anderen, dann legt sich möglicherweise der unten stehende Hund zu Boden oder rollt sich auf den Rücken und zeigt dadurch, daß er die Autorität des anderen Hundes anerkennt. Wenn andererseits der unten stehende Hund meint, er selbst sei der dominante, kann es zum Kampf kommen."

Erinnerst Du Dich, daß Hunde Menschen in die Rudelordnung einbeziehen? So müssen wir jetzt Quabbins Reaktionen auf Berührung analysieren, um zu lernen, wie der Junghund das Schindler-Rudel sieht. Legen Evan und Justin Quabbin auf den Rücken, drücken sie dadurch ihre Dominanz aus, Quabbin reagiert folgerichtig durch Unterwerfung. Wenn auf der anderen Seite der Junghund auf Kimmy aufreitet oder sie niederwirft, dann will er hiermit offensichtlich seine eigene Dominanz über ein Rudelmitglied zum Ausdruck bringen, das er als untergeordnet ansieht. Wie steht es dann aber mit der Stellung von Debbie im Rudel?

„Nun, er versuchte einige Male, an mir aufzureiten. Wenn ich ihn aber dann im Genick packte und durchschüttelte, gab er auf."

Obwohl also Quabbin versuchte, auch zunächst Debbie zu dominieren, lernte er doch schnell, sie als dominant zu akzeptieren. Dieses Handeln zusammen mit ihrer Größe als Erwachsener, die ein junger Hund immer erkennt, stellt sie in der Rangordnung unter Evan, aber über Justin. Hinsichtlich der Dominanz sieht Quabbin die Rudelordnung folgendermaßen: Evan, Debbie, Justin, Quabbin und als letzte von allen Kimmy. Mit diesem neuen Verständnis ausgestattet können Evan und Debbie nun mit einigem Selbstvertrauen eine Liste der Lösungsmöglichkeiten aufstellen:

Problem	Lösungsmöglichkeit(en)
Quabbin belästigt Kimmy und erschreckt sie.	– Lehre Kimmy, den Hund zu stoppen. – Bestrafe ihn jedesmal, wenn Du ihn zu fassen kriegst. – Ignoriere das Verhalten.
Evan und Justin spielen mit Quabbin zu rauh.	– Abänderung dieser Spielart. – Alle Spiele etwas herunterdrehen. – Lehre Quabbin, auf das Spiel anders zu reagieren. – Aufhören mit allen Spielarten.
Kimmy behandelt Quabbin nicht mit genügender Kraft.	– Lehre Kimmy, mit dem Junghund strenger zu sein. – Laß Kimmy mit dem Hund die gleichen rauhen Spiele durchführen wie dies Evan und Justin tun. – Lehre Quabbin, Kimmy als dominante Figur anzuerkennen. – Trenne Kimmy und Quabbin voneinander.

Bei der Diskussion der alternativen Lösungsmöglichkeiten entscheiden sich die Schindlers, sie wollen eine Beziehung zu Quabbin aufbauen, bei der er jedermann in der Familie als dominant ansieht, keinesfalls ein Familienmitglied bedroht. Obgleich Quabbin alle anderen Familienmitglieder außer Kimmy als dominant ansieht, kam die gegenwärtige Rudelrangordnung ziemlich zufällig auf. Wäre es nicht viel besser, die Rudelordnung durch Erziehung aufzubauen? Da die Familie gerade das Verhalten der Elterntiere von Quabbin so bewundert, bitten sie Familie Weisbuch um Rat.

„Ich bin froh, daß Du deswegen fragst", sagt Howie. „Obgleich diese spezielle Zuchtlinie von Ungarischen Vizslas mit dem Ziel gezüchtet wurde, zartmäulig zu sein, kaum je zu beißen, erinnere Dich, Quabbin war der größte und aktivste Welpe im Wurf. Er dominierte alle anderen Geschwister. Ja wirklich, Gale und ich waren etwas beunruhigt, diesen Hund gerade Euch zu geben, denn ein solcher Junghund braucht immer spezielle planmäßige Erziehung."

„Daran hatten wir nie gedacht. Hätten wir besser eine kleinere Hündin genommen?"

„Wahrscheinlich ja, aber ein Welpe, der sich mehr unterwirft, kann andere Probleme auslösen, etwa Scheu oder auch Urinieren bei der leisesten Bedrohung."

Howie empfiehlt, das rauhe Spiel quer durch das ganze Haus abzumildern, die ganze Familie soll sich an der Erziehung des Junghundes in kleinen Schritten beteiligen. Da Kimmy tatsächlich zu klein ist, um Kraft einzusetzen, rät Howie, daß alle Familienmitglieder dem Hund sein Verhalten gegenüber Kimmy abgewöhnen sollen.

„Trotzdem", ergänzt Howie, „Kimmy braucht auch irgendetwas, was dann wirkt, wenn sie mit Quabbin allein ist."

Howie gibt ihnen eine kleine Büchse voller Pennies und empfiehlt, diese *nur* zu schütteln, wenn sie Quabbin gezielt aufmerksam machen wollen. Howie zeigt auch beiden Erwachsenen, wie man den Junghund in die sich voll unterwerfende „belly-up-Position" (Rückenlage) bringt, so oft er zu aufdringlich oder zu dominant zu werden versucht.

„Lege den Junghund auf die Seite, drücke dann die Läufe fest gegen den Boden, so daß er nicht aufstehen kann. Lege Deinen Arm quer über seinen Hals, so daß er nicht zu beißen vermag. Du kannst diese Technik am leichtesten lernen, wenn Quabbin zunächst ruhig liegt, ehe Du ihn unterwirfst." Howie warnte und unterstrich, daß diese „Alpha-Stellung" genannte Position bei Junghunden wie Quabbin sich durchaus bewähren kann, bei einem erwachsenen Hund jedoch zu massiven Verteidigungsreaktionen führen könnte.

Eltern kleiner Kinder haben eine solche Alpha-Stellung als wertvolle Hilfe entdeckt, wenn Junghund und Kinder sich gegenseitig zu sehr in Ekstase gebracht haben. Jedes Elternteil merkt an dem Klang der erregten Stimmen und immer größeren Aktivitäten, daß es leicht in Kürze zu einer zerschmetterten Tischlampe oder einem kruzen Biß ins Ohr kommen könnte. Dann sollte man stets die Kinder für eine kurze Ruhepause aus dem Zimmer schicken, dann den Welpen in diese Alpha-Position bringen, bis er sich wieder beruhigt hat. Man sollte sich hierbei vor Augen halten, daß wenn junge Hunde und Kinder zusammenkommen, selbst im Regelfall ruhige Tiere anschließend einige Zeit brauchen, um sich wieder zu beruhigen.

Nach dem Gespräch mit Howie entschließen sich die Schindlers, ihre wilden und konfliktreichen Spielgewohnheiten aufzugeben. An ihre Stelle tritt die fortlaufende Erziehung. Nachdem die Familie Schindler gehört hat, daß der zischende „s"-Laut Verteidigungsreaktionen auslöst, entscheiden sie sich, Quabbin so zu erziehen, daß er nicht mit dem Kommando „Platz", sondern mit „Down" erzogen werden soll.

Für den nächsten Monat plant die Familie tagtäglich zwei zehn Minuten dauernde Zeitabschnitte ein, in denen mit dem Junghund gearbeitet wird. Zuerst bilden Eltern und Kinder Quabbin gemeinsam aus, nach und nach aber haben Justin und Kimmy ihre eigenen Schulstunden. Da Evan und Deb gelernt haben, wie wichtig Gleichmäßigkeit für die Erziehung ist, werden die Ausbildungszeiten genauso zur Familienroutine wie Mahlzeiten und Gute-Nacht-Geschichten. Die Eltern verbieten grundsätzlich jede körperliche Bestrafung und laute Worte, bestehen darauf, daß jedermann auch die Ablenkung verursachende Pfennigbüchse anstelle einer Bestrafung verwendet. Zunächst protestiert Justin gegen solche Einschränkungen, nachdem er aber erst begriffen hat, daß auch Kimmy imstande sein muß, dieselbe Technik anzuwenden, um nicht mehr von Quabbin belästigt zu werden, willigt er ein. Debbie stellt bald fest, daß Justin und Kimmy bei der Erziehung des Hundes am besten zusammenarbeiten.

Ende des Monats halten die Schindlers eine spezielle Familienkonferenz ab, um ihre Fortschritte in der Hundeerziehung gemeinsam zu diskutieren.

„Nun, Mutsch", kommentiert Justin, „als Du erst sagtest, ich solle Quabbin und Kimmy zusammen erziehen, glaubte ich, das wäre recht langweilig, so etwa wie in der Schule. Aber es macht wirklich Spaß!"

Deb lächelt. „Wie ist es mit Dir, Kimmy? Was denkst Du jetzt über Quabbin?"

„Er hört jetzt fast immer auf mich, er springt auch nicht mehr wie früher auf mich", antwortet Kimmy schnell.

„Können wir Quabbin auch irgendwelche Kunststücke beibringen?" interessiert sich Justin.

„Natürlich, warum nicht? Familie Weisbuch sagt, daß wir mit unserer Erziehungstechnik Quabbin alle Arten von Dingen beibringen können."

Die ganze Familie profitiert von ihrer Fähigkeit, neue Kommunikationstechniken nun auch auf andere Bereiche auszudehnen, Quabbin aber entwickelt sich zu einem ausgewachsenen Hund, der seinen Preise gewinnenden Eltern nie Schande macht.

Offensein für wechselnde Notwendigkeiten

Halte Dir stets vor Augen, fehlende Kommunikation mit Junghunden basiert oft auf dem Zusammenfallen der voll entwickelten Sinne eines Junghundes mit seiner relativ begrenzten Lebenserfahrung. Probleme mit älteren Tieren sind oft das Ergebnis vermehrter Empfindsamkeit gegenüber Berührungen, in Verbindung mit dem langsamen Verlust der vollen Sinnesleistungen.

Warum ist eigentlich die Berührung, die Reaktion auf Berührung die Ausnahme aller anderen Regeln? Alle anderen Sinnesleistungen schwinden in der Regel mit zunehmendem Alter, dadurch scheinen bei vielen alternden Tieren sich besondere physische Veränderungen abzuspielen, welche sie Berührungen gegenüber immer empfindlicher werden lassen. Obwohl die normalen Abwehrreaktionen auf Berührung für den Hund eine Schutzfunktion darstellen, können diese sich übersteigern, problematisch werden. Als der Barsoi von Irene und Lydia Ustinov Anastasia alt wurde, beunruhigten das schwindende Seh- und Hörvermögen ihre Besitzer weniger als ihre Neigung zuzuschnappen, wann immer irgendjemand sie berührte. Die Schwestern wußten, sie konnten sich mit einem blinden oder auch tauben Hund abfinden, nie aber mit einem beißenden. Erwartungsgemäß erwies sich die Anerkennung dieses neu auftretenden Verhaltens als normal am allerschwierigsten. Eines Tages wandte sich Irene in voller Erregung an Lydia und schrie: „Wir dürfen keinesfalls erlauben, daß Anastasia Menschen beißt! Vielleicht wäre es wirklich besser, sich von ihr zu trennen!" Lydia brach in Tränen aus.

Die Tatsache, daß eine nahezu unausweichliche Endlösung in Worte gefaßt wurde, schreckte die Geschwister aus ihrem unproduktiven Bedauern der armen, alten Anastasia auf. Bald wurde ihnen klar, daß sie ihre eigenen Ängste vor dem Altwerden auf den Hund übertragen hatten. Solche Ängste jedoch, so real sie sein mögen, machen jede Lösung von Problemen recht schwierig. Als sich Lydia und Irene den vier Grundfragen gegenübersahen, stellten sie gemeinsam fest, daß sie weder Anastasias Benehmen akzeptieren, noch ihre sehr negativen Gefühle hierzu ändern konnten. Sie waren sich auch recht unsicher, ob man Anastasia in diesem Alter noch ändern oder ob man irgendetwas anderes tun könnte, ihr zu helfen. Dennoch war ihnen der Gedanke verhaßt, sich von ihr zu trennen.

Die meisten Besitzer älterer Hunde werden nach und nach einmal einem solchen Problem gegenüberstehen. Lassen wir einen alten Hund einschläfern oder warten wir darauf, bis irgendetwas Schreckliches – eine nicht mehr zu bewältigende Krankheit oder ein gebissenes Kind – uns die Entscheidung abnimmt. Tag für Tag dauert das negative Verhalten aus der immer schlechter werdenden Kondition des Hundes an und verdrängt oft auch liebgewordene Erinnerungen an eine zuvor so tiefe innere Beziehung. Wir haben alle die Geschichten von früher so herausragenden Sportlern gehört, die so stolz auf sich waren, daß sie ihren Sport auch nach dem Höhepunkt immer weiter trieben. Oft haben sie dabei den selbst geschaffenen erstklassigen Ruf wieder zerstört, jene, die sie über die Jahre treu unterstützten, enttäuscht. Die gleiche Geschichte passiert oft mit Hunden. Wir bauen eine sehr gute Beziehung zueinander auf. Eines Tages wachen wir aber auf und stellen fest, daß diese Beziehung nicht mehr besteht. Dann fühlen wir uns betrogen, frustriert. Aber anders als bei dem Sportler, der sich ganz einfach nur mit seinem Rückzug aus dem aktiven Sport abfinden muß, zwingen uns unsere Hunde, uns mit dem nun einmal unvermeidlichen letzten Tag im Leben zu befassen, mit Tod und Gnadentod (Euthanasie).

Glücklicherweise hilft uns auch hier unsere auf sechs Schritten aufgebaute Lösung. Durch sie überwinden wir Furcht und Emotionen, die oft mit den Problemen älterer Tiere eng verbunden sind. Auf diese Art reduzieren wir auch die Gefahren, später zermürbende Zweifel und Schuldgefühle zu entwickeln, die oft einer zu schnellen Entscheidung folgen. So bauen Lydia und Irene ihre eigene Problemstellung listenmäßig auf und diese sieht so aus:

Problem	Wann tritt/trat das Problem auf	Mögliche Erklärungen
Anastasia beißt.	Bei Berührung.	Sie fürchtet sich.
		Sie ist irgendwo verletzt.
		Sie ist altersschwach.
		Sie hat einen schlechten Charakter.

Hinsichtlich der möglichen Erklärungen für Anastasia's Verhalten kommen Lydia und Irene zu verschiedenen Schlußfolgerungen:

Problem	Mögliche Problemlösung(en)
Anastasia beißt, wenn sie berührt wird.	– Wird dies durch Schmerz ausgelöst, muß der Schmerz gelindert werden.
	– Wird dies durch Furcht ausgelöst, muß die Furcht überwunden werden.
	– Die Hündin muß ständig beobachtet und kontrolliert werden.
	– Die Hündin muß von Außenstehenden separiert werden.

Die Chance, Schmerzen zu lindern, schien am hoffnungsvollsten, deshalb bringen die Ustinovs Anastasia zum Tierarzt, der sie gründlich untersucht. Dabei erfahren sie, daß die Hündin an beiden Schultern und in den Hüften unter Arthritis leidet. Der Tierarzt versichert ihnen, daß bei den meisten Hunden durch die Einnahme von Medikamenten der Schmerz gelindert werden kann. Er betont dabei auch die Wichtigkeit ständiger Bewegung auf festem Boden.

„Lassen Sie sie keinesfalls die ganze Woche herumliegen und nehmen sie dann am Sonntag nachmittag auf einen langen Spaziergang mit! Sie würde darunter am Montag morgen wirklich stark leiden. Hunde brauchen festen Boden, insbesondere für ihre Hinterläufe, um sich sicher zu fühlen. Selbst ein Hund mit gesunden Hüften verletzt sich leicht auf unsicherem Boden. Das ist für ihn ein ähnliches Gefühl, wie wenn Menschen versuchen, auf Eis spazieren zu gehen. Ihre Hartholz- oder Parkettböden sind für einen alten Hund mit Gelenken wie Anastasia so etwas wie eine Eisbahn. Deshalb müssen sie versuchen, sie so viel wie möglich auf einem Teppich oder auf Grasboden zu halten.“

Als Lydia nachfragt, ob die Arthritis Anastasia veranlassen könnte, zu schnappen, nickt der Tierarzt.

„Aber es ist nicht der Schmerz allein; es ist vielmehr, wie der Schmerz auftritt. Berührt jemand ihre Schultern oder Pfoten, signalisiert er gleichzeitig seinen Dominanzanspruch. Für Anastasia wirkt dies, als wolle er die Konfrontation. Da sie Sie so liebt, an Ihnen hängt, duldet dies Anastasia Ihnen gegenüber, es löst aber sofort ihren Verteidigungsinstinkt aus, sie will den Haushalt und sich selbst schützen, wenn dies jemand anders tut. Noch etwas kommt hinzu: Hunde brauchen für ihre Verteidigung die Chance, die Hinterläufe fest auf den Boden zu setzen, dadurch wird die Berührung von Anastasias Hüften durch einen Fremden für sie zur doppelten Bedrohung. Der Schmerz selbst macht sie verteidigungsbereit, gleichzeitig nimmt er ihr gerade die Position, die sie braucht, um sich wirklich verteidigen zu können.“

„Können Medikamente ihre Probleme wirklich heilen?"

„Wenn wir den Schmerz für Anastasia lange genug blockieren können, daß sie nicht länger diesen Schmerz mit dem Berühren verbindet, könnte dies ihre Furcht vor einem Kontakt mit Menschen mindern."

Der Tierarzt erklärt noch im einzelnen, daß Reaktionen der Tiere in aller Regel durch gemachte Erfahrungen ausgelöst werden. Machen Hunde die Erfahrung, daß eine ganz bestimmte Ereigniskette jedesmal dann abläuft, wenn bestimmte Voraussetzungen auftreten, lernen sie, die ganze Ereigniskette schon vorauszusehen. Bei einem sehr berühmten Experiment läutete Pavlov stets eine Glocke, ehe er seine Hunde fütterte. Nach einiger Zeit stellte er fest, daß die Hunde bereits zu speicheln begannen, sobald sie die Glocke hörten; im Gehirn des Hundes war das Läuten der Glocke vom bedeutungslosen Klang zu etwas umgewandelt, das Futter ankündigte.

Anastasia macht ihrerseits zwischen ursprünglich nicht miteinander verbundenen Ereignissen eine ähnliche Verknüpfung. Wenn sie schläft oder ruhig daliegt, vergißt sie ihre Beschwerden und Schmerzen. Sobald aber irgendjemand sie berührt, insbesondere, wenn diese Berührung sie aufregt, empfindet sie in ihren Gliedern sofort Schmerzen. In ihrem Bewußtsein löste die Berührung den Schmerz aus, so sieht sie in dem, der sie berührt, die *Ursache* ihrer Schmerzen. Kann man das Schmerzempfinden lange genug blockieren, um bei Anastasia diese irrtümlich aufgebaute Verbindung wieder auszulöschen, könnte sie sich leichter an die mit zunehmendem Alter auftretenden Veränderungen anpassen. Erinnere Dich auch daran, daß obgleich wir das Wort *Schmerz* hier benutzen, es für den Hund nicht alle unsere negativen menschlichen Verknüpfungen trägt. Das Schmerzempfinden bei Hunden hat eine Schutzfunktion, es hilft ihnen, sich an physische Begrenzungen anzupassen, ohne sich selbst zu verletzen.

Der Tierarzt erklärt weiter, wie oft ältere Tiere tatsächlich auf kleinere Dosierungen oder schwächere Formen von Medikamenten positiv reagieren, wenn sie sich erst einmal bewußt sind, daß der Schmerz ein normaler Teil ihres Lebens ist, kein Hinweis auf einen Angriff oder eine Bedrohung, insbesondere nicht mit Menschen verbunden.

Sehen sich Lydia und Irene jetzt nochmals ihre Liste möglicher Problemlösungen an, stellen sie fest, daß Medikamente Anastasias Schmerzen *und* auch Anastasias Furcht reduzieren könnten. Deshalb entscheiden sie sich für einen Versuch. Gleichzeitig aber beschließen sie vernünftigerweise, die Lage nach drei Wochen erneut zu prüfen. Obwohl gerade eine solche Überprüfung bei jeder Problemlösung ein außerordentlich wichtiger Schritt ist, finden es viele Hundebesitzer schwierig, zeitliche Grenzen für Problemlösungen festzulegen wie etwa die Verabreichung von Medikamenten. Sie folgen damit dem alten Grundsatz: „Nie vom Tod sprechen!", der so oft auch für die Humanmedizin charakteristisch ist. Die meisten Tierärzte dagegen wünschen selbst, daß die Hundebesitzer klare Grenzen ziehen, selbst wenn diese Grenzen besagen: „Ich werde alles versuchen" oder „Ich versuche überhaupt nichts mehr!" Hiernach kann der Tierarzt seine Behandlung sowohl den Notwendigkeiten von Besitzer *wie* Hund exakt anpassen.

Manchmal wünschen Tierbesitzer, daß der Tierarzt an ihrer Stelle solche Limits setzt. Dies bewährt sich aber nur in seltenen Fällen, insbesondere nicht in Fällen wie dem von Anastasia. Wenn Lydia und Irene über das Schicksal des Hundes entscheiden, müssen sie dabei nicht nur das Ergebnis der Medikamente, sondern auch ihre eigenen Gefühle über das Verabreichen von Medikamenten an ihren Liebling berücksichtigen. Sind sie unzufrieden entweder mit Anastasias Reaktion oder mit ihrer eigenen, müssen sie die Lage überprüfen, möglicherweise sogar das Problem neu definieren. Könnte das Problem vielleicht weniger ein alter Hund sein, der beißt, als ein geliebtes Familienmitglied, das zur Last geworden ist?

Wie wir bereits im letzten Kapitel entdeckt haben, schwinden Kommunikationsprobleme mit älteren Hunden weder von alleine noch bleiben sie stets die gleichen. Die äußeren Umstände wechseln laufend. Hundebesitzer können sich viele Kopf- und

Herzschmerzen ersparen, wenn sie ihre Probleme auf einer genau festgelegten Basis bewerten. Als die Ustinovs nach drei Wochen die Ergebnisse ihrer Behandlung zusammenfassen, stellen sie bei Anastasia eine geradezu sensationelle Verbesserung sowohl in ihrem Wesen als auch in ihrem körperlichen Wohlbefinden fest. Und es macht ihnen wenig aus, sich mit der täglichen Verabreichung von Medikamenten zu befassen, da diese die beglückende Verbindung zwischen ihnen und ihrem Hund wieder hergestellt haben.

Weitere Berührungsprobleme

Obwohl die Menschen bestimmte Hunderassen gezüchtet haben, insbesondere mit dem Ziel, ihre Sinnesleistungen für Geruch, Hören und Sehen zu verbessern, haben sie sich nie darum bemüht, weniger berührungsempfindliche Hunde zu züchten. Trotzdem, einige Hundegruppen sind mehr oder weniger empfindlich auf Berührung als andere. Hunde aller Altersgruppen, denen es an Selbstvertrauen fehlt – gleich ob wegen physischer Fehler wie Blindheit oder Taubheit oder medizinischer Probleme wie Lahmheit oder ungenügendem Training –, reagieren in aller Regel auf unerwartete Berührung viel heftiger. Richtig ist auch, daß körperlich normale Hunde mit einer besonders unterwürfigen psychischen Haltung bei Berührung schnell erstarren, angreifen oder weglaufen. Um mit derartigen Hunden befriedigende wechselseitige Verbindungen aufzubauen, müssen die Hundebesitzer über ständige Erziehung und wechselseitige Kommunikation Vertrauen entwickeln.

Andere mit Berührung verbundene Probleme entstehen dann, wenn Menschen bestimmte Berührungsformen mit Liebe verbinden, während andere die gleichen körperlichen Kontakte an den gleichen oder anderen Stellen abstoßend empfinden. Das Lecken ist hierzu ein gutes Beispiel. Erinnere Dich, als das kleine, neue Fellbündel Dich erstmals mit seiner rauhen, kleinen, rosaroten Zunge leckte! Begeisterte Dich dieses Verhalten oder stieß es Dich ab? Wenn Du es mochtest, hast Du wahrscheinlich nach Wegen gesucht, um den Junghund zu veranlassen, es zu wiederholen („Küß mich, küß mich, gib Manni einen Kuß, MaiTai!"). Erinnere Dich aber, Hunde erwarten ein gleichmäßiges Verhalten und haben nur ein beschränktes Detailsehvermögen. Ist es somit in Ordnung, Mammi auf die Lippen zu küssen, erwartet MaiTai auch, daß sie den hundehassenden Pastor auf die Lippen küssen soll. Ist MaiTai ein sozial ausgerichteter Schnüffler und leckt mit ein paar feuchten Zungenschlägen über den Schoß von Lady Avon, so bringt uns dies eine Menge Ärger ein. Hier wie immer ist Gleichmäßigkeit der richtige Schlüssel. Du solltest Deinen Hund so erziehen, daß er ein Verhalten entwikkelt, das für Dich selbst, Deine Familie *und* für Fremde akzeptabel ist. Untereinander verschiedene Maßstäbe zu haben, führt nicht nur zu Verwirrungen, sondern steht einer erfolgreichen Erziehung im Wege. Eher als daß der Hund auf die gleichen Grundvoraussetzungen in drei verschiedenen Arten reagiert, wirst Du herausfinden, daß sich der Hund jedesmal gleichmäßig falsch benimmt.

Manchmal erziehen uns auch unsere Hunde, auf ihre Annäherungen zu antworten. Antwortest Du automatisch auf das Lecken Deines Hundes, auf Nasenstoß, Pfötchengeben, Winseln und Bellen, wobei der Hund jeweils zu Dir sagt: „Hör auf mit dem, was Du gerade tust, kümmere Dich um mich!"? Dann bist Du ein sehr aufmerksamer und vielbeschäftigter Hundebesitzer. Unglücklicherweise entartet dieser Prozeß meistens in ein Ratespiel: „Ob MaiTai wohl hinaus möchte?" „Möchte MaiTai einen Leckerbissen?" Wenn Du ein solches Verhalten ermutigst, kannst Du sicher sein, daß es immer so fort geht. Und solches unterschiedsloses Pfötchengeben, Winseln, Bellen und Lecken kann eine Reihe von Problemen auslösen, etwa beschädigte Kleidung, Klagen der Nachbarn und verdorbene Dinner-Parties.

Wenn Du den Eindruck hast, daß Dein Hund mit seinem Lecken, Pfötchengeben und so fort in erster Linie Dir gegenüber Dominanz zum Ausdruck bringen will, solltest Du

einfach sein Verhalten ignorieren. Setze von Deiner Seite einfache Kommandos entgegen, wobei Du am besten mit dem den Hund aufmerksam machenden Kommando beginnst. Wie bei vielen aus Mißverständnissen entstandenen Problemen könnten es verlegene oder nervöse Hundebesitzer als schwierig empfinden, in Anwesenheit von Fremden irgendwelche klare Ablenkungen zu setzen oder gar eine das Fehlverhalten des Hundes aufhebende Erziehung. Zeigt deshalb Dein Hund anderen gegenüber ein nicht akzeptables Verhalten, solltest Du mit vorsätzlichem Aufbau derartiger Situationen arbeiten, dabei Deinen Hund korrigieren.

Wie aber soll mir MaiTai sagen können, daß sie hinaus muß, daß sie was zu fressen haben will oder mit mir Ball spielen, wenn ich ihr beibringe, weder zu bellen, zu kratzen, noch zu lecken?

Ich sage gar nicht, daß es falsch ist, einem Hund beizubringen, auf bestimmte Art nach bestimmten Dingen zu fragen. Alles was ich sage ist, paß auf, was Du den Hund lehrst und ob es zu einem Verhalten führt, das für jedermann akzeptabel ist, der mit dem Hund in Kontakt kommt, ein Verhalten, das immer anerkannt und belohnt werden kann. Es ist unnütz, MaiTai beizubringen, sie soll bellen, um herausgelassen zu werden, wenn niemand da ist, der sie herauslassen kann. Auch können wir nicht heute das Pfötchengeben belohnen, das nach Futter fragt, ein anderes Mal aber sagen: „Nein, Du bist zu fett!", etwa wenn morgen der Hund dasselbe Verhalten zeigt oder wenn ein uns besuchender Verwandter solches Betteln abstoßend empfindet.

Wenn Du es möchtest, daß Dein Hund Dir Pfötchen gibt oder Dich leckt als Signal für einen bestimmten Wunsch, dann mußt Du unbedingt darauf achten, daß er *dieses und nur dieses* Verhalten unter ganz besonderen Voraussetzungen anwendet. Mache Dich nicht auf zu einem Spaziergang, wenn Dein Hund Dir die Leine bringt, an der Tür kläfft *oder* Deinen Arm faßt. Wähle vielmehr unter diesen verschiedenen Verhaltensarten exakt das aus, was besagen soll: „Ich möchte spazierengehen!" und reagiere ausschließlich auf dieses eine Verhalten. Obwohl künstliche Situationen wesentlich schwieriger anzuwenden sind, solange wir uns in der Ausgangslage befinden, daß wir dem Hund beibringen, wie er uns zu einer bestimmten Handlungsweise veranlassen kann, sind sie doch anwendbar. So kannst Du zum Beispiel damit beginnen, über mehrere Wochen stets zur *selben* Zeit mit Deinem Hund zu einem Spaziergang oder Ballspiel aufzubrechen. Zeige dabei dem Hund Ball oder Leine, wenn Du sie von einem Platz wegnimmst, den auch der Hund leicht erreichen kann. Wenn Du die Leine aufnimmst oder den Ball in die Tasche steckst, orientiere den Hund und sage das richtige Wort („MaiTai, Leine!", „MaiTai, Ball!"). Wiederhole diese Orientierung und das Wort während des Spaziergangs oder dem Ballspiel mehrfach.

Wenn dann der Hund das Hinausgehen oder das Spiel erwartet, halte Ruhe. Bleibe sitzen oder tue so, als würdest Du die Zeitung lesen. Erscheint der Hund erregt oder ruhelos, gib dann das Kommando. Der Hund hat nun bereits die richtige Verbindung vom Besitzer gelernt und wird automatisch Leine oder Ball holen. Selbstverständlich ist überschwengliches Lob der letzte Schritt zum Erfolg.

Was passiert, wenn Du weder ballspielen, noch ausgehen *willst*? Wenn Du dem Hund ein solches Verhalten beibringst, ist es wichtig, daß Du stets des Hundes gewünschte Antwort anerkennst, bis sie fest eingeprägt ist. Ist dies erst einmal erreicht, kann das Verhalten Deines Hundes durch einen gewissen Grad von Inkonsequenz sowohl gemindert wie gestärkt werden. Dabei mußt Du Dir vor Augen halten, daß sich trotz Inkonsequenz fest verankertes Verhalten fortsetzen läßt, es kann aber auch zu tatsächlichen Veränderungen des Verhaltens führen. Inkonsequenz kann auch eine ganze Menge an Frustration und Enttäuschung auslösen, was keinesfalls unser Ziel ist. Das Ziel der Erziehung ist nicht die Erziehung – es ist vielmehr wechselseitiges, beiden Seiten zugute kommendes Verstehen.

Schläge als Erziehungsmittel?

Bei unserem Studium der Reaktionen des Hundes auf Berührung und ihre Auswirkungen auf die Verständigung haben wir unterstrichen, wie stark von Natur aus eine Berührung Verteidigungsreaktionen in Hunden auslöst. Aber wie kommen wir weiter von den Reaktionen Erstarren, Angreifen oder Weglaufen zu einer Reaktion, die dem Hund bedeutet „Tu das nicht!", „Laß den Knochen fallen!", „Pinkele nicht auf den Teppich, wenn ich weggegangen bin!"? Viele Hundebesitzer verwechseln diese verschiedenartigen Reaktionen immer und immer wieder, verteidigen körperliche Züchtigung des Hundes mit Nachdruck.

„Es ist nicht der Schlag, der den Hund erzieht, es ist der Schmerz, der danach kommt!" Eine ganze Menge Hundebesitzer glaubt, daß der Hund tatsächlich den Druck oder den Schlag mit seinem Fehlverhalten verbindet, daß er seine natürliche Verteidigungsreaktion des Erstarrens, Angreifens oder Weglaufens unterdrückt, sich auf den Schmerz konzentriert, der vom Instinkt her gesehen für den Hund *nicht negativ ist*, daß er den Schmerz empfindet als Zeichen der Mißbilligung seines Besitzers. Versteht der Hund aber, *warum* sein Besitzer so aufgeregt ist? Hat dies irgendetwas damit zu tun, was sein Hund tat oder nicht tat? War es die Art, wie er auf seinen Besitzer zuging oder die Tatsache, daß er nicht an der Tür sitzen geblieben ist?

Obwohl ich etwas zögere, hundert Prozent darauf zu bestehen, daß alle Hundebesitzer mit körperlichen Strafen Schluß machen, bevorzuge ich eindeutig Ablenkung, um einen Hund von negativem Verhalten abzubringen. Obwohl ich selbst nicht gerade groß bin, aber schon einen großen Hund mit Kleinkindern zusammen aufgezogen habe, weiß ich um die Torheit zu glauben, daß wir alle über körperliche und geistige Kraft genug verfügen, um konsequent Körperkraft zur Erziehung unserer Hunde einzusetzen. Eines der eindrucksvollsten Bilder, die ich je sah, war eine 1,54 Meter große, 90 Pfund schwere Frau, die heftig, sehr heftig, aber völlig wirkungslos auf ihren 70 Kilo schweren

Bernhardiner mit einer eingerollten Zeitung einschlug, während das Tier sie die Straße hinunterzog, durch Parkbuchten und über Zäune.

Du solltest Dir auch vor Augen halten, daß Hundebesitzer, die körperliche Strafe einsetzen, dies immer wieder tun müssen. Schlägt Carmine Lucaya Ferdie, weil er Besucher anbellt, muß sie ihn jedesmal schlagen, wenn dies eintritt. Sie kann ihn auch nicht heute schlagen, wenn sein Gebell ihre Lieblings-Seifenoper übertönt, am nächsten Tag mit freudigen Schreien sein Bellen unterstützen, wenn ihr lang vermißter Neffe zu Besuch kommt. Ein ähnliches Problem: Wenn nicht *jedermann,* der sich mit dem Hund befaßt, dieselbe Art der Erziehung benutzt, dann kann sie überhaupt nicht funktionieren. Mag sein, daß Mutter am Abend ihre ganze Kinderschar aufmarschieren läßt, damit sie vom von der Arbeit nach Hause kommenden Vater die verdiente Strafe bekommt, aber das Gedächtnis von Fido ist nicht so gut. Er hätte auch nicht die allergeringste Vorstellung, warum er um 5.00 Uhr nachmittags mit einer eingerollten Zeitung Schläge erhält für eine Tat, die er morgens um 7.00 Uhr begangen hat. Viel wahrscheinlicher wird der Hund die Prügel damit verbinden, was immer er gerade in dem Augenblick tut, wenn sein Besitzer hereinkommt. Seine Begrüßung lautet: „Hallo Junge, wie freue ich mich, Dich zu sehen! Schau, wie ich mit der Rute wedele!" Klatsch! Bald wird der Hund jedesmal auf dem Boden herumkriechen und sich abducken, wenn sein Besitzer abends mit der *Times* unter dem Arm nach Hause kommt, und sein Besitzer wird sich darüber sehr wundern.

Außerdem, körperliche Bestrafung vermittelt dem Hund keine bestimmte Botschaft mit Ausnahme, daß sein Besitzer über irgendetwas ärgerlich ist, das mit dem Hund irgendetwas zu tun haben kann, oder auch nicht. Jeder Besitzer, der eine Zeitungsrolle schwingt, muß sich die Frage beantworten: „Ist mir die Bestrafung des Hundes wichtiger, als sein Verhalten zu ändern?" Es ist traurig genug, manchmal nehmen wir Hundebesitzer zu körperlicher Züchtigung Zuflucht, um unseren *eigenen* Gefühlen zu folgen, mehr als den Erfordernissen des Hundes. Wie oft hast Du gerufen: „Frederick, hör auf!" Dann hast Du in die Hände geklatscht, tatsächlich hat der Hund mit seinem schlechten Benehmen aufgehört. Trotzdem machst Du dich auf den Weg, um ihn zu schlagen? Meine eigene Erfahrung mit Dufie beweist, daß körperliche Bestrafung sehr wenig zu tun hat mit der Schwere der Übertretungen des Hundes, sehr viel zu tun aber mit unseren allzu menschlichen Launen. Einmal bemerkte ich kaum, daß er eine geliebte Vase in Stücke geworfen hatte, ein paar Tage später verprügelte ich ihn, weil er ein billiges Geschirr zerbrochen hatte, das ich ohnehin immer gehaßt hatte. Warum war ich so besonders ärgerlich über das zerbrochene Geschirr? Weil eine Horde Nachbarschaftskinder mir eine ganze Menge Schmutz durch das Haus geschleppt hatte. Das Gewahrwerden meiner eigenen Motive und Inkonsequenz, gekoppelt mit dem Gewahrwerden der Reaktion meines Hundes auf meine Erziehung, haben mich davon überzeugt, daß körperliche Züchtigung geradezu aus einem Bündel von Nichtverstehen erwächst. Sie überträgt eigentlich überhaupt nichts auf den Hund, was in der Erziehung weiterhilft.

Die Hauptbotschaft, welche die meisten Hundebesitzer als Disziplinarmaßnahme an den Hund übertragen wollen, lautet nicht etwa: „Ich möchte Dir weh tun!", sondern: „Höre damit auf!" oder: „Tu dies!" Gezielte Ablenkung überträgt eine solche Botschaft geradezu wundervoll! Hundebesitzer, die ihre Hunde erzogen haben, auf ein Orientierungswort oder einen Orientierungsklang zu reagieren, können sehr gut solche Ablenkungen einsetzen. Ich mag diese Methode deshalb, weil sie die Dinge einfach hält. Wenn zum Beispiel Ferdie gerade das Maul öffnet, um auf das Läuten der Türglocke hin zu kläffen, sagt Carmine nur laut genug zu ihm: „Ferdie!", um seine Aufmerksamkeit auf sich zu lenken. Dann gibt sie ihm den Befehl: „Suche Deinen Ball!" Wenn der Hund gehorcht, erhält er überschwengliches Lob. In der Zwischenzeit sind die Gäste ins Haus gekommen, ohne die gewöhnliche hundliche Begleitmusik. Keine Schmerzen, kein Ärger; nur wurde das ungewünschte Verhalten durch ein angenehmeres ersetzt.

Kleine Büchsen voll gefüllt mit Pennies oder Glaskugeln, aber auch Glocken sind außerordentlich wirksame Ablenkungsmittel. Diese arbeiten besonders gut in der Hand kleiner Kinder oder zarter und wenig durchsetzungsfähiger Teenager, aber auch bei Erwachsenen, welche ihre Stimme nicht hart genug akzentuieren können, um tatsächlich einen Hund abzulenken oder auf sich zu konzentrieren. Halte Dir stets vor Augen, es ist nicht so sehr eine Frage des Umfangs des Tons als der Qualität und der Gewöhnung. Wie das Orientierungswort solltest Du die Ablenkung nur dann benutzen, wenn Du es wirklich willst. Schüttelst Du die Penny-Büchse nur, weil Du gerade den Klang magst, wird Dein Hund schnell lernen, die Büchse ebenso zu ignorieren wie Dich.

Viele Hundebesitzer finden es wesentlich schwerer, einen Hund zu erziehen als zu bestrafen, weil für eine Erziehung *sie sich selbst* kontrollieren müssen, ebenso wie den Hund. Ich unterscheide völlig absichtlich zwischen Erziehen und Strafen, weil eine Erziehung mit Strafen überhaupt keine „Erziehung" ist. Erziehung bedeutet ein ganz bestimmtes Verhalten und kein anderes zu zeigen, weil hieraus als Belohnung sich eine besonders gute Beziehung zu dem Besitzer entwickelt. Wie wir bereits im ersten Kapitel erörtert haben, Lehren und Lernen sind Ausdruck der Liebe. Ich behaupte nicht, daß ständige Anwendung körperlicher Züchtigung keinen gehorsamen Hund hervorbringen kann, ebenso behaupte ich nicht, daß das Anwenden von Ablenkungen solchen Gehorsam hervorbringt, wenn dies nicht regelmäßig und anhaltend erfolgt. Was ich aber betone ist, daß wenn enge Verbindung zwischen Menschen ebenso wichtig ist wie Gehorsam, daß dann stetige Erziehung mit Ablenkung sehr viel eher eine höher stehende, angenehme Beziehung zwischen Hundebesitzer und Hund schafft als Bestrafung.

Nachdem wir nun einen recht guten Wissensstand über die Reaktionen auf körperliche Berührung gewonnen haben, wollen wir untersuchen, was die Entwicklung des Geruchsinns beim Hund für uns bedeutet.

Geruch:
Der immer wieder stärkste
Sinnesreiz

Als Claudia Lehane und Mark Stuckey zu einem Picknick draußen auf dem Lande aufbrachen, begleitete sie Marks Beagle Beauregard. Claudia war voller Erwartung, sie hoffte, daß Mark endlich die alles entscheidende Frage stellen würde. So breitete sie ein Tischtuch unter einem laubreichen Ahornbaum aus, mitten in einem Feld wilder Blumen. Dann nahm sie aus ihrem Picknickkorb leckeren Flaschenwein, rösches französisches Brot, importierten Käse, Fruchtsalat und Schweizer Schokolade heraus. Beauregard machte sich auf den Weg, um den umliegenden Wald zu erforschen. Bald hatten sich Claudia und Mark für einen romantischen und ereignisreichen Nachmittag zusammengesetzt.

Der Nachmittag wurde aber zu denkwürdig! In dem Augenblick, da Mark sein Glas hob, tief in Claudias Augen schaute und gerade den Mund öffnete, um zu sprechen, stürzte Beauregard plötzlich zwischen sie, mit Kuhdung überzogen. Dieselbe sanfte Sommerbrise, die jetzt Claudias Nase mit Stalldunggeruch füllte, hatte dem Hund den Duft all der mühselig zubereiteten Leckerbissen und Delikatessen zugetragen. Beauregard machte eine plötzliche Bewegung nach vorn. In der Hoffnung, die schmutzigen Pfoten des Hundes aus der Pastete herauszuhalten, packte Claudia den Hund in der Mitte und riß ihn eng an ihren verführerischen Körper. Im Augenblick, als Beauregard der Duft ihres teuren Parfüms in die Nase geriet, nieste er wie wild in ihr Gesicht.

„Was zur Hölle ist denn hier los?" schrie Mark in dem ganzen Durcheinander. Und das war *nicht* die Frage, welche Claudia so sehnsüchtig zu hören wünschte.

Wie bei der Berührung unterscheiden sich auch menschliche und hundliche Sinnesempfindungen beim Geruch recht drastisch voneinander. So müssen wir uns besonders sorgsam bemühen, die Situation aus dem Blickwinkel des Hundes zu verstehen. Gerade wie unsere Hunde eine viel größere Frequenz und Skala von Klangeinwirkungen zu hören vermögen, auf ihre eigene Weise interpretieren, genauso spüren sie auch eine viel breitere Vielfalt, viel kleinere Konzentrationen von Duftstoffen, interpretieren diese laufenden Botschaften auf eine Art, die oft ihre Besitzer abstößt. Wenn wir erst einmal erkennen, was Düfte unseren Hunden *bedeuten,* so führt uns die Erkenntnis der Unterschiede zu einer viel engeren Beziehung zu ihnen. Wie immer müssen wir aber als erstes herausfinden, was *für sie* normal ist.

Das Entstehen eines aus Geruchseindrücken zusammen-gesetzten Bildes

Hunde benutzen ihren Geruchssinn vielfach in der gleichen Art wie Geschäftsleute ihre Visitenkarten gebrauchen, auf denen Name, Firma, Spezialitäten, Adresse und Telefonnummer gedruckt sind. Wollen Hunde irgendwelche anderen Tiere identifizieren, dann sammeln sie Geruchsdaten vom Körper des Tieres. Für sie entsteht ein auf Geruchseindrücken basierendes Bild, es stammt von den Duftwellen aus den Bereichen von Mund, After und Genitalien des anderen Tieres. Hunde empfangen bedeutungsvolle Informationen aus Sekretionen, Ausscheidungen und abgehenden Gasen. Klingt dies für Dich abstoßend? Es wäre gar nicht überraschend, denn unsere Gesellschaft schreckt auch vor den allernatürlichsten Gerüchen zurück. Bei all den Mundwässern, Deodorants, Parfüms, Schampoos, Seifen und Duschen, die wir Menschen einsetzen, bedarf es wenig Vorstellungskraft, um zu verstehen, warum wir uns so weit von unseren Hunden entfernt befinden, wenn es darum geht, Geruchsdaten zu interpretieren. Rollt sich Beauregard in der Wiese auf Kuhfladen, so reagiert er auf Geruchseindrücke, die ihn zwingen, das Territorium zu erforschen. Steigt ihm eine Duftwolke von Claudias Leberpastete und den Crackern in die Nase, zieht ihn dieser Reiz zum Futter. Der Hund erforscht die Welt gemäß seinen Instinkten, so hat er auch *gelernt,* auf Geruchs-reize von Nahrung zu reagieren, da ihn seine Besitzer gelehrt haben, darauf zu achten. Verfolgt der Hund nun seine Geruchseindrücke, wird sein zarter und außerordentlich empfindlicher olfaktorischer Geruchsapparat durch Claudias teures Parfüm gestört. Er niest, um sich von dem irritierenden Geruchseindruck zu befreien, dabei folgt er einem anderen für Hunde bestehenden charakteristischen Gesetz.

Wie aber interpretiert Claudia dieselben Ereignisse? Mit Abscheu! Offensichtlich sind sie und der Hund ihres Freundes nicht geeignet, um „Nase an Nase zu schnüffeln".

Obgleich die meisten Menschen bereit sind, das Schnüffeln als normales Hundeverhalten zu akzeptieren, könnten sie dennoch entsetzt sein, wenn ein Hund versucht, seine Nase unter Tante Sadies Armhöhle zu vergraben oder zwischen den Beinen von Onkel Harry. Menschen sehen nicht jene duftbeladenen, mikroskopisch kleinen Haut- und Haarpartikel, von denen sich 40 000 pro Sekunde von Tante Sadie und Onkel Harry ablösen. Menschen wissen auch nicht, daß dem Hund eine 10- bis 26mal größere Fläche mit olfaktorischen Membranen zur Verfügung steht, daß nahezu 10mal mehr Gehirn beim Hund mit der Interpretation von Daten beschäftigt ist, die durch diese Membrane aufgenommen werden. Solche Unterschiede liegen oft jenseits des menschlichen Verständnisvermögens.

Selbst Menschen, die noch leicht die Unterschiede im Hören und Sehen des Hundes akzeptieren, finden es schwierig oder gar unmöglich, das auf dem Geruchsempfinden basierende Verhalten eines Hundes als normal anzusehen, ganz besonders wenn es sich dabei um Kot handelt. So wollen wir jetzt einmal sehen, wie unsere menschliche Interpretation von Geruchssignalen, die von den Grundkörperfunktionen unseres Hundes ausgehen, unsere Beziehungen zu unseren Haushunden aufs Spiel setzen können.

Erziehung zur Stubenreinheit: Das Hineinreiben der Nase

Der vierzehn Wochen alte Basset Junghund Harley von Bruce und Jolene Siegal verteilt seine Exkremente über das ganze Haus.

„Ich kann dies nicht ausstehen", seufzt Jolene. „Warum in aller Welt tut Harley das? Haßt er uns so sehr?"

„Ich glaube nicht, daß er uns haßt, vielleicht ist er nur nervös", vermutet Bruce.

Als eines Abends Bruce Harley gerade dabei erwischt, daß er auf den Zimmerteppich der Familie kackt, packt er den nichtsahnenden Junghund und verprügelt ihn heftig. Der überraschte Hund leert seine Analdrüsen, und die vereinten Düfte, verbunden mit der dickköpfigen Weigerung des Junghundes, die Wünsche seiner Besitzer anzuerkennen, machen Bruce so wild, daß er den Junghund am Nackenfell packt und seine Nase in den Kot drückt. Als Jolene und ihre Tochter Beth eine Stunde später nach Hause kamen, roch das Haus noch immer. Der zitternde Harley kauerte unter der Couch und Bruce saß verloren in seinem Lieblingssessel.

„Ich bin gerade dabei, die Sache mit Harley aufzugeben. Ganz gleich was wir auch tun, er wird es nie begreifen." Bruce schüttelt traurig den Kopf. „Unser Haus riecht wie ein Pissoir."

Der unterschiedliche Geruchssinn drückt sich gerade bei der Erziehung zur Stubenreinheit besonders aus. Für den Hund sind Urin und Stuhl in großen Lettern auf jeder Visitenkarte aufgedruckt, andere Hunde schalten sich begeistert auf solchen reichen Datenbanken ein. Für den Hund sind derartige Botschaften in keiner Weise widerwärtige Abfälle, vielmehr eine Fotografie von nie zuvor gesehener Klarheit, selbst in dem Getümmel auf einem Flughafen könnte man danach jede Person identifizieren. Selbstverständlich verteilen gesunde Hunde Urin und Stuhlgang außerhalb von Wohn- und Schlafbereich, aber sie haben keinerlei Beziehung zu all den emotionalen Empfindungen, welche Menschen nun einmal mit der Anwesenheit solcher Substanzen in bestimmten Räumen verbinden.

In Kapitel drei beobachteten wir das Urinieren eines sich unterwerfenden Junghundes. Harley wiederum uriniert und kotet im Haus ganz einfach, weil er zu jung ist, um die Muskeln von Blase und Darm einwandfrei zu kontrollieren, insbesondere, weil man ihn noch nichts anderes gelehrt hat. Die Schließmuskeln, die das Öffnen und Schließen des Darms und des Blasentrakts kontrollieren, entwickeln sich später als die übrigen Muskeln eines Junghundes. Deshalb müssen die Besitzer von Harley ganz besonders auf einen *Zeitplan* achten, was das frühe Stubenreinmachen angeht. Kann die Familie kontrollieren, *wann* der Hund uriniert und kotet, dann kann sie auch gleichzeitig das *Wo* in den Griff bekommen.

„Er ist nicht normal!" sagt Jolene. Aber Vorsicht, Du mußt jeden Schritt genau überlegen, lieber Hundebesitzer. Und als erstes mußt Du das Verhalten von Harley *zum jetzigen Zeitpunkt* als für ihn normales Verhalten anerkennen. Ist Harley wirklich ein schrecklicher Hund, der schreckliche Dinge tut? Nein, er ist ein normaler Junghund und benimmt sich zusammen mit gleichfalls normalen Menschen völlig normal.

Bei der Lösung des Problems nach der Sechs-Schritte-Theorie definieren die Siegals Harleys Problem, „daß er jederzeit und überall im Hause kotet und uriniert!" Können sie ihre Definition aber durch das Herausfinden des *Warum* verfeinern?

„Wenn es passiert, passiert es!" meint Bruce.

Das ist schon richtig, tut es Harley aber auch in Anwesenheit anderer Hunde? Tut er es besonders gern an einer oder zwei bestimmten Stellen?

„In keiner Weise!" erwidert Bruce mit Bestimmtheit. „Zu jeder Zeit, überall. Es kümmert ihn überhaupt nicht, was rundherum passiert."

„Wir lieben Harley", setzt Jolene hinzu, „aber er ruiniert alle unsere Teppiche. Wir können uns damit wirklich nicht länger abfinden."

Jolenes Feststellung besagt für uns, daß Familie Siegal das Verhalten des Hundes ändern will; sie wollen es keinesfalls ignorieren oder akzeptieren, wollen sich aber auch nicht von dem Junghund trennen. Wo liegt die Lösung? Man sollte wohl Harley zur Stubenreinheit erziehen. Aber wie?

„Obwohl all der Dreck mir zuwider ist, stört es mich noch mehr, den Hund zu schlagen!" gibt Bruce zu.

Jolene ist derselben Meinung. „Obwohl eine Menge Leute empfehlen, man sollte dem Hund die Nase hineinreiben, ist *mir* dies auch zuwider. Gibt es denn keinen natürlichen Weg, um einen Junghund zur Stubenreinheit zu erziehen?"

Nun entscheiden sich die Siegals, doch einige Erkundigungen einzuziehen. Von einem Hundeerzieher und von Harleys Tierarzt erfahren sie vier wichtige Tatsachen über Hunde und ihre Ausscheidungen:

- Ein Magenreflex des Hundes veranlaßt diesen, nach dem Fressen und Trinken Darm und Blase zu entleeren. Kommt Nahrung oder Wasser in den Verdauungstrakt des Hundes, werden gleichzeitig Stuhlgang und Urin stimuliert.
- Normalerweise säubert die Mutterhündin Stuhlgang und Urin der Saugwelpen. So lernt der Junghund, daß seine Mutter derartige „Gaben" erwartet.
- Die meisten Hunde verunreinigen weder Freß- noch Schlafbereich.
- Geruch zieht Hunde an, sich an bestimmten Plätzen zu lösen.

Glücklicherweise können Hundebesitzer bei der Erziehung zur Stubenreinheit alle vier Verhaltensweisen zum eigenen Vorteil nutzen. So arbeitet Familie Siegal einen genauen Plan aus, wonach Harley zu bestimmten Zeiten Futter und Wasser erhält. Sie verwarnen Tochter Beth, daß alle Häppchen zwischendurch Harleys Erziehung zur Stubenreinheit stören. Da sie wissen, daß es für eine Hundemutter natürlich ist, ihre Welpen nach dem Säugen zum Urinieren und Koten zu stimulieren, um sie sauber zu halten, entdeckt die Familie Siegal, daß Harley nicht dabei sein darf, wenn *sie* seine Missetaten aufwischen.

„Ich hatte immer geglaubt, daß wenn Harley beobachtet, daß wir aufwischten und sagten, wie böse er gewesen war, wieviel Arbeit er uns machte, wäre das gut", gesteht Jolene. „Nun bemerke ich, daß wir in seinen Augen nur gerade seine Mutter ersetzen. Wenn wir ihm erlauben zuzusehen, wie wir aufwischen, dann versichern wir ihm gerade, daß das, was er gemacht hat, *richtig* war! Wie können Junghunde nur ein solch kurzes Gedächtnis haben! Sie sind wie kleine Kinder. Erwischen wir Harley nicht auf frischer Tat, ist es völlig sinnlos, danach mit ihm zu schimpfen, das verwirrt ihn nur. Jetzt nimmt einer, wenn es gerade geschehen ist, den Hund nach draußen, während ein anderer aufwischt. Das ist gar nicht leicht, manchmal wünsche ich mir, ihn anzuschreien oder zu schlagen. Aber ich habe erkannt, daß dies ihm nur eine falsche Botschaft übermittelt." Um die Umstellung voranzutreiben, säubern die Siegals sorgfältig alle von Harley beschmutzten Stellen, um damit zu vermeiden, daß der Geruch ihn anzieht. Wenn sie beobachten, wie Harley herumschnüffelt, ehe er uriniert oder kotet, erkennen sie, daß der Hund *tatsächlich* ganz bestimmte Bereiche bevorzugt, um sich zu lösen. Obgleich sie ursprünglich angenommen hatten, er verteile seine Spuren wahllos, erkennen sie nun, daß der Hund weder die Schlafzimmer noch die Ecke in der Küche beschmutzt, wo die Familie seine Futter- und Wasserschüssel aufbewahrt.

Sollten die Eltern Harley die Nacht über bei sich schlafen lassen oder ihn in eine sehr kleine Ecke in der Küche einsperren? Obwohl einige Hundebesitzer es nicht mögen, noch nicht zur Stubenreinheit erzogene Hunde die Nacht über in ihrer Bewegungsfreiheit im Schlafzimmer einzuschränken, werden nur wenige Hunde den Schlafbereich ihres Herrn verunreinigen, genauso wenig wie den eigenen. Einige Hundebesitzer binden den Hund an einem Bettfuß an, um seinen Bewegungsraum weiter einzuschränken. Oder sie stellen den Hundekorb neben das eigene Bett auf den Boden. Andere bevorzugen es, den Hund einzusperren.

Das Problem der Höhlenbildung

Was versteht man unter Einsperren? In unserer Zeit schnell gefaßter Entscheidungen ist Einsperren vielleicht die schnellste, wirksamste Erziehungstechnik, die ein Hundebesitzer anwenden kann. Unter Einsperren versteht man, den Hund in einen Käfig zu stecken, der gerade groß genug ist für den Hund, seine Hundedecke und ein Lieblingsspielzeug.

Viele Tierliebhaber schrecken automatisch gerade vor diesem Gedanken zurück. „Harley in ein *Gefängnis* sperren?" ruft Jolene abwehrend. „Hunde brauchen ihre Freiheit, genau wie Menschen."

Ja, das brauchen sie bestimmt! Der Wunsch nach Freiheit ist bei Hunden stark ausgeprägt. Aber obwohl Hunde Freiheit wünschen, um nach Belieben alle möglichen Reize aufzunehmen, haben sie auch den Wunsch, sich sicher zu fühlen. Bruce hatte Jolene überzeugt, Harley stets in einen Drahtkäfig zu sperren, wenn sie ausgehen; dadurch hatten sie die Bewegungsmöglichkeit des Hundes eingeschränkt, gleichzeitig aber auch seinen Instinkt, diesen Bereich zu schützen. Er *braucht* nicht länger das ganze große Haus und den Garten zu bewachen, er fühlt sich vor allen ihn erschreckenden Gesichts-, Geruchs- und Klangeindrücken sicher, er schläft in seiner kleinen Höhle völlig zufrieden. Wenn Dir eine solche Einschränkung unvernünftig oder grausam erscheint, versuche, Dich an die Stelle des Hundes zu versetzen. Nimm an, Du wärest ein junger, unerfahrener 10 Pfund schwerer Junghund und solltest den ganzen Haushalt bewachen. Dabei hörst Du viermal besser als menschliche Ohren, Dein Gesichtsfeld ist auf Bewegungen zehnmal empfindlicher, Dein Geruchssinn entdeckt Düfte, welche die meisten Menschen nicht wahrnehmen. Was ist das für ein Lärm? Was bewegt sich über mir? Ist dies ein guter oder schlechter Geruch? Da es Dir an genügend Erfahrung fehlt, verfolgst Du alle diese Reize, sie wirken auf Dich drohend. Wenn Du sie nicht genau erforschst, so mußt Du in ständiger Furcht leben. Wäre ich in einer solchen Situation, würde ich unter das nächste Bett oder unter eine Couch kriechen, mir meine eigene Höhle schaffen – und genau das ist es, was viele Hunde tatsächlich tun.

Welch eine Botschaft vermittelt Einsperren einem unerfahrenen Junghund oder einem ängstlich erwachsenen Hund? „Ich verstehe recht gut, daß das Alleinsein und die

Wohnung behüten Dich furchtsam macht, so erlasse ich Dir diese Aufgabe." Hundebesitzer, die im Einsperren eine Verletzung des Freiheitsempfindens des Hundes sehen, projizieren einmal wieder menschliche Wertmaßstäbe auf ihre Hunde. Obwohl der Freiheitsinstinkt stark ist, sind die meisten selbstbewußten Hunde völlig zufrieden, wenn sie auch in beschränkter Umgebung alleingelassen werden.

Wie wäre es, Harley in einer kleinen Ecke der Küche die Nacht über einzusperren? Obgleich dies Vorteile hat hinsichtlich seines natürlichen Instinkts, nicht seinen Freßbereich zu beschmutzen, isoliert es doch gleichzeitig den Junghund von der übrigen Familie. Hunde sind soziale Tiere, wollen mit anderen Hunden oder Menschen zusammen sein.

Ist der Hundebesitzer der Meinung, daß er einen Hund nicht im Schlafzimmer wünscht, bietet eine Haltung im Käfig eine effektive Alternative, weil hierdurch für den Hund eine beschränktere und sichere Umgebung entsteht. Selbst wenn ein Junghund die Nacht über im Schlafzimmer nicht im Käfig schläft, wird er dennoch ein Einsperren im Käfig als positiv empfinden, wenn man ihn allein im Hause läßt.

Nutzung normaler und natürlicher Veranlagungen

Da über die meiste Zeit das eine oder andere Mitglied der Familie Siegal zu Hause ist, können sie regelmäßige Spaziergänge für Harley planen, bei denen er sich lösen kann. Familie Siegal ist sich der Wichtigkeit der genauen Zeitbestimmung und ihrer Einhaltung im klaren, deshalb stimmen sie den Spaziergang-Plan mit ihrem *normalen* Tagesablauf ab. Hierdurch vermeiden sie die häufigsten Rückschläge, die so vielen immer wieder passieren. Fehlende Konsequenz führt stets zu einem verwirrten, damit nicht stubenreinen Hund. Genauso wie die Siegals bestimmte Stellen im Haus lokalisiert haben, an denen Harley *nicht bereit war* sich zu lösen, genauso stellen sie draußen im

Garten bestimmte Stellen fest, die der Hund bevorzugt. Deshalb wählen sie eine dieser bestimmten Stellen in einer fernen Ecke aus, mit gutem Abstand zu dem Spielgebiet von Beth. Nach jeder Mahlzeit, als erstes jeden Morgen und als letztes jeden Abend, führen sie den Junghund in diese Ecke und loben ihn überschwenglich, wenn er sich hier löst. Warum sollen sie Harley nicht dahin gehen lassen, wo immer er will? Weil Hunde grundsätzlich Urin wie Stuhl dazu benutzen, ihr eigenes Territorium zu markieren. Je mehr sie herumstrolchen, desto größer ist dieses Territorium, desto größer das Gebiet, was sie schützen müssen. Erhebt Harley Ansprüche auf den Blumengarten des Nachbarn, wird es den Siegals schwer fallen, ihn davon abzuhalten, deren preisgekrönte Rosen vor Harley zu schützen, zu vermeiden, daß gute Nachbarn sich in Feinde verwandeln. Da Beth oft Freunde einlädt, mit ihnen im Garten zu spielen und auch ihre Eltern im Sommer Parties im Garten geben, bedeutet die Eingrenzung Harleys auf ein bestimmtes Gebiet, daß auch seine beschützenden (manchmal aggressiven) Instinkte auf ein solch kleines Gebiet beschränkt werden. Dies erlaubt der ganzen Familie, sich am Garten zu erfreuen.

So wird Harley nun nach einem exakten Futter- und Tränkeplan gehalten. Er wird auf ein bestimmtes Gebiet in seiner Bewegung eingeschränkt, wenn die Familie sich nicht um ihn kümmern kann, man säubert sorgfältig innerhalb des Hauses jede beschmutzte Stelle, man führt ihn mit großer Regelmäßigkeit in sein eigenes Spezialgebiet, damit er sich dort lösen kann. Damit erzieht die Familie Siegal innerhalb eines Monats Harley zu völliger Stubenreinheit.

Wie steht es mit der Erziehung zur Benutzung von Zeitungspapier? Natürlich, wir haben oft den Rat erfahrener Hundebesitzer gehört, den Hund so zu erziehen, daß er sich nur auf Zeitungspapier löst, aber diese Methode hat sich nicht bewährt. Wendet man diese Methode an, entstehen zwei weitere unnötige Probleme. Da dem Hundeauge detailliertes Unterscheidungsvermögen unbewegter Gegenstände fehlt, könnte er leicht die neue Tageszeitung mit seiner Toilette verwechseln. Zum anderen will man doch den

Hund nach draußen gewöhnen, so ergibt sich die Notwendigkeit zu zweimaliger Erziehung – einmal auf die Zeitung und dann wieder zum richtigen Verhalten außerhalb der Wohnung.

Territoriale Markierung: Das Nasentier

Harley blieb perfekt stubenrein bis zum Mittwoch vor seinem vierten Geburtstag. Als da Familie Siegal nach Hause kam, fanden sie auf dem guten Teppich im Wohnzimmer einen großen nassen Fleck.

„Vielleicht hat er zuviel Wasser getrunken und konnte nicht einhalten", sagt Beth.

Bruce und Jolene stimmen dem zu. Aber als das Gleiche am nächsten Tag und am Tag danach wieder passiert, beginnen sie sich doch Sorgen zu machen.

„Wir wollen mit ihm zum Tierarzt, Bruce", besteht Jolene. „Vielleicht hat er eine Blaseninfektion."

Der Tierarzt untersucht Harley auf seinen körperlichen Zustand und findet ihn völlig normal. „Harley würde keine bestimmte Stelle verschmutzen, wenn er eine Infektion hätte. Hunde, die an einer Infektion leiden, versuchen entweder, ihren Urin zu halten, weil ihnen das Wasserlassen weh tut, oder sie hinterlassen überall kleine Pfützen. Können sie es nicht einhalten, werden sie die Nacht über urinieren, oder wenn niemand zu Hause ist, aber nicht immer am selben Platz."

Aber *warum* verschmutzt er das Haus? Der Tierarzt vermutet, daß Harley sein Territorium markiert. Aber warum macht er das ausgerechnet im Wohnzimmer? Warum jetzt? Der Tierarzt erzählt ihnen, daß Hunde oft innerhalb des Hauses zu markieren beginnen, wenn sie sich von einem fremden Hund bedroht fühlen, oder wenn andere Hunde zuvor an der Stelle uriniert haben. Nun erinnert sich Beth und erzählt ihren Eltern, daß etwa zur gleichen Zeit, als Harley anfing, auf den Teppich zu pinkeln, ihr Onkel kurz vorbeigekommen war, um ihnen seinen neuen Jagdhund zu zeigen.

„Aber Onkel Brians Welpe ist ein feiges Huhn", bemerkt Bruce. „Sicherlich würde diese Hündin Harley nicht bedrohen!"

Das war es nicht, tatsächlich erschreckte vielmehr Harley sie, und durch dieses Erschrecken urinierte sie mitten im Wohnzimmer auf dem guten Teppich! In Erwiderung zu dem völlig normalen Unterwerfungsurinieren des Junghundes in Anwesenheit des dominanteren Hundes fügte Harley jetzt seine eigene Visitenkarte auf die des anderen Hundes.

Jolene benutzte nun den gleichen Weinessig in einer Wasserlösung, den sie schon bei Harley als Junghund verwandte und reinigte vollständig die Fläche, über die der Junghund des Bruders gegangen war. Ist niemand zu Hause, um Harley zu verbieten, auf diese Fläche zu gehen, hält die Familie Siegal die Tür zum Wohnzimmer Harley gegenüber sorgsam verschlossen. Obwohl sie selbst nach der Reinigung des Teppichs keinerlei Geruch mehr wahrnehmen, wissen sie doch, daß Harleys Geruchsvermögen viel empfindsamer ist als ihr eigenes. Sie wissen auch, daß er eine innere Veranlagung hat, als Antwort auf den Geruch des Welpenurins auf dem Teppich seinerseits zu urinieren. Da Düfte Harleys Markierungsverhalten auslösen, schalten sie mit der Beseitigung des Geruchs den ursprünglichen Grund für das Verhalten ihres Hundes aus, dennoch kann es einige Zeit dauern, bis Harley die ganze Sache völlig vergessen hat.

Da Harley ein älterer Rüde ist, sich Familie Siegal und ihrem Eigentum stark verbunden fühlt, dauert es längere Zeit, ihm das Markieren abzugewöhnen als die ursprüngliche Erziehung zur Stubenreinheit dauerte. Dennoch stellt die Familie am Ende des ersten Monats mit Befriedigung fest, daß sich alles gebessert hat. Man hält aber für weitere 30 Tage die vorsorglichen Maßnahmen noch aufrecht.

Vorsicht mit den Analdrüsen!

Wäre es für Dich eine Überraschung zu erfahren, daß zu den Stoffen, aus denen sehr teure Parfüms hergestellt werden, auch Substanzen gehören, die mit besonderem Geschick aus den Analdrüsen von Tibetkatzen und Moschusochsen gewonnen werden? Diese Tiere benutzen im Normalfall solche Sekretionen, in denen spezielle Hormone enthalten sind, die den Geruchssinn stimulieren, um ihre Territorien zu markieren und um Paarungsgefährten anzuziehen.

Auch Hunde besitzen solche Analdrüsen. Sie liegen im After und funktionieren weitgehend ebenso wie bei Wildtieren. Sie helfen dabei, Territorien zu markieren, paarungswillige Partner anzuziehen. Aber zwei Eigentümlichkeiten des modernen Hundelebens behindern solche normalen Funktionen: Häufig werden unsere Haushunde kastriert, außerdem tun wir alles, um die Bildung von Hunderudeln in unserer Gesellschaft zu unterdrücken. Das erstere macht die Anziehung eines Paarungspartners sinnlos, das zweite beschränkt die Ausbildung von Hundeterritorien. So haben unsere Hunde zwar Duftdrüsen, es fehlt ihnen jedoch an sozial akzeptierten Gelegenheiten, sie auch zu nutzen, sie zu entleeren. Wenn Dein Hund entweder nur so wenig sekretiert, daß es Dich nicht stört, oder wenn er durch den Druck des Stuhlgangs gegen die Drüsen beim Kotabsetzen seine Drüsen entleert, wirst Du wahrscheinlich überhaupt nie über Analdrüsen nachdenken, ja vielleicht gar nicht wissen, daß es solche gibt. Auf der anderen Seite jedoch, wenn der Hund ein größeres Volumen sekretiert und/oder die Drüsen häufig entleert – oder wenn er sie gar nicht entleeren kann –, wirst Du wahrscheinlich eine Menge darüber zu denken haben.

Starke Sekretionen bieten dem Hundebesitzer ein einmaliges Geruchserlebnis. Der Geruch der Analdrüsen dauert an, dauert an – und dauert immer weiter an. Im Normalfall ist der Inhalt der Analdrüsen eine milchigweiße Flüssigkeit, welche der Hund versprüht, wenn er erregt ist oder sich fürchtet. Dufie hat mich gelehrt, daß ein

Versuch, weiße Wände von dem milchigen Spray zu reinigen, viel mehr braucht als nur kräftige Seife und Ellbogenschmiere. Wie Parfüm kann auch hier ein winziger Tropfen ein ganzes Zimmer lange Zeit durchdringen.

Wenn Dein Hund ein solches Verhalten nur in Anwesenheit anderer Hunde zeigt, insbesondere von Hunden des anderen Geschlechts, kann ein Neutralisieren (Kastrieren) das Problem lösen. Benimmt sich jedoch Dein Junghund wie der Hund Harley bei den Siegals, dann dokumentiert dies einfach fehlendes Selbstvertrauen. Plötzliche laute Geräusche oder andere äußere Anlässe, die einen unerfahrenen Junghund erregen, können dazu führen, daß unser Jungtier automatisch die Analdrüsen entleert. Mit zunehmender Reife des Jungtieres und immer mehr Erfahrungen, wenn vertrauensbildende Erziehungsmaßnahmen greifen, verlieren solche Ereignisse die Eigenschaft, solche furchtbestimmten Reflexe auszulösen. Erschrecken wir jedoch einen Junghund während einer Tätigkeit, die für ihn völlig normal ist (etwa wenn Bruce sich auf Harley stürzte, während der Junghund Kot absetzte), kann es einer ganzen Menge gezielter Bemühungen bedürfen, um das Selbstvertrauen des Jungtieres wieder aufzubauen.

Obgleich schon ein Tier, das häufig seine Analdrüsen entleert, uns und die uns besuchenden Verwandten abstößt, kann ein Hund, der die Analdrüsen nicht entleeren kann, ein noch schwerwiegenderes medizinisches Problem darstellen. Es ist Tatsache, daß einige Hunde volle Analdrüsen entweder nicht leeren können oder nicht leeren wollen. Das kann sich aus ihrem allgemeinen Lebensbereich ergeben, aus dem Geschlechtsleben oder auch aus anatomischen Abnormalitäten. In solchen Fällen sind erste Anzeichen, mit denen die Hunde dokumentieren, daß sie Probleme haben, Versuche, sich durch eine Rutschpartie auf dem Hintern über Boden oder Teppich zu erleichtern. Wie oft hast Du schon ein solches Verhalten beobachtet und geglaubt, Wurmbefall sei dafür ursächlich? Rutscht ein Hund auf seinem Hinterteil, weil er Würmer hat, solltest Du auch in der Lage sein, solche Würmer *zu sehen*. Das sind in der Regel kurze, flache Bandwurmglieder oder spaghettiartige Spulwürmer. In der Mehrzahl der Fälle jedoch ist für derartige Rutschpartien Druck oder Reizung der nicht entleerten Analdrüsen ursächlich. Kann das Tier den Druck nicht lösen, können sich die Analdrüsen entzünden, sich Abszesse bilden. Wenn dies auftritt, vergrößert sich der Analbereich und wird überempfindlich. Das Tier wird ruhelos, leckt immer wieder den Analbereich, kann selbst Fieber entwickeln und Futter verweigern. Öffnet sich der Analabszeß, fließen Eiter, Blut und Analsekretion frei auf den Teppich, das Lager oder wo immer der Hund sich zufällig befindet.

Obwohl Analdrüseninfektionen im allgemeinen auf Behandlung gut ansprechen, können sie auch chronisch werden, ja sogar erforderlich machen, daß ein Tierarzt Analdrüsen und das umliegende Gewebe chirurgisch entfernt. Kluge Hundebesitzer finden es viel einfacher, die Drüsen leeren zu lassen, wenn der Hund erste Zeichen von Unwohlsein zeigt.

Tierärzte können die Drüsen auf zweierlei Art entleeren. Zum einen wenden Sie kräftigen Druck nach oben gegen die Drüse äußerlich an, dadurch wird der Drüseninhalt in den After ausgemolken. Andere Tierärzte wiederum ziehen gleichzeitigen inneren und äußeren Druck vor, wobei sie mit Gummihandschuhen arbeiten. Bei dieser Methode ist der Tierarzt auch in der Lage, den Analbereich nach irgendwelchen Abnormalitäten abzutasten. Es ist eindeutig davon abzuraten, daß Hundebesitzer selbst einen Versuch unternehmen, diese interrektale Methode anzuwenden. Einige Hundebesitzer mit Hunden, bei denen immer wieder Analdrüsenprobleme auftreten, können aber die externe Methode zu Hause anwenden. Sie sollten dies aber unbedingt zunächst mit ihrem Tierarzt besprechen, ehe sie eigene Versuche unternehmen. Erinnere Dich daran, Hunde lassen sich ungerne festhalten. Ein Festhalten des Hundes, bei dem die Rute über den Rücken gezogen und der Anus ausgedrückt wird, ist etwas, das viele Hunde nicht passiv akzeptieren. Dein Tierarzt entscheidet, ob es notwendig ist, die Analdrüsen Deines Hundes auszudrücken. Er kann Dir sagen, ob Dein Hund das ruhige Wesen hat, um sich dies von Dir gefallen zu lassen, ohne sich oder Dich zu verletzen. Er zeigt Dir auch, wie man die Behandlung richtig macht.

Schnüffeln als Sozialkontakt

Wurdest Du auch schon in Verlegenheit versetzt, wenn Dein sonst sehr gut erzogener Hund plötzlich seine Nase zwischen Deinen Schenkeln vergräbt oder Dich während einer Bridgepartie plötzlich von hinten intensiv beschnüffelt? Solche soziale Schnüffelkontakte gibt es bei allen Hunderassen, sie scheinen aber besonders bei Spürhunden wie Beagles, Bassets und Bloodhounds – um nur wenige zu nennen – besonders verbreitet zu sein. Wir nennen solche Hunderassen Spürhunde, weil ursprünglich die Menschen diese Hunde gezüchtet haben, um dem Menschen bei der Jagd zu helfen, durch seinen Geruchssinn Spuren auszuarbeiten. Wie viele andere ursprünglich für sportliche Aufgaben gezüchtete Hunderassen sind die meisten dieser Tiere heute eher Familienhunde als Jagdhunde, aber sie haben immer noch ihren besonders ausgeprägten Geruchssinn und Spürsinn aufrecht erhalten.

Soziales Beschnüffeln löst dadurch Probleme aus, daß Hunde ganz automatisch feuchte Stellen besonders intensiv beschnüffeln, wo Gerüche am stärksten auftreten. Folgerichtig konzentrieren sie sich geradezu auf einige besondere menschliche Körperbereiche – Mund und Schoß, die sie auch bei anderen Hunden anziehen. Unglücklicherweise finden die meisten Menschen gerade diese Bereiche als besonders geheim und privat.

Wie sollst Du Dich also bei Mrs. Wonderful entschuldigen, die sich nach einigem Zögern Deinem Bridgeclub angeschlossen hat, wenn im gleichen Augenblick, in dem sie sich niedersetzt, Dein Bernhardiner den Kopf in ihren Schoß bohrt, dabei abstoßende Schnüffelgeräusche erzeugt? Nicht nur, daß er fortfahren wird, solche beunruhigende

Geräusche auszustoßen, er könnte sogar die Reaktion des Flähmens zeigen, eine ganz spezifische, olfaktorische Reaktion auf bestimmte Gerüche. Hunde und viele andere Tiere haben genau hinter den mittleren, oberen Schneidezähnen (das sind die kleinen Zähne zwischen den Fangzähnen) eine kleine Höhlung; Ausdruck eines besonders stark entwickelten olfaktorischen Systems. Empfangen die Tiere nun einen sie besonders reizenden Duft, den sie noch näher ergründen wollen, ziehen sie die untere Lefze nach hinten, öffnen leicht den Fang, um diesen Empfänger zu öffnen; einige Tiere schließen dabei noch leicht die Augen. So hat Mrs. Wonderful es nicht nur mit dem Schnüffeln zu tun, mit einigem Speichel auf ihrem neuen Seidenrock, sie muß sich auch noch mit einem Wesen auseinandersetzen, das aussieht wie ein hypnotisierter Hund mit völlig törichtem Gesichtsausdruck. Und da die Mehrzahl solcher verlockender Düfte hormonalen Ursprungs sind, ist es höchst wahrscheinlich, daß ein Rüde dabei auch noch eine Erektion erfährt. Was für ein grundabscheuliches Verhalten! Leben Sie wohl, Mrs. Wonderful!

Obgleich das Schnüffeln im Schoß, die Reaktion des Flähmens und Erektionen normale hundliche Reaktionen auf den Geruch anderer Tiere sind, schätzen nur sehr wenige Menschen diese Art der Kommunikation! Dies rührt zum Teil daher, weil Menschen mißverstehen, was ein solches Hundeschnüffeln über sie aussagt, etwa „Ich bin schmutzig!" „Ich stinke!" „Ich rieche wie ein Hund!" Jedenfalls, derartige Schnüffelprobleme lösen selten Reaktionen ihrer Opfer aus, die frei von Emotionen sind.

Unter diesen Umständen schlage ich vor, Du sagst zu Mrs. Wonderful: „Warum wollen wir nicht ausgehen und einen Drink nehmen?" Und schlägst dabei den nettesten Club in der Stadt vor und überläßt es Deinem Hund, für sich sein Geruchserlebnis in seiner Datenbank zu speichern. Ein anderer Vorschlag, Du schließt ihn für den Abend in Dein Schlafzimmer ein.

Für eine Langzeitbehandlung jedoch kann man soziale Schnüffler am besten durch Ablenkungen kurieren. Als erstes trainiere Deinen Hund, daß er seine Aufmerksamkeit auf ein bestimmtes Wort oder einen bestimmten Klang richtet. Wenn Du dabei Erfolg hast, solltest Du einen Freund einladen. Sobald Dein Hund irgendeine Art von unerwünschtem sozialen Schnüffeln zeigt, rufe ihn an und lenke ihn mit seinem Lieblingsspielzeug oder ganz einfach mit einem Kommando ab („Harley, wo ist Dein Ball!"). Dann mußt Du das Dir angenehmere Verhalten überschwenglich belohnen.

Einige Hundebesitzer finden es leichter, ihre Hunde so zu erziehen, daß sie sich keinem Besucher nähern. Andere gestatten ihren Hunden nur an Schuhen oder Beinen zu schnüffeln. Welche Erziehung Du immer bevorzugst, beobachte kritisch das Verhalten des Hundes und achte stets darauf, Deinen Hund anzurufen und abzulenken, wann immer er die gebotenen Grenzen überschreitet. *Spezielle* Einladungen an Freunde für diese Erziehung tragen dazu bei, Verlegenheitsreaktionen auszuschließen, erlauben zielstrebige Erziehung und vermeiden Inkonsequenz, die sich so oft bei der Erziehung einschleicht, wenn unerwartete Gäste gekommen sind.

Guter Geruch, schlechter Geruch

Können Hundebesitzer und ihre Hunde sich je über Gerüche einigen? Ich glaube es nicht! Wie bei allen Sinnen ist auch der Geruchssinn ausgeprägt subjektiv. Das Knoblauch des einen ist die Rose des anderen. Ich glaube jedoch, daß die meisten Hundebesitzer aus sich selbst heraus den Geruch eines gesunden Hundes als angenehm empfinden. Hundebesitzer, die zu ihren Hunden eine starke Bindung aufgebaut haben, erkennen ihre eigenen Hunde an deren einzigartigen Geruchsmischung und empfinden diese auch positiv. Sie können dann oft bereits Ohrentzündungen über den Geruch wahrnehmen, ehe überhaupt Ausfluß auftritt. Sie riechen, wenn ihre Hündin in Hitze kommt, dabei riecht der Urin der Hündin etwas anders. Solche Hundebesitzer entdecken auch Verdauungs- oder Zahnprobleme, weil sich der Mundgeruch leicht verändert hat. Auf ähnliche Weise gewöhnen sich auch Hunde an das Parfüm oder das After-Shave ihres geliebten Besitzers, ja sie nehmen den Geruch auch in überfüllten Räumen oder mitten in Wäldern schnell wahr. Ein besonders anhängliches Italienisches Windspiel liebte seine Herrin so sehr, daß er buchstäblich ohnmächtig wurde, wann immer sich diese von ihm verabschiedete. Es stellte sich heraus, daß es gegen ihr neues Parfüm allergisch war. Wenn die Besitzerin sich herunterbeugte, um dem Hund einen Abschiedsklaps zu geben, erreichte ihn eine dicke Geruchswolke, so daß er nicht mehr atmen konnte. Zu dem Zeitpunkt, da der Ehemann der entsetzten Frau den armen Hund zum Tierarzt brachte, hatte dieser sich schon wieder erholt. Gott sei Dank begleitete die Frau den Hund nicht zum Tierarzt, sonst wäre er möglicherweise gestorben.

Ebenso wie wir dazu neigen, die Mehrzahl der natürlichen Gerüche unserer Hunde in die Kategorie einzureihen: „Pfui, was stinkst Du!", genauso haben wir die eigentümliche Neigung, selbst zu entscheiden, was *für* unsere Hunde gut riecht. Unablässig definieren wir, was angeblich für einen Hund gut riechen soll mit Ausdrücken, die beschreiben, was *uns* besonders zusagt. Im nächsten Kapitel werden wir sehen, wie dieser Trend nicht nur uns selbst Kopfschmerzen bereitet, sondern unseren Hunden auch Magenschmerzen.

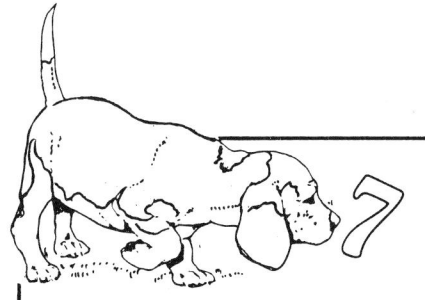

Geschmack:
Die Botschaft vom Tisch

Wie die unsichtbare Leine entsteht – Sinn für Sinn

Sheila Albrecht fühlte sich ziemlich alleingelassen, nachdem auch ihr jüngstes Kind heiratete und das Haus verlassen hatte. So kaufte Sheila Pandora, einen Blue-merle-Collie, der ihr Gesellschaft leisten sollte. Obwohl der Züchter nachdrücklich empfohlen hatte, Sheila sollte den Junghund mit einem ausbalancierten Spezialhundefutter ernähren, fing Sheila an, Tischabfälle in Pandoras Futter zu mischen. Das begann bereits am Ende der ersten gemeinsamen Woche.

„Ich bin es so gewohnt, für mehr als einen zu kochen. Ich koche immer zu viel, und ich kann es nicht ausstehen, wertvolle Nahrung ganz einfach wegzuwerfen. Im übrigen *liebt* Pandora das zu essen, was auch ich esse."

So teilt Sheila ihr Essen mit dem Junghund, sie belohnt die Hündin mit Leckerbissen, wenn sie auf einfache Kommandos hört. Oft gibt sie ihr Belohnungen und Leckerbissen, nur um Pandoras stete Aufmerksamkeit auf sich zu konzentrieren. So wurde die Verbindung für beide Seiten recht eng und erfreulich, bis Sheilas Kinder und Enkelkinder nach Hause kamen, um das Erntedankfest zu feiern. Pandora bettelte ununterbrochen, stahl sogar Essen von den Kindern. Versuchten sie, Pandora zu ignorieren, bellte sie und belästigte sie, bis sie ihr gaben, was sie wollte.

„Um Himmels Willen, Mutter! Wenn dies mein Hund wäre, würde ich ihn erschießen lassen!" schrie ihr Sohn sie verzweifelt an, nachdem der Junghund ein ganzes Tablett mit Käse und Käsegebäck umgeworfen hatte und alles verstreut auf dem Boden des Eßzimmers lag.

Nachdem die Familie gegangen war, fütterte Sheila – in Gedanken ganz abwesend – ihren Hund mit Stücken von übriggebliebenem Truthahn, während sie den Tisch abräumte. Dann gab sie Pandora, nachdem sie sich draußen gelöst hatte, den gewohnten Hundeleckerbissen. Stunden danach saß Sheila gemütlich und zufrieden mit Pandora auf der Couch, sie konnte aber die ärgerlichen Worte ihres Sohnes nicht vergessen. War da wirklich irgendetwas falsch, hatten sie einen Grund für solche Vorwürfe? Erscheint Pandoras Normalverhalten anderen abnormal?

Die Geschmacksfrage

Viele Leute glauben, ihr guter Geschmack für Essen sei ein Spiegel ihrer persönlichen Philosophie und ihres Lebensstils. Betrachte beispielsweise folgende Erklärungen:

„Gib mir gerade eine Pizza und einen Sechser-Pack-Bier!"

„Die Hummer-Suppe bei ‚Chez Charles' war superb, aber der Wasserkressensuppe fehlte es etwas an Oregano."

Wenn Du ebenso bist wie die meisten Leute, verbindest Du leicht herausragende Persönlichkeiten und selbst verschiedenartige Erziehung und Herkunft mit den Essensgewohnheiten der Leute. Nach all dem dürfte doch die zweite Feststellung auf bessere Abstammung und guten Geschmack schließen lassen? Wir nehmen irgendwie an, daß Boston Brahmin, ein in Harvard erzogener Börsenmakler, grundsätzlich nach der „haute cuisine" speist, während unser Cousin, ein unzivilisierter Klotz, nun eben einmal Bier und Pizza liebt.

Geradezu routinemäßig bilden Leute Vorstellungen in Verbindung mit Nahrung, die völlig losgelöst sind von den natürlichen Qualitäten der Ernährung, nämlich Protein, Fett und Kohlenhydrate – oder der Verdaulichkeit dieser Nährstoffe. Drücken Teenager-Mädchen ihren Wunsch nach Glück und Erfolg nicht durch ihre Eßgewohnheiten aus, indem sie ihre Nahrung in erster Linie danach zusammenstellen, eine besonders gute Figur zu machen? Drückt die Bruderschaft rauher Männer ihren Wunsch nach Kraft und Männlichkeit nicht dadurch aus, daß sie Hamburger verschlingen und Bier in sich hineinschütten? „Komm her! Ich wette, Du kannst das nicht alles aufessen!"

Jene, die sich vor Krankheit oder Alter fürchten, definieren Ernährung oft als eine Art Schutzwall gegen das Alter. „Ein Apfel am Tag hält den Doktor aus dem Haus!" „Ernähre Dich klug, bleibe jung!" Jeden Tag lesen wir, irgendein zuvor ganz gern gekauftes Lebensmittel könnte Krebs in Raten erzeugen, und diejenigen, die Krebs fürchten, meiden dieses Lebensmittel. Auf der anderen Seite empfehlen Zeitschriftenartikel immer neue Ernährungsweisen als Heilmittel gegen Erkältungen, fehlende Potenz oder Akne; alle die, welche mit solchen Problemen zu schaffen haben, stürzen sich geradezu darauf. Viele Religionen sehen in Brot und Wein einen Bestandteil ihrer heiligsten Sakramente. Wir alle feiern spezielle Feste mit ganz besonders reich gedecktem Tisch. Unsere gesamte Gesellschaft scheint sich nur noch um das Essen und seine Bedeutung zu drehen. Wen wundert es da, daß Hundebesitzer es als schwierig empfinden, ihre Hunde einfach nur mit Trockennahrung zu füttern!?

„Des einen Eule ist des anderen Nachtigall", weil wir selbst nach dieser Regel leben, halten wir sie irrtümlicherweise auch bei Hunden für wahr. Hat sich unser großer, brauner Bulldog nicht mageres, rotes Fleisch verdient? Sollte unser zarter, eleganter Pudel nicht am besten schokoladenüberzogene Trüffel verspeisen? Ehe wir die Probleme solcher Handlungsweisen im einzelnen untersuchen, sollten wir uns nochmals die Rolle des Geschmacks im Leben eines Wildhundes vor Augen führen. Du erinnerst Dich, der Geschmack ist nur eine von vielen Sinnesfunktionen auf der Zunge eines Hundes. Zwar hat der Hund in der anatomischen Struktur seiner Zunge ähnliche Geschmacksknospen wie die menschliche Zunge. Es ist aber unmöglich, eine Aussage zu machen, ob Hunde ebenso wie wir süß, sauer, salzig oder bitter empfinden. Es geht noch weiter, es gibt nicht einmal einen Weg, wonach man beurteilen könnte, ob *mein* salzig das gleiche ist wie *Dein* salzig. Wie sollen wir dann je in der Lage sein, den Begriff salzig eines Hundes zu definieren?

In Wirklichkeit benutzen Hunde ihren Geschmackssinn ganz anders als wir. Obwohl niemand mit Gewißheit sagen kann, warum sich der Geschmackssinn des Hundes in einer eigenen Art entwickelt hat, können wir doch von der Annahme ausgehen, daß dieser in erster Linie das Überleben der Art sicherstellen soll, weniger ein soziales Verständigungsmittel ist. Der Geschmack soll alleine unterscheiden, ob ein Futter schädlich oder nützlich ist. Jedes Tier, das in der Nahrung schädlich nicht von nützlich unterscheiden kann, wird schwach, krank und stirbt möglicherweise. Umgekehrt: Tiere, die es rechtzeitig lernten, sichere und für sie nützliche Nahrung klar zu erkennen, wurden kräftiger und gesünder, hierdurch vermehrten sich ihre Chancen zu überleben und sich fortzupflanzen. Als ein Werkzeug des Überlebens half der Geschmack dem Tier, seine eigenen Begriffe über Nahrungsqualität (nützlich oder schädlich) und über Nahrungsmenge (zuviel, gerade genug, zu wenig) zu entwickeln. Diese Maßstäbe sind wenig begleitet von Emotionen, wahrscheinlich emotionsfrei.

Ein ganzer Picknickkorb voller Emotionen

Wie entwickelte sich nun Pandora aus einem normal ausgerichteten biologischen Fresser, einem Hund, der nur nach seinen körperlichen Notwendigkeiten frißt, zu einem Tier, das offensichtlich starke Emotionen mit seiner Ernährung verbindet? Als wir Menschen begannen, Tiere zu domestizieren, mußten wir sie als erstes von etwas Lebenswichtigem, etwas absolut Notwendigem für ihr Überleben von uns abhängig machen. Mit anderen Worten, dadurch, daß wir Menschen dem Hund Nahrung geben, verhindern, daß er auf eigene Rechnung jagt, machen wir ihn zu unserem Sklaven. Wir orientieren den Hund auf uns, wir halten ihn bei uns über die Nahrung. Primitive Völker züchteten durch bestimmte Auswahl Tiere, deren Merkmale zu den Bedürfnissen des Menschen paßten, indem sie Schritt für Schritt diese Tiere der Geschicklichkeit beraubten, die sie für ein Überleben in der Wildnis brauchten. Obgleich Menschen bestimmte Hunde für Jäger züchteten, erlaubten sie diesen nicht, ihre Beute aufzufressen. Auf ähnliche Art wurde Hunden, die man für die Arbeit an Herden züchtete und ausbildete, nicht gestattet, ihre Dienste sich selbst über ihnen zusagende Mahlzeiten zu belohnen. Um das dem Menschen angenehme Verhalten zu belohnen und zu sichern, boten sie ihren Hunden eine reichhaltige Alternativnahrung.

Wie die unsichtbare Leine entsteht – Sinn für Sinn

Nach und nach bildete sich eine enge Verbindung zwischen Mensch und Hund. Je mehr die Hunde in die menschliche Meute integriert wurden, um so mehr teilten sie ihr Leben mit dem Menschen. Dies ging manchmal so weit, daß der Mensch Hunde beinahe ebenso behandelte wie die eigene Gattung. So teilten die Hunde auch die Überbleibsel eines Festmahls, erhielten ihren Anteil nach einem erfolgreichen Jagdtag. So dauerte es gar nicht lange, bis die talentierten hundlichen Nachahmer der Nahrung ähnlichen Wert zumaßen wie die mit ihnen verbundenen Menschen.

Bis vor etwa zehn Jahren konnten die Hundebesitzer weitgehend rechtfertigen, daß sie ihren Hunden „Menschenfutter" anboten. Nur wenige Industriebetriebe boten eine genau ausbalancierte Hundeernährung. Heute jedoch stellt das Vorhandensein einer wissenschaftlich ausbalancierten, industriell gefertigten Hundenahrung die alte Begründung in Frage. Noch stecken Menschen laufend ihren Haustieren Leckerbissen zu, die sie selbst als schmackhaft ansehen. Warum aber stopft ein intelligenter, einfühlsamer Hundebesitzer wie Sheila Albrecht unnötigerweise ihren Junghund voll mit ihren eigenen Lieblingsgerichten? Warum besticht oder belohnt sie Pandora mit Süßigkeiten? Ist es nur, weil sie ihren Hund liebt? Bedeutet Futter Liebe? In gewissem Umfange ja, es fehlt aber Zutrauen in ihre eigene Fähigkeit, Pandora richtig zu erziehen und sich dennoch die Liebe des Junghundes zu erhalten, *ohne* Futterbissen. Ganz ähnlich wie die primitiven Völkerstämme sich die Verbindung zu den Wildhunden durch eine Fülle an guter Nahrung aufbauten, nutzen auch wir Truthahn und Käse, Süßigkeiten und Kauzeug, um dasselbe Ergebnis zu erzielen.

Ähnlich fehlendes Selbstvertrauen und ihr *dringender Wunsch*, die Aufmerksamkeit des Hundes auf sich zu ziehen, führt viele Hundebesitzer dazu, Futter zu nutzen, um ihre Hunde zu erziehen. Sie locken mit Keksen oder anderen Leckerbissen, wann immer sie die Aufmerksamkeit des Hundes auf sich lenken wollen. Unglücklicherweise führt diese Taktik unausweichlich in eine Situation, in der der Hund nicht mehr seine

Aufmerksamkeit auf das Kommando seines Besitzers, sondern allein auf den Leckerbissen lenkt.

Einen Hund über Leckerbissen auf sich zu konzentrieren, ähnelt dem Frankieren einer Postkarte mit einer Fünf-Dollar-Note. Es ist übertrieben, überflüssig und trägt wenig dazu bei, sicherzustellen, daß die Botschaft unversehrt ihren Adressaten erreicht.

Ein Schloß auf Pandoras Picknickkorb

Solange die Hundeernährung und Futtergewohnheiten nicht durch Verfettung oder andere medizinische Probleme bestimmt sind, neigen die meisten Hundebesitzer wenig dazu, die Übereinstimmung ihrer Fütterung mit den Anforderungen ihrer Hunde mehr als gelegentlich zu überprüfen. Ähnlich Sheila verfallen sie in ein bequemes Verhaltensmuster, solange niemand etwas ähnliches sagt wie:

„Was, du brätst tatsächlich für Deinen Hund ein Steak?"

„Du läßt Deinen Hund von Deinem Geschirr fressen?"

„Wie hältst Du diese ewige Bettelei aus?"

„Es tut mir sehr leid, wir können Deinen Hund nicht wieder in Pflege nehmen. Er ist ein solch verwöhnter Fresser."

Erst wenn sie sich solchen verletzenden Feststellungen ausgesetzt sehen, beginnen viele Hundebesitzer zwischen einem akzeptablen Futterplan und ihren Gefühlen zu unterscheiden, sie ändern ihr Verhaltensmuster und/oder ihre Gefühle hierzu. Bis zum Erntedankfest erfreute sich Sheila rückhaltslos an Pandoras Reaktionen auf Futter, sie sah darin nie irgendein Problem. Erst die ärgerlichen Worte ihres Sohnes brachten sie darauf, sie fühlte sich plötzlich unsicher. Da unser Problemlösungsmuster in sechs Schritten es viel leichter macht, die zu dem Konflikt führenden Gesichtspunkte zu verstehen, entschließt sich Sheila, dieses System zu nutzen. Sie stellt das Problem selbst und mögliche Lösungen in Begriffen zusammen, die sowohl aus dem Blickwinkel ihres Sohnes als auch ihrem eigenen stammen.

Zu Sheilas Fall bietet Punkt eins des Systems keine große Hürde, denn sie empfindet *wirklich* ihre Beziehung zu Pandora als völlig normal. Da sie eigentlich glaubt, es gäbe für sie kein Problem, definiert sie die Fragestellung aus dem Blickwinkel ihres Sohnes:

Problem	Wann tritt/trat das Problem auf	Mögliche Erklärungen
Pandora reagiert zu stark auf Futter.	Immer, aber insbesondere bei Besuch.	Normales Junghundverhalten.
		Ich habe sie verwöhnt.
		Besuch regt sie auf.
		Sie fürchtet, nicht genug zu fressen zu bekommen.
		Sie hatte schon schlechte Erfahrungen gemacht, ehe ich sie erhielt.
		In ihrer Ernährung fehlt es an irgendetwas.

Sheila ist selbst überrascht, daß ihr so viele Gründe einfallen für ein zuvor für sie überhaupt nicht vorhandenes Problem.

Da sie plant, in einigen Monaten Pandora totaloperieren zu lassen, besucht Sheila den Tierarzt, um mit ihm die Operation und gleichzeitig das Essensverhalten des Hundes zu diskutieren. Der Tierarzt versichert ihr, daß Pandora gesund ist und daß sie die richtige Menge und Art an Hundefutter erhält. Aber er warnt vor extra Leckerbissen.

„Wenn Pandora erst erwachsen ist, sind ihre Ernährungsbedürfnisse viel geringer als tzt. Hinzu kommt, kastrierte Hündinnen brauchen in aller Regel weniger Kalorien, enn man sie gesund halten will, und sie nicht zu dick werden sollen. Wenn Du sie eiterhin mit Abfällen vom Tisch fütterst, könnte sie nach der Operation zu fett erden."

Sheila ist so stolz auf ihre eigene schlanke Figur, schon der Gedanke, Pandora könnte u fett werden, ist ihr widerwärtig. So beschließt sie, ihren eigenen Geschmack und ihre ssensbezogenen Gefühle zurückzudrängen.

Wo aber erhalten wir Rat, wenn wir den Verdacht haben, daß *wir selbst* das Problem nd? Obwohl ich in meiner Praxis viele Hundebesitzer kennengelernt habe, die mit ren Emotionen über die Ernährung ihrer Haushunde so verwurzelt waren, daß sychologische Beratung angezeigt erschien, können die meisten Hundebesitzer es elbst herausarbeiten, insbesondere, wenn sie ein paar ehrliche Freunde haben. Anstatt unächst einmal lange darüber zu reden, ob ihre Auffassungen über bestimmte Futtermittel gut oder schlecht sind, akzeptiert Sheila sie nun zunächst einfach und konzeniert ihre Gedanken auf ihre Auswirkungen auf Pandora:

- Pandora schaut unermüdlich nach Essen aus.
- Sheilas Kinder und Enkelkinder sind der Auffassung, der Hund benehme sich schlecht.
- Sheila reagiert negativ auf ihre Familie, weil die Familie selbst negativ auf ihren Hund reagiert.
- Sheila reagiert Pandora gegenüber negativ, weil sie Spannungen zwischen sich und ihrer Familie verursacht.
- Pandora könnte zu fett werden, aufgrund ihrer Ernährung Gesundheitsschäden erleiden.
- Sheilas Selbstvertrauen zu sich als guter Hundebesitzer hat einen Schlag erlitten.

Wie die unsichtbare Leine entsteht – Sinn für Sinn

Als Sheila die breite Skala von Auswirkungen entdeckt, welche ihr wohlwollendes Futtersystem auslöste, entscheidet sie sich, nicht nur das Verhaltensmuster abzuändern, sondern auch ihre eigenen Gewohnheiten. Sie schreibt verschiedene Wege auf, auf denen sie Pandoras Liebe zu menschlichem Essen und Leckerbissen stoppen könnte, sie auf ausbalanciertes gewerblich hergestelltes Hundefutter umstellen könnte:

Problem	*Lösungsmöglichkeiten*
Pandora reagiert zu stark auf Futter, weil sie immer wieder Leckerbissen außer der Reihe erhält.	– Nach und nach die Menge an menschlicher Ernährung und Leckerbissen reduzieren. – Ausschließliche Fütterung von Hundefutter. – Umstellung von Pandora auf leicht verdauliches Hundefutter, etwa halbfeuchtes Hundefutter oder Büchsen. – Ersatzmittel für Extraleckerbissen, um dem Hund gegenüber Liebe und Zuneigung auszudrücken.

Bei nochmaligem Durchgehen der Liste erinnert sich Sheila der Zustimmung des Tierarztes zu Pandoras augenblicklichem Hundefutter. Aber wenn es so gut ist, warum schmeckt es dann Pandora nicht? Sheila ruft den Züchter an, um eine zweite Meinung einzuholen.

„Mrs. Albrecht, das ist eines der besten Hundefutter auf dem ganzen Markt. Ich füttere es seit Jahren allen meinen Hunden."

„Aber Pandora haßt es! Ich muß Käse oder Fleisch darüber streuen, Hundeleckerbissen hinzufügen, um sie dazu zu bringen, es aufzuessen."

Höflich aber bestimmt bringt der Züchter seine Vermutung zum Ausdruck, daß gerade Sheilas Hinzufütterungen Pandora dazu gebracht haben, das normale Futter stehen zu lassen.

„Auch ein ganz gesunder Junghund läßt routinemäßig hier und da einmal eine Mahlzeit aus. Ein unwissender Hundebesitzer denkt dann oft, der Hund sei krank oder er möge das Futter nicht. Um sich Klarheit zu verschaffen, fügen sie dann oft dem Futter gebratenes Fleisch oder Soße hinzu. Frißt der Hund dann das Futter, dann tut er dies aus anderen Gründen als seinen biologischen Notwendigkeiten. Sein natürliches System hatte ihm zuvor gesagt, an diesem Tag das Futter *nicht* zu essen. Der Hund lernt dabei gleichzeitig, daß er seinem Besitzer beibringen kann, ihm etwas anderes anzubieten, ganz einfach dadurch, daß das, was ihm angeboten wird, stehen bleibt."

Sheila schüttelt den Kopf. „Ich hatte immer angenommen, der Hund zöge Soße und geröstetes Fleisch vor, weil es ihm besser *schmeckt*!"

Was ist es aber wirklich, was Sheila mit diesem Satz ausdrückt? In Wahrheit lautet es: „Ich nahm an, Hunde zögen Soße und gebratenes Fleisch vor, weil es *für mich* besser schmeckt."

Und an dieser Fußangel von Sheilas Definition guten Geschmacks hängt ihr Glaube, daß das Anbieten dieses Futters und das Aufessen „besser" sei. Wenn Sheila sich selbst oder Menschen um sich verwöhnen, Liebe zeigen will, dann bietet sie ihnen köstlich schmeckende Speisen an. Sheila entdeckt bei längerem Nachdenken schnell, daß gebratenes Fleisch und andere Zutaten für sie nicht einfach „Speisen" bedeuten – und daß sie gerade diese Botschaft auch auf Pandora überträgt. Für Sheila *ist* Pandoras Hundefutter „einfach Futter". All die Speisen für Menschen sind für *beide*, Hund wie Besitzer, beladen mit Liebe und Freundschaft. Mit dem Anbieten von Extraspeisen für Pandora entfaltet Sheila in ihrem Auftreten und Körpersprache ganz andere Gefühle, als wenn sie einfach den Hundenapf mit Trockenfutter füllt. Sheila spart sich den letzten Käsebissen für ihren Hund vom Mund ab. Dabei stellt sie sich vor, wie froh Pandora über diesen

Leckerbissen sein wird, in der Regel bietet sie den Käse noch mit liebevollen Worten und Gesten an. Auf der Empfängerseite dieser Botschaft antwortet Pandora zuerst voller Freude auf die dargebotene Liebe ihrer Besitzerin, *dann* frißt sie den Käse auf. Achte genau auf die Folge dieser zwei Empfindungen. Hunde sind genau wie Menschen soziale Wesen und erfreuen sich der Gesellschaft anderer. Obwohl Pandora tatsächlich Sheilas Gesellschaft dem Käse bei weitem vorzieht, verbindet der Junghund Käse mit Sheilas Liebe, insbesondere, wenn ihre Herrin sie noch überschwenglich lobt, wenn sie den Käse hinunterschlingt. Ließe man Pandora mit zehn Pfund Käse frei von jeden emotionalen Empfindungen allein, würde Pandora wahrscheinlich zuerst, die damit verbundene menschliche Gesellschaft erwartend, gierig fressen. Kommt aber niemand, dann gehorcht sie ihren natürlichen körperlichen Funktionen, frißt gerade so viel, um ihren Hunger zu stillen, und läßt dann den Käse stehen. Auf der anderen Seite hätte Sheila ihre Hündin Stück für Stück eine ganze Tonne Käse füttern können, eine Belohnung nach der anderen. Als Pandora am Erntedanktag das Käsetablett umwarf, forderte sie ganz einfach von der Familie Liebe und Zuneigung, die für sie mit dem Käse verbunden ist.

Wie kann nun Sheila ein Tier umerziehen, dessen Verhalten einfach Liebe spiegelt? Das ist gar nicht einfach. Sheila packt nunmehr ihre Selbsteinschätzung zusammen mit den Informationen, die sie von Tierarzt und Züchter erhalten hat. Sie beschließt, Pandora das gleiche Hundefutter weiter zu füttern und sucht einen anderen Weg, um ihrem Hund Liebe zu zeigen, als Leckerbissen zu verfüttern.

Unglücklicherweise hatte Pandora Leckerbissen um Leckerbissen eine mit Futter verbundene Liebe zu Sheila entwickelt. Als nun ihre Besitzerin ihr Leckerbissen vorenthält, empfindet die Collie-Hündin, Sheila habe ihr auch gleichzeitig ihre Liebe entzogen. Obgleich sich Sheila ursprünglich eingebildet hatte, sie sei stark genug, um eine „Keine-Leckerbissen-Periode!" durchzustehen, fühlt sie sich bereits zwei Tage danach schuldig und frustriert. Pandoras Winseln, ihre schmerzhaften Blicke auf den Kühlschrank und ihr ständiges Betteln, wenn Sheila zu essen versucht, trocknen Hundebesitzer und Hund in ihren Gefühlen aus.

Erst am dritten Tag beschließt Sheila, Pandora in den Auslauf auszusperren, während sie ihre eigenen Mahlzeiten vorbereitet und aufißt. Erst nachdem sie die Überreste weggeworfen oder in den Kühlschrank gepackt, das Geschirr abgewaschen hat, erlaubt sie dem Hund, ins Haus zurückzukommen. Solange Pandora im Haus herumläuft, widmet Sheila ihr ihre volle Aufmerksamkeit. Nach Sheilas Frühstück und Abendessen nimmt sie sich die Zeit, um kleine Ausbildungsschritte mit Pandora durchzugehen. Dabei lehrt sie den Junghund, auf einfache Kommandos zu reagieren, benutzt dabei hörbare Kommandos und Augenkontakt. Folgt der Hund ihren Befehlen, so überhäuft sie ihn mit Lob, anstelle der früheren Leckerbissen. Nach einer kurzen Zeit läuft Pandora während der Mahlzeiten von Sheila bereits aufgeregt durch ihren Auslauf, weil sie weiß, daß diese Mahlzeiten den ihr Liebe gebenden Ausbildungsstunden vorangehen. Pandoras Ball kann ebenso ein Zeichen der Liebe sein wie zuvor das Futter.

Sheila verläßt sich nunmehr über Ausbildungslektionen auf Zusammenarbeit und Liebe. Dadurch beseitigt sie nicht nur Pandoras negatives Verhalten rings um das Fressen, sie erhält überdies noch einen gut erzogenen, gesünderen Haushund. Als ihre Familie zum Weihnachtsessen wiederkommt, können sie kaum die Veränderung begreifen.

„Mam, hast Du Dir einen neuen Hund gekauft?" scherzt ihr zu schwarzem Humor neigender Sohn, während Pandora ruhig während des Essens auf ihrem Platz sitzt. Sheila bestätigt dies stolz und krault Pandora hinter dem Ohr: „Ja, ich habe wirklich einen neuen Hund – und sie hat eine völlig neue Besitzerin. Ist das nicht wundervoll?"

Der alte Feinschmecker

Pandora entwickelte sich zu einem sehr gut erzogenen Haushund. Futterprobleme entstanden erst zehn Jahre später wieder, als ihre verminderte Verdauungsfähigkeit Grenzen zog, wieviel und was sie fressen konnte. Zuerst blähte der alt werdende Hund gelegentlich auf und entwickelte nach großen Mahlzeiten eine beträchtliche Menge an Gasen. Dann begann er, weniger zu fressen, vergrößerte auch die Abstände zwischen den einzelnen Nahrungsaufnahmen. Da Sheila stets gesunden Appetit mit Gesundheit verbindet, wird sie recht besorgt, als ihr alt gewordener Liebling Mahlzeiten ausläßt. Sie erinnert sich der mit der Fütterung verbundenen Probleme aus der Jugend von Pandora, so beschließt sie, das Problem genau herauszuarbeiten, ehe sie wieder in ihre alten Gefühle von Frustration und Schuld verfällt.

Problem	Wann tritt/trat das Problem auf	Mögliche Erklärungen
Pandora frißt nicht mehr regelmäßig.	Alle 2 – 3 Tage läßt sie eine Mahlzeit stehen.	Sie ist krank. Irgendetwas ist mit der Ernährung falsch. Sie braucht nicht mehr soviel Futter.

Sheila bringt Pandora zum Tierarzt und hört, daß ältere Hunde oft Verdauungsprobleme haben. Für sie ist es schwierig, die Kohlenhydrate und die jeweiligen Proteinformen, die in einigen industriell hergestellten Hundefuttern sind, aufzuschließen.

„Das Gas, das Pandora Unannehmlichkeiten bereitet, ist exakt das Endprodukt einer unvollständigen Verdauung. Ähnlich den Hunden von Pavlov verband sie bald Fressen mit danach entstehendem Unwohlsein, entsprechend kürzte sie die Futteraufnahme. Beunruhigen Sie sich nicht, wenn sie heute lieber ab und zu kleine Mengen an Hundefutter aufnimmt als eine oder zwei große Mahlzeiten zu fressen. Sie darf ruhig Mahlzeiten überschlagen. Ihr natürliches System reguliert die Nahrungsaufnahme, das sollte man ihr selbst überlassen."

Sheila findet in der Feststellung des Tierarztes Beruhigung, daß normales Altern den Kalorienbedarf eines Hundes um bis zu 75% reduzieren kann. Eine gründliche Untersuchung ergab jedoch allgemeine Verdauungsprobleme. Der Tierarzt empfiehlt wenig Fett, wenig Fasern, hochwertiges, proteinreiches Büchsenfutter, was eigens für ältere Hunde entwickelt wird.

„Seien Sie bitte vorsichtig und vermeiden Sie die Gefahr, durch Ihr Verhalten den Hund zu falscher Nahrungsliebe zu ermuntern. Wenn Sie sich besonders erfreut zeigen, wenn Pandora frißt und ihr noch beim Fressen lobend zureden, wird sie natürlich darauf achten. Sie müssen trotz Ihrer Sorge um die Gesundheit der Hündin jede Nahrungsumstellung *frei von Gefühlen* durchführen. Ich brauche Sie sicherlich nicht daran zu erinnern, keinesfalls irgendwelche Tischabfälle zu verfüttern! Viele Hundebesitzer versuchen, ihre an Verdauungsproblemen leidenden Hunde zum Essen anzuregen, indem sie etwa etwas Milchartiges anbieten, weil sie herausgefunden haben, daß so etwas die eigenen menschlichen Verdauungsprobleme mindert. Das bildet nicht nur einen neuen futterbetonten Kommunikationszyklus, es kann auch zu Durchfall führen, den Hund sogar kränker machen."

Sheila führt sofort die empfohlenen Veränderungen in der Ernährung durch, obwohl sie sorgfältig die Menge verfolgt, die Pandora frißt, beunruhigt sie den Hund während des Fressens in keiner Weise. Nach zwei Wochen scheint Pandora wiederum ein neuer Hund geworden zu sein.

Die Hühnersuppen-Falle

Nahezu wir alle hegen liebevolle Erinnerungen oder Vorstellungen an eine sorgfältig zubereitete Hühnersuppe, die uns selbst durch manche Krankheit begleitet hat. In vielen Kulturkreisen besteht der Glaube, daß das Essen bestimmter Nahrungsmittel alle Arten physischer, geistiger und auch emotionaler Erkrankungen heilen könne. Folgerichtig versuchen wir fast alle, bei einer Erkrankung unserer Hunde ihre Bereitschaft zu fressen als Maßstab der Schwere der Erkrankung zu mißbrauchen. Laßt uns einen typisch kranken Hund betrachten und sehen, was für Probleme dabei entstehen können.

Als Peaches, der kleine, fünfjährige Spitz der Majewskis an einem Darmgrippevirus erkrankte, erbrach sich die kleine Kreatur über mehrere Tage und litt an Durchfall, ehe die Besitzer das Tier zum Tierspital brachten, wo die Hündin intravenös Flüssigkeitsübertragungen und Medikamente erhielt. Die Hündin überlebte kaum die Erkrankung. Als die Besitzer sie schließlich nach Hause nehmen durften, erhielten sie klare Anweisung, die Hündin über mehrere Tage ausschließlich mit Reis und Hühnerfleisch zu ernähren, sie dann nach und nach in der Fütterung wieder umzustellen. Als jedoch Peaches langsam von der Erkrankung genas, blieben die Majewskis dabei, sie mit der tierärztlich empfohlenen Diät zu ernähren, anstatt sie wieder auf die ursprüngliche Hundeernährung umzustellen. Sie fingen aber an, zu der verschriebenen Diätnahrung noch andere Fleischarten, Gemüse und Früchte hinzuzusetzen, außerdem weiter Lekkerbissen aus dem Kochtopf für Menschenernährung.

„Ich werde zum großartigen Hunde-Küchenchef!" bemerkte Mrs. Majewski und streut eine Handvoll Leber in den Napf mit Huhn und Reis von Peaches. „Nun ist sie so gesund, sie frißt wie ein Pferd. Ich möchte wirklich, daß sie nie wieder so krank wird!"

Sechs Monate später bringt Familie Majewski Peaches erneut zum Tierarzt zurück. Dieses Mal geht es aber darum, die Auswirkungen ihrer sehr kalorienreichen und unausgewogenen Ernährung wieder gut zu machen, denn sie hatte jede Taille verloren.

Das Haarkleid des Hundes ist stumpf und trocken, sie wird von laufendem Durchfall und überhöhter Gasproduktion geplagt, gleichzeitig ist sie so fett, daß ihr Besitzer zu Recht befürchtet, ihr Herz könne überlastet werden, ebenso das Skelettsystem.

Von Grund auf muß Familie Majewski Sheila Albrechts Selbsterziehung wiederholen. In diesem Fall jedoch hatte die Familie eine emotionale Verbindung zu Futter in Verbindung mit sehr dramatischen Umständen aufgebaut. Sie litten unter einigen schrecklichen Tagen, in denen sie versucht hatten, Peaches zum Essen zu bringen, als sie ihre erste Erkrankung durchmachte. Dabei wollte sie nicht nur nicht fressen, sie wurde von Tag zu Tag kränker und dadurch wuchs in der Familie die Überzeugung: „Wenn Peaches nicht frißt, wird sie immer kränker!" Dann erlebten Sie jene schrecklichen Krankenhaustage, in denen das Überleben des Hundes zweifelhaft erschien. Danach kam eine schmerzlich langsame Genesung. Über zehn Tage schien es so, das Überleben des Kleinspitzes hinge daran, ob er frißt oder nicht. Was für ein glücklicher Tag, als der Tierarzt anrief und mitteilte, der Hund hätte den ersten Bissen gefressen und würde jetzt genesen! So groß war ihre Erleichterung, daß die ganze Familie später ihren Liebling ermunterte zu fressen, zu fressen und zu fressen.

Während Sheila die Ernährung mit Liebe und Kameradschaft gleichsetzte, zogen die Majewskis eine Parallele zwischen Fressen und guter Gesundheit. Da die Erkrankung von Peaches sie so fürchterlich erschreckt hatte, war in ihnen die Überzeugung entstanden, sie müßten alle äußersten Vorbereitungen treffen, daß dies nie wieder eintrete. Aus diesem Grund verbannten sie die ursprüngliche Ernährung, obgleich der Hund sie sein ganzes Leben über gemocht hatte, dabei auch vor der Viren-Attacke völlig gesund war.

„Wenn Peaches überlebt, wird sie immer das Beste von allem bekommen!" das schwor Mrs. Majewski, als Peaches zwischen Leben und Tod im Koma lag. Dabei wußte sie natürlich so gut wie gar nicht, daß ihre tiefe Liebe zum Tier den Hund wieder krank machen könnte.

Kann unser System der Problemlösung in sechs Schritten auch hier helfen? Nach der Feststellung des Problems stellt Frau Majewski eine Liste all dessen auf, was der Hund zu essen bekam: Huhn, Reis, Erbsen, Getreide, Tomaten, Rindfleisch, Schweinefleisch, Karotten, Kartoffeln, Brot, Eier, Milch, Leckerbissen vom Tisch, Tomatenchips, Eis, Truthahn, Zucker und Popcorn.

„Oh Gott, sieh Dir diese Liste an!" schrie sie. „Es sind alle *unsere* Lieblingsspeisen."

Der Tierarzt vergleicht die Liste mit Peaches' Nahrungsanforderungen und zeigt den Besitzern, wie einige dieser selbstgemachten Nahrungsmittel dem Hund viel zu viele Kalorien zuführen, dabei jedoch nicht genügend lebenswichtige Ergänzungsstoffe.

„Kann ich dazu nicht ein Vitaminpräparat geben?" wollte Frau Majewski wissen. Obgleich dies grundsätzlich möglich ist, löst es sicherlich nicht alle Mangelerscheinungen. Deshalb empfiehlt der Tierarzt, sie sollten ganz einfach auf Peaches ursprüngliche Originalernährung zurückgehen. „Darf ich sehr offen sein?" lautete die Frage des Arztes. „Peaches leidet überhaupt an keinem Hundeproblem. Sie hat ein *Menschen-Problem.*"

Das schockiert Familie Majewski so stark, daß sie den Tierarzt bittet, den Hund aufzunehmen, bis er wieder normales Hundefutter frißt. Das sollte ihnen Zeit lassen, mit ihren eigenen Gefühlen fertig zu werden, mit der Gewohnheit zu brechen, speziell für den Hund zu kochen. Wie so viele andere Hundebesitzer bemerken die Majewskis nach und nach, wie notwendig es ist, ihre tiefverwurzelten eigenen Überzeugungen über die Ernährung gezielt zu ändern.

Und was ist die Antwort? Offensichtlich müssen die Majewskis erst lernen, ein gutes Gewissen zu haben, wenn sie ihren Hund mit normalem Hundefutter füttern. Furcht kann jedoch auch den überzeugendsten Rat überstimmen, wertlos machen. Furcht zerstört Vertrauen, fehlendes Vertrauen zerstört Beharrlichkeit, fehlende Beharrlichkeit führt zu Fehlern, was uns natürlich wieder zum Anfang des Kreislaufes führt. Bis die Familie Majewski ihre eigene Furcht überwunden hat, wird Peaches weiter an der falschen Gleichung Futter = Liebe zu leiden haben.

Eine erschreckende Fülle an Mißverständnissen

Ehe wir zum Ende unserer Diskussion des Geschmacksinns kommen, wollen wir doch noch ein paar Beispiele auf falscher Einschätzung des Geschmacks beruhender Mißverständnisse prüfen.

Was ist mit Hundebesitzern, die ihr normales Hundefutter mit magerem, rohem Fleisch, Vitaminen und Mineralien anreichern? Wenn nicht das Tier eine ganz *spezielle* Ergänzung der Ernährung erhält, aufgestellt um ganz *spezielle* Nahrungsdefizite auszugleichen, fällt eine solche Ergänzung gleichfalls in die Kategorie des Mißverständnisses. „Ich nehme Vitamine, weil sie mich gesund erhalten, so gebe ich auch Suzette Vitamine!“ „Weil Wildhunde rohes Fleisch fressen, braucht auch mein Sibirischer Husky Fleisch.“ Solche Erwägungen zwingen geradezu mit Futter verbundene Vorurteile in unsere Hunde. Ebenso wie bei Sheilas auf Emotionen aufgebauter Fütterung projizieren auch solche Annahmen falsche Schlußfolgerungen auf den Ernährungsbedarf unseres Hundes. Wenn Hundebesitzer, die die Ernährung mit Vitaminen, rohen Eiern und Fleisch anreichern, sich einmal die Zeit nehmen, um wirklich Informationen einzusammeln, werden sie einige überraschende Tatsachen kennenlernen.

Lassen Sie uns zum Beispiel das Phänomen mageres, rohes Fleisch untersuchen. Wenn Du Hinweise über Hundefutter, insbesonderes über gewerblich hergestelltes Wachhundefutter liest, wirst Du bald Hinweise auf darin enthaltenes rohes, rotes Fleisch finden. Das hilft, Hundefutter gut zu verkaufen. Tatsächlich scheint der Verkauf von Hundefutter sich heute in zwei bestimmte Gruppen aufzuspalten: Auf Anbieter, die glauben, daß die Verbraucher ihre Hunde als fehlplazierte, fleischfressende wilde Tiere ansehen und auf Anbieter, die davon ausgehen, die Hundebesitzer brauchten eine stark auf menschliche Ernährung ausgerichtete Komponente – zum Beispiel Käse und Bratensoße – zum täglichen Wohlergehen ihres Haushundes. Bist Du der Überzeugung, Dein Hund brauche Fleisch „wie wilde Hunde", dann wirst Du wahrscheinlich auch daran gehen, Deinem Hund eine Büchse USDA-Basisfleisch oder Rindfleisch anzubieten.

Befassen wir uns näher mit dem tatsächlichen Futter wilder Hunde. In freier Wildbahn verzehren Beutejäger alle Teile des gesamten Tieres. Im Gegensatz zum Menschen haben sie keine Präferenzen entwickelt, nur die großen, mageren Muskelpartien zu verzehren. Und da die meisten Beutetiere der Beutejäger pflanzenfressende Wiederkäuer sind, enthält ihre Nahrung auch all die mit Pflanzen angefüllten Gedärme, etwas, was man in dem berühmten USDA-Fleisch überhaupt nicht findet. Was bedeutet dies jedoch für eine reine Fleischnahrung? Sie ist eine nicht ausgewogene Ernährung!

Ein anderer Punkt, den man überlegen sollte, lautet, daß Fleisch als Proteinquelle eine der schwierigsten Substanzen für die Ernährung darstellt, maximale Anforderungen an das Verdauungssystem stellt. Obwohl die meisten jungen Tiere eine solche Fähigkeit haben, verlieren viele Hunde diese beim ganz normalen Älterwerden. Das Resultat kann darin bestehen, daß ein unter zeitweiligen Verdauungsstörungen leidender Hund auf diese Art Dauerschäden erleidet.

Was das Ergänzungsfutter angeht, folgendes: Es wird wahrscheinlich nicht die Fettleibigkeit zur Folge haben, die oft aus dem Mißverständnis Futter = Liebe entsteht, dennoch kann es zu Durchfall, Gasentwicklung, Skelett- und Wachstumsproblemen bei Jungtieren führen, ja auch zu schlimmerem. Hundebesitzer, die solche Ergänzungsfutter anbieten, nehmen an, das Verdauungssystem des Hundes nehme aus der Nahrung nur das heraus, was es braucht, werde den Überfluß durch ein System „kein Bedarf, keine Nutzung" ausscheiden.

Aber so arbeitet nun einmal das Verdauungssystem des Hundes nicht. Was immer durch den Fang des Hundes hereinkommt, muß in irgendeiner Weise verarbeitet werden. Mit den entsprechenden Auswirkungen im gesamten Körper – *ganz gleich ob der Hund aus dem Ergänzungsfutter irgendwelche Vorteile zieht oder nicht!* Wenn Du nicht sicher bist, daß Deine Futterpraxis gesund ist, dann lege dieses Problem einfach einmal schriftlich nieder: „Ich könnte mir vorstellen, ich könnte die Ernährung von Georgio zu sehr anreichern, wenn ich Knochenmehl hinzufüge!" Dann arbeite diesen Gedanken über unsere Problemlösung in sechs Schritten aus. Entdeckst Du beim Einholen von Informationen, daß die augenblickliche Hundenahrung tatsächlich hinsichtlich Kalzium und Phosphor Mängel aufweist, und ist Menge und Form des Ergänzungsfutters korrekt, dann weißt Du, daß die Zusatzfütterung *seinem Bedarf* entspricht. Kommst Du andererseits beim Auswerten der Informationen zu der Auffassung, daß Georgios Ernährung auch ohne Knochenmehl ausreicht, dann gewinnst Du Vertrauen, die Ergänzungsfütterung einzustellen, ganz gleich, was irgendjemand anderes dazu sagt.

Was übermitteln Hunde, die Dinge fressen, die wir selbst als widerwärtig empfinden? Wenn wir die Tatsache akzeptieren, daß wir nicht wissen können, was unseren Hunden gut schmeckt, dann müssen wir auch anerkennen, daß wir andererseits nicht beurteilen können, was schlecht schmeckt. Es war zwar für Familie Majewski schockierend, als sie feststellen mußte, daß die Zusammenstellung ihrer Lieblingslebensmittel die Gesundheit des Kleinspitzes schädigte, es erschreckte sie fast noch mehr, als der Tierarzt ihnen sagte, daß das Aufsammeln von „Kaninchenkötteln" durch Peaches völlig normal war. Normal? Nach Auffassung der Majewskis konnte eigentlich nichts weniger harmlos, abnormaler sein als das Verschlingen von Kot.

Auch hier kann wieder die Methode in sechs Schritten dazu beitragen, daß wir unseren Hund verstehen. Indem wir zunächst ein solches Verhalten als Problem ansehen („Peaches frißt Kaninchenköttel!" „Sydney frißt tote Eichhörnchen!" „Edgar verschlingt seinen eigenen Kot!"), können wir systematisch das Problem definieren und lösen. Wenn es sie wirklich sehr stört, können die Besitzer von Peaches und Sydney das Problem dadurch lösen, daß sie ihre Lieblinge einsperren. Wenn sie dies nicht tun wollen, müssen sie ihre Empfindungen darüber ändern. Auf der anderen Seite könnten die Besitzer von Edgar entdecken, daß bei ihrem Hund ein medizinisches Problem vorliegt, eine Verminderung der Enzyme scheint notwendig, damit er sein laufendes Futter verdauen kann. In solchen Fällen kann das Verdauungssystem des Hundes zu schwach sein, dann ist der Stuhlgang eher Nahrung als Abfall und deshalb einfach wert, ein zweites Mal verzehrt zu werden. In solchen Fällen löst manchmal einfach ein Futterwechsel das Problem. In anderen Fällen ist eine vollständige medizinische Analyse, möglicherweise eine Langzeittherapie notwendig.

In manchen Fällen schafft die Art, wie wir unsere Hunde auf ihre Ernährung einstellen, in Verbindung mit den anderen Sinnen sogar noch weitere Probleme. Füttern zum Beispiel die Overmeyers Verushka, ihren Samoyeden, mit Hühnerfleisch, vergewissern sie sich stets, daß sie alle Knochen daraus entfernen. Als Verushka aber den ihr vertrauten Geruch eines Hühnergerippes im Abfall des Nachbarn wahrnahm, verschlang sie dies samt Knochen. Und das Ergebnis? Ein sehr kranker Hund. Dann gibt es da noch Charlie Ward, der sich ein Vergnügen daraus machte, Bälle aus Hamburgern seinem gelben Gefährten Quincy zuzuwerfen. Jeden Tag warf er die Fleischklumpen höher, um zu sehen, wie hoch der Hund springen könne. Eines Tages warf das kleine, daneben wohnende Mädchen ihren neuen Ball in die Luft. Quincy nahm Anlauf, sprang und verschluckte das Ganze. Das Ergebnis – ein weiterer sehr kranker Hund!

„Wie konnte nur Quincy einen Fleischklumpen mit dem Spielzeug des Kindes verwechseln?" Charlie stöhnte, als er sich die Operationsrechnung des Tierarztes über die Entfernung des Balles besah. „Haben denn Hunde nicht einen ganz besonders entwickelten Super-Geruchssinn?"

Ja, dieser Sinn ist hervorragend entwickelt, aber wenn Hunde über die Zeit Spiel und Aufmerksamkeit auf „Hamburger-Bälle" konzentrieren, dann weicht ihr Geruchssinn dem Empfinden von Bewegungen. Außerdem sah der rote Gummiball einem Hamburger recht ähnlich. *Er bewegte sich* wie ein Fleischball. Genauso wie eine durch Berührung ausgelöste Verteidigungshandlung gegenüber Klang und anderen Nervenschlüsseln Oberhand gewinnen kann, so kann auch eine Spielreaktion den Geschmackssinn überlagern, auch den Geruchssinn und selbst den normalen, gesunden Hundeverstand.

Solange Hundebesitzer ihre Futtervergleiche, die auf anderen Erwägungen als Ernährung liegen, auf ihre Hunde übertragen, werden sie ganz leicht befriedigende Kommunikationskanäle verschließen oder fehlleiten, dafür schädliche eröffnen. Medizinisch bedingte Futterprobleme können eine ganze Menge an Schwierigkeiten verursachen, Verhaltensstörungen aber noch schwerere. Kluge Hundebesitzer vermeiden solche Probleme, orientieren ihre Hunde nicht über das Futter oder übertragen nicht von Anfang an ihre eigenen, mit Futter verbundenen Gefühle auf ihre Hunde.

Wir haben alle Schönheit nur mit unseren sehenden Augen wahrgenommen, wir sehen Auge in Auge, werfen ein Auge auf das zum Verkauf stehende Haus unseres Nachbarn. Im nächsten Kapitel werden wir entdecken, ob Hund und Hundebesitzer gleichfalls Auge in Auge zu sehen vermögen.

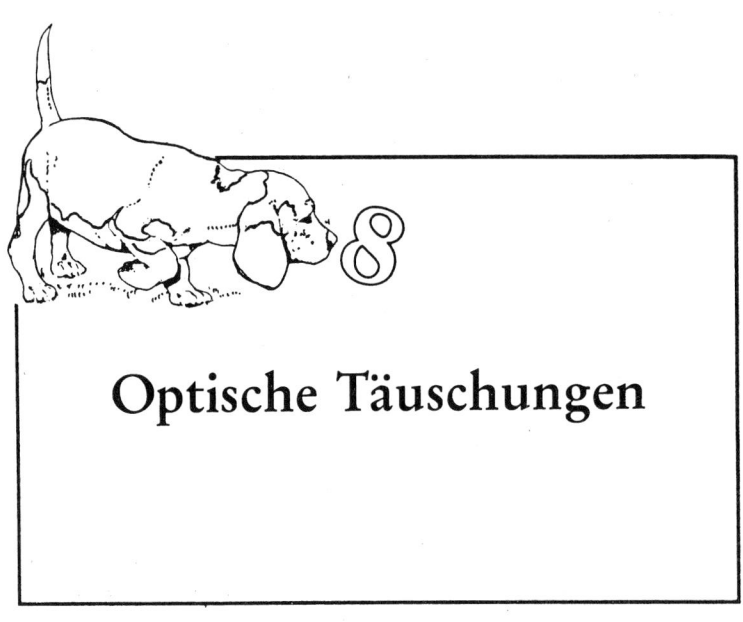

Optische Täuschungen

Ben und Ginny Guptil bekamen ihren sechs Wochen alten Rottweiler Burleigh aus einem Spitzenzwinger, sie erlebten nach dem Kauf zwei wirklich goldene Monate zusammen. Seine Erziehung zur Stubenreinheit machte laufend Fortschritte, seine übrige Erziehung auch. Der Junghund folgte seinen Besitzern überall hin.

„Burleigh ist ein so kluger Hund", behauptete Ginny.

Ben stimmte zu. „Wir brauchten ihm gar nicht beizubringen, bei uns zu bleiben, er tut dies ganz einfach. Unser erster Hund, den wir hatten, war ein Bastard. Er weigerte sich ganz einfach zu kommen, wenn wir ihn riefen. Schon vor seinem ersten Geburtstag wurde er von einem Auto überfahren, mußte eingeschläfert werden. Reinrassige Hunde sind doch wirklich ihren Preis wert!"

Als jedoch Burleigh in den fünften Monat kam, fingen die Guptils an zu zweifeln. Burleigh blieb nicht länger während der täglichen Spaziergänge dicht bei ihnen. Sicherlich, er apportierte noch immer den hellroten Fußball, den sie quer über das Fußballfeld schlugen. Manchmal aber legte er dabei eine Pause ein, um auch andere Gegenstände zu untersuchen. Als sie dann eines Tages auf zwei Teenager stießen, die gerade Fußball spielten, mußten die Guptils hilflos mit ansehen, wie ihr Hund dazwischenpreschte, um sich an dem Spiel zu beteiligen.

„Burleigh, komm hierher zurück!" schrie Ben und schüttelte hinter dem weglaufenden Hund die Faust. „Verdammter Hund, er ist genauso wie all die anderen!"

„Ich verstehe das nicht", keuchte Ginny, hinter Burleigh herlaufend. „Er war doch sonst so brav! Er weiß genau, daß dieser *blaue* Fußball gar nicht seiner ist!"

Sehen ist glauben

Mein Lehrer im dritten Schuljahr lehrte mich, mich stets des richtigen Buchstabierens des Wortes *belief* (glauben) zu erinnern. Er sagte: „Denke immer daran, in der Mitte des

Wortes „belief" liegt stets ein „lie" (Lüge!)." Diese Worte klingen besonders wahr, wenn man über die menschlichen Annahmen über hundliches Sehvermögen spricht.

Weil das Sehen bei der Kommunikation der Menschen eine so besonders große Rolle spielt, neigen wir dazu, hier ein besonderes Gewicht zu setzen. Hast Du je gesagt: „Sehen ist glauben!" oder „Ich kann es erst glauben, wenn ich es mit eigenen Augen gesehen habe!"? Vielleicht nur aufgeschnappte Redensarten, aber wir werden bestimmt nie die Welt genauso sehen wie unsere Hunde! Um wie Hunde zu sehen, haben wir weder die körperliche Ausstattung, die geistige Verarbeitung, noch die angeborenen Instinkte unserer Hunde. Wann immer ich einem Irischen Setter begegne, der des Weges schlendert, sehe ich einen siebzig Pfund schweren, roten, seidenhaarigen Hund mit Hängeohren, braunen Augen, langen Läufen und wedelnder Rute. Ich bewundere die grüne Halsung, die ihm sein Besitzer angelegt hat. Wenn mich jedoch der Setter mustert, sieht er einen unbestimmten, dunkelfarbigen Klotz, der eine Vielzahl ganz bestimmter Bewegungen ausübt. Wenn Du jetzt die Sinneseindrücke des Setters von Ohr und Geruch hinzusetzt, begegnet er einem unglaublich stark riechenden, lärmenden, dunkelfarbigen, sich unregelmäßig bewegenden Klumpen.

Selbst wenn die Hundebesitzer genau wissen, daß ihre Hunde völlig anders sehen, behandeln sie ihre Tiere jedoch oft fehlerhaft so, als wenn sie genau wie Menschen sehen *könnten*. Ja wirklich, viele Hundebesitzer gewähren großzügige Spenden für Leute mit beeinträchtigtem Sehvermögen oder gar Blindheit, legen größere Abstände zwischen sich und Menschen geringeren Sichtvermögens als zwischen sich selbst und ihre Hunde. Die meisten von uns sind durchaus bereit zu akzeptieren, daß ihre Hunde besser zu hören und zu riechen vermögen, also anders als Menschen. Unsere eigene Erfahrung, unterstützt durch einige Lektüre, bestätigt Gattungsunterschiede im Bereich der Berührung und des Geschmacks. Diese sind vielleicht etwas schwieriger zu begreifen, es bedeutet aber nicht, daß wir die meisten unserer persönlichen Überzeugungen dabei aufgeben müßten. Beim Sehvermögen stoßen wir dann auf einen Sinn, der eine ganz andere Farbe aufweist. Obwohl alle Wissenschaftler in der ganzen Welt unterstreichen, daß unsere Hunde uns als grobe, plumpe Blöcke sehen, deren *Bewegung* Hunde zu erkennen vermögen, glaubt dennoch die Mehrheit von uns noch immer, unsere Hunde vermöchten uns als farbige und genau umrissene Gestalten zu erkennen.

Es ist nur folgerichtig: Ehe wir irgendwelche mit dem Sehvermögen verbundenen Probleme zu lösen vermögen, müssen wir erst lernen zu begreifen, wie uns unsere Hunde sehen. Der einfachste Weg hierzu ist, die drei Hauptmerkmale zu überprüfen, die die Sicht unserer Hunde vom menschlichen Sehvermögen unterscheiden: Nachfolgereflex, Generalisation und Augenkontakt. Wenn wir erst einmal die Art des Hundes zu sehen verstehen, können wir das auch anwenden, um das Problem zu lösen, was Familie Guptil und andere hinsichtlich des Sehvermögens ihrer Hunde haben.

Der Nachfolgetrieb

Bei unserer Untersuchung der Klangeinwirkung haben wir gelernt, wie Hunde nachahmen. Eine Begabung, welche Wildhunde sehr beim Lernen hilft! Auch visuelles Nachahmen hat eine ähnliche Schutzfunktion. Bewegt sich die Hündin, bewegen sich auch ihre Welpen. Der Nachfolgereflex, eine Instinktreaktion auf Bewegung, ist zehnmal empfindlicher als die des Menschen, ermöglicht es Junghunden sofort zu reagieren, wenn es notwendig ist. Vergleiche eine solche Instinktreaktion mit der eines Kindes. Dessen Mutter muß entweder schreien: „Johnny, paß auf den Laster auf!" oder einfach körperlich das Kind aus der Gefahrenzone reißen.

Der Nachfolgeinstinkt dauert noch lange an, auch wenn die Welpen entwöhnt sind. Wenn das Tier heranreift, muß es seine eigene Nahrung suchen. Der ursprüngliche Instinkt: „Deiner Sicherheit wegen folge stets Mam!" variiert sich nach und nach zu:

„Folge jeder Bewegung – sie könnte etwas zu fressen bedeuten!" So entwickelt sich ein Originalreflex weiter. Junghunde fangen damit an, beweglichen Objekten nachzujagen, sie versuchen, diese zu beißen. Wie kommt der Nachfolgereflex nun bei gezähmten Haushunden zum Ausdruck? Erinnere Dich, wie Familie Goodman Ralphie lehrte, Seilziehen zu spielen, indem sie langsam das Tuch von ihm wegzogen. Damit lösten sie den Nachfolgereflex aus. Auf ähnliche Art stellen Hundebesitzer fest, daß junge Hunde wie Burleigh an ihnen fast wie Magnete haften. Über die Jahre haben Züchter sogar diesen Nachfolgereflex noch verstärkt, haben Setter, Retriever und andere Vogelhunde gezüchtet, die unverzüglich auf fliegende Gegenstände reagieren. Der Nachfolgeinstinkt von Greyhounds, Barsois und Afghanen wurde noch verstärkt und auf jede schnell laufende Beute kanalisiert, dadurch entstand ihre Bestimmung als „auf Sicht hetzende Hounds". Schäferhunde wie Shelties und Collies wurden auf ähnliche Art gezüchtet, wobei man wiederum von dem Angezogensein dieser Rassen durch Bewegung Gebrauch machte.

Wenn wir die Grundtendenz eines Hundes, allem, was sich bewegt, nachzufolgen, erkannt haben, dann verstehen wir auch leicht, warum unsere Haushunde beweglichen Objekten nachlaufen (also auch einem Fußball jeder Farbe), auch Bewegungen, die wir selbst nicht wahrzunehmen vermögen. Um das Ganze noch schwieriger zu machen, werden Hundebesitzer in falsche Sicherheit versetzt, wenn ein Junghund seinen Nachfolgereflex von der Mutter auf die Menschen überträgt. Wie Familie Guptil schätzen sie besonders einen Junghund, der nahezu sklavisch jeder ihrer Bewegungen folgt, sie können aber nicht verstehen, warum später der Junghund anfängt, sie nicht mehr zu beachten. Hundebesitzer, welche die auf die Mutter oder den Besitzer ausgerichtete Aufmerksamkeit nicht weiter auf sich konzentrieren, werden bald sehen, daß dieser Instinkt dem „Allem-was-sich-bewegt-Nachfolgetrieb" Platz macht, wenn das Tier weiter heranreift.

Sehen im allgemeinen gegen generalisiertes Sehvermögen

Nehmen wir einmal an, jede Kreatur könne gleichzeitig immer nur eine Information verarbeiten. Dann scheint es einleuchtend, daß ein Sinnessystem sich auf eine erarbeitete Datenansammlung verläßt, auch zu Lasten einzelner Sinneseindrücke. Hast Du Dich je so vollständig auf ein Buch konzentriert, daß Du gar nicht sahst, daß irgendjemand Deine Kaffeetasse wegnahm? Da das Sichtvermögen des Hundes so stark auf Bewegung reagiert, sollte es die Hundebesitzer nicht überraschen, daß ihre Hunde wenige Einzelheiten und Farben sehen. Wenn Du Dich auf einen sich von Dir wegbewegenden Autorennwagen konzentrierst, bemerkst Du seine Geschwindigkeit und Richtung, ohne Dich viel um Aufbau und Farbe zu kümmern, zwei Merkmale, die Dich bei einer Autoschau völlig fesseln könnten. Vermindertes Sehen von Einzelheiten und Farben schließt damit visuelle Ablenkungen für Beutegreifer aus. Dies jedoch schafft für Haushunde eigene Probleme, insbesondere für die Tiere, deren Besitzer glauben, ihre Hunde könnten ebenso sehen wie die Menschen. Stelle Dir ein Schwarz-weiß-Bild Deines Brieffreundes vor. Er trägt eine dunkel umrandete Brille, Vollbart und stets eine Pfeife im Mund. Nimm jetzt dieses in Deiner Vorstellungswelt entstandene Bild und lege es hinter eine Scheibe von eisüberzogenem Glas. Was siehst Du jetzt noch am deutlichsten? Die Brille, den Bart und die Pfeife.

Das ist es, was mehr oder weniger Dein Hund immer sieht. Es spricht für den gut ausgeprägten Geruchssinn Deines Hundes, auf den sich dieser verläßt, der ihm ermöglicht, feinere Einzelheiten seiner Umgebung voneinander zu unterscheiden. Ein weit weniger als perfektes Unterscheidungsvermögen von Einzelheiten (nach menschlichen Maßstäben) führt zu einem Sehphänomen, das „Generalisation" genannt wird. Hättest Du nichts anderes als das verzerrte Foto Deines Brieffreundes, um ihn zu identifizieren, wäre es sehr wahrscheinlich, daß Du annähmest, jeder brillentragende, bärtige, pfeifenrauchende Mann könnte er sein. Exakt auf die gleiche Art reagieren Hunde, und dies führt je nach den Umständen zu befriedigenden, manchmal aber auch alarmierenden Ergebnissen.

Nehmen wir einmal an, Du verliebtest Dich in Deinen Brieffreund (Freundin) und hättest Sehnsucht danach, ihn (sie) zu treffen. Würdest Du nicht positiv auf jedermann reagieren, der ihm (ihr) ähnelte? Mit anderen Worten, Generalisation führt zu stetig positiver Reaktion durch eine Höherbewertung bestimmter einkommender Daten. Haben Hunde positive Erfahrungen mit einem Stromableser, erwarten sie gleiche positive Erlebnisse von allen Stromablesern. Hunde, die auf Kommandos Deiner Kinder gehorchen, werden wahrscheinlich auch auf Kommandos aller Kinder reagieren. Das sind die guten Nachrichten! Die schlechten Nachrichten sind, daß Generalisation auch zu negativen Übersteigerungen führen kann. Ein ausgeruhter und selbstbewußter Hund nutzt alle seine Sinne, um sich ein Bild über Gegenstände, Tiere und Menschen in seiner ganzen Umgebung zu schaffen. Das Hörvermögen und der Geruchssinn helfen dazu, allgemeine Gesichtseindrücke auszuleuchten. Begleitet jedoch Furcht generalisiertes Sichtvermögen, kann sich hieraus ein geradezu alarmierendes Verhalten entwickeln.

Nehmen wir einmal an, Du hast ein verschwommenes Bild von jemandem, der Dein Leben bedroht. Würdest Du nicht voller Furcht und abwehrend auf Einzelwesen reagieren, die dem Schurken ähneln? Je größer die Gefahr, die Du annimmst, desto furchtsamer und verteidigungsbereiter reagierst Du. Fürchtest Du um Dein Leben, könntest Du selbst Deinen besten Freund im dunkeln mit Deinem Gegner verwechseln und wild angreifen. Das Gleiche gilt für Hunde. Haben sie beispielsweise mit einem brillentragenden Bärtigen oder einem uniformierten Menschen alarmierende Erfahrungen gemacht, fühlen sie sich von allen Gleichartigen bedroht. Schon beim zweiten Mal könnten sie durchaus verteidigend reagieren, erstarren, angreifen oder fliehen. So kann es dem hundeliebenden Zeitungsausträger passieren, daß er mit dem verwechselt wird, der einmal die Abendzeitung Deinem Hund an den Kopf warf – der völlig unverdiente, bösartige Angriff kann außerordentlich verblüffend wirken.

Wie die unsichtbare Leine entsteht – Sinn für Sinn

Generalisiertes Sehvermögen bringt auch gemischte Ergebnisse. So ist Familie Guptils zum Beispiel recht zufrieden, wenn ihr Hund Burleigh einen Fußball als Spielgegenstand erkennt; sie sind aber überhaupt nicht zufrieden, wenn er mit dem Fußball irgendeines anderen spielen will. Sie sind begeistert, wenn *ihnen* der Junghund überall hin folgt; sie sind völlig verzweifelt, wenn er die Nachbarskinder zur Schule begleiten will. Einer meiner Freunde arbeitete lange und hart daran, seinem Hund beizubringen, ihm die Hausschuhe zu bringen, und er belohnte des Hundes Begeisterung für diese Aufgabe durch viel Liebe. Stelle Dir jedoch seinen Wutanfall vor, als er eines Tages bei nassem Schneewetter nach Hause kam und 40 Paar Stiefel, Galoschen, nasse Schuhe und Sandalen auf seiner Veranda fand. Der Hund hatte an dieser Art der Kommunikation so viel Spaß gefunden, daß er in der ganzen Siedlung jeden Vorbau und Garage abgesucht hatte, um „Slippers" für seinen Herrn zusammenzutragen.

Wir haben schon erwähnt, wie Hunde Geruchs- und Klangeindrücke nutzen, um ihr generalisiertes Sehvermögen von Bildern mit Details auszustatten. Fühlt sich der Hund sicher, kann er ihn beunruhigende Gesichtseindrücke durch Geruch oder Klang verfeinern.

„Ja, das ist das Bild des Bartträgers, gleich dem, der mich getreten hat, aber sein Geruch ist anders."

„Obgleich sich dieser Bursche ebenso bewegt wie jenes schreckliche Kind, das mir auf die Rute getreten ist, ist seine Stimme anders."

Fehlt es jedoch dem Hund an Selbstvertrauen oder Erfahrung, kann *jeder einzelne* Eindruck eine Verteidigungsreaktion auslösen. Der uniformierte, brillentragende, vor sich hin pfeifende Stromableser, der nach Zitronen riechendes After-Shave benutzt und Deinen kleinen Airedale-Welpen getreten hat, er kann auslösen, daß dein Hund *allen* Menschen, *allen* Brillen- oder Uniformträgern, *allen* vor sich hin Pfeifenden und *allen* Benutzern von nach Zitronen riechendem After-shave feindlich gegenübertritt.

Das Finden des Gesichtes in der Menge

Augenkontakt ist ein letzter Schlüssel zu mit dem Gesichtssinn verbundenen Problemen. Genauso wie Hundebesitzer ihren Hund erst darauf einstimmen müssen, wenn sie Verbindung über die Stimme suchen, müssen sie ihre Hunde auch auf den gewünschten Blickkontakt einstimmen. Glücklicherweise können wir das Sehvermögen eines Hundes in gleicher Weise auf uns richten wie das einer menschlichen Person, indem wir sein Auge auf uns lenken.

Warum soll man sich überhaupt erst um den Aufbau eines Augenkontaktes bemühen? Aus dem gleichen Grund, weshalb wir unseren Hund gelehrt haben, auf Töne zu reagieren. Weil wir eine gemeinsame Basis schaffen wollen, auf der sich eine gute Verständigung entfalten kann. Drei Faktoren machen es jedoch schwierig, das Auge des Hundes auf uns zu lenken. Das sind die Plazierung der Hundeaugen, des Hundes stärkere Ansprechbarkeit auf Bewegungsabläufe und des Hundes beschränktes Erkennungsvermögen von Einzelheiten. In gewissem Grade ist die Erwartung, ausgerechnet das Auge eines Hundes auf natürliche Art auf uns zu lenken, ähnlich der Erwartung, ausgerechnet das Auge einer bestimmten blauäugigen Blonden in einem überfüllten Raum tanzender, blauäugiger Blonden, die überdies noch durch einen Gazevorhang von Dir getrennt sind, auf Dich zu ziehen. Hunde haben einen weniger nach vorne, mehr nach den Seiten ausgerichteten Gesichtswinkel als die Menschen, weil ihre Augen in der Regel wesentlich weiter voneinander entfernt gelagert sind als menschliche Augen. Da Augenkontakt von dem Blick gerade nach vorne abhängt, beschränkt die Lagerung des Hundeauges die Möglichkeit eines natürlichen Augenkontaktes. Diese Tatsache ergänzt durch die starke Empfindlichkeit des Hundes auf Bewegung, macht es noch schwieriger, das Auge des Hundes einzufangen. Um deshalb mit einem Hund Augenkontakt aufzunehmen, müssen wir ihn nicht nur lehren, sein Gesichtsfeld neu zu orientieren, wir müssen auch noch die Art, wie er Dinge sieht, verändern. Um mit Menschen

Augenkontakt aufzunehmen, muß der Hund ignorieren, was er am besten sehen kann (Bewegung) und seine Aufmerksamkeit auf etwas richten, was er normalerweise ignoriert (ein stehendes Objekt).

Wie können wir dann Augenkontakt aufbauen? Halte Deine Hand auf gleicher Ebene wie die Nase Deines Hundes und bewege langsam Deine Handfläche nach oben in Richtung auf Dein Gesicht. Indem der Hund Deiner Bewegung folgt, folgen seine Augen natürlicherweise Deiner Hand in Richtung auf das Gesicht, bis Du seinen Blick „einfangen" kannst, seinen Blick durch eigenes Anstarren erwiderst. Wiederhole diese Übung mehrmals täglich und begleite dies mit einem einfachen Kommando wie „Hier" oder „Sitz", lobe dabei überschwenglich sowohl die erfolgreiche Orientierung als auch das Befolgen des Kommandos. Erinnere Dich daran, ermuntere den Hund stets aus bestimmtem Anlaß, um eine ganz bestimmte Reaktion zu bewirken. Anderenfalls wird er eine ganze Weile zwar reagieren, dann aber zu Recht unwillig werden.

Hundebesitzer können den Augenkontakt beträchtlich verstärken, wenn sie gleichzeitig den Hund durch Klang aufmerksam machen (oder umgekehrt). Der Hund, der das ihm vertraute „Komm Wolfgang!" hört, dann sofort nach seinem Besitzer blickt, ist aufmerksamer als ein Tier, dem nur beigebracht wurde, entweder auf Worte oder auf Augenkontakt allein zu reagieren.

Wenn Du Deinen Hund Augenkontakt lehrst, berühre niemals den Hund. Wie im Fall der Klangeinwirkung kann Berührung die Gesichtsreaktion völlig auslöschen. Hältst Du etwa den Kopf Deines Hundes, damit er Dich anschaut, wirst Du oft nur auslösen, daß er den Kopf wegzuziehen versucht.

Nachdem wir jetzt die Bedeutung des Folgereflex, der Generalisation und des Augenkontaktes für das Sichtvermögen des Hundes verstehen, können wir auch einige mit dem Sehvermögen verbundene Kommunikationsprobleme lösen.

Ein neues Bild von Burleigh

Obgleich die Familie Guptil es ziemlich einfach findet, Burleighs Verhalten des Weglaufens als normal anzusehen, fällt es schwerer, ihre dieses Verhalten begleitenden negativen Gefühle in den Griff zu bekommen: „Ich wußte ja immer, daß dies geschehen werde. *Alle* Hunde tun dies." Ben und Ginny möchten sich wirklich mit Burleigh verständigen, sie erkennen deshalb auch, wie wichtig es ist, *gerade zu dieser Zeit* ihre Gefühle unter Kontrolle zu bringen. Da sie sich eine besonders gute Beziehung zu ihrem Haushund wünschen, befassen sie sich zunächst mit den vier Grundfragen.

„Ich möchte wirklich Burleigh gerne behalten", sagt Ginny, „aber ich kann mich nicht mit einem Hund abgeben, der alle meine Zeit braucht."

„Das ist richtig", stimmt Ben zu. „Schon unser erster Hund machte uns zu Nervenwracks. Dann mußten wir ihn noch nach dem Autounfall einschläfern lassen, . . . Ich möchte natürlich alles tun, um eine solche Entwicklung zu vermeiden."

Nachdem sie erst einmal ihre Bereitschaft, lieber das eigene Verhalten zu ändern als sich vom Hund zu trennen, zum Ausdruck gebracht hatten, konnten die Guptils sich daran machen, Burleighs Problem zu definieren. Sie waren sehr überrascht, daß ein so einfach erscheinendes Problem so viele verschiedenartige Komponenten enthielt:

Problem	Wann tritt/trat das Problem auf	Mögliche Erklärungen
Burleigh bleibt nicht dicht bei uns und kommt auch nicht, wenn wir ihn rufen.	Immer.	Er will nicht mehr bei uns sein.
		Er hat für sich eine bessere Beschäftigung gefunden.
		Er braucht uns nicht mehr.

Wie die unsichtbare Leine entsteht – Sinn für Sinn

Problem	Wann tritt/trat das Problem auf	Mögliche Erklärungen
Burleigh bleibt nicht dicht bei uns und kommt auch nicht, wenn wir ihn rufen.	Immer.	Ihn sticht der Hafer. Wir waren ihm gegenüber zu nachlässig.
Er reagiert nicht wie bisher auf seinen Fußball.	Immer.	Er ist das Spiel leid. Es interessiert ihn etwas mehr. Er mag keine Fußbälle. Er mag nicht mehr mit uns spielen.
Er haut ab, um mit anderen zu spielen.	Immer.	Er ist uns leid. Das Spiel mit anderen interessiert ihn mehr. Er kann nicht unterscheiden.
Er jagt Fußbällen nach, die ihm nicht gehören.	Immer.	Er mag alle Fußbälle. Außer den Fußbällen reagiert er noch auf weitere Reize. Er kann nicht unterscheiden.

Achte darauf, wie stark einige der Antworten der Familie Guptil kräftige emotionale Untertöne enthalten. „Wir waren ihm gegenüber *zu nachlässig*!" (Achtung, hier zeigt sich Schuldgefühl.) „Er mag uns nicht!" (Ah, oh, das Selbstvertrauen hat einen Sprung erlitten.) „Alle Hunde sind so!" (Hier zeigt sich bereits die Furcht, daß auch der neue Hund unter die Räder eines ihn überfahrenden Autos geraten könnte.) Nun prüfen die

Guptils die fünf Sinne des Hundes, entdecken schnell, daß das Sehvermögen bei Burleighs unakzeptablem Verhalten eine Hauptrolle spielt, daß sein natürlicher Nachfolgereflex, fehlendes Sehvermögen von Details und Farbe und der Trend zum Generalisieren alle zusammengekommen sind und zu den Problemen geführt haben.

Weil Burleigh seinen Nachfolgeinstinkt von seiner Mutter auf sie übertragen hatte, hatten Ben und Ginny selbst nie den Junghund *gelehrt,* bei ihnen zu bleiben oder zu kommen, wenn sie ihn riefen. Nachdem der Hund eigene Erfahrungen gesammelt hatte, folgte er mehr seinem Drang („Ich will die Sache selbst prüfen!") als seinem „Nachfolgeinstinkt". Die Bewegung der spielenden Teenager im Vergleich zu der Bewegung der Besitzer erschien ihm wenig bedrohlich, die Bewegungen waren jedoch verschiedenartig genug, um den neugierigen Junghund anzulocken. Selbstverständlich ermöglichte das beschränkte Farbunterscheidungsvermögen Burleigh nicht, den kleinen Unterschied zwischen einem sich bewegenden roten und einem blauen Fußball zu erkennen.

Mit diesen neu gewonnenen Erkenntnissen können Ben und Ginny nun das Verhalten des Junghundes leicht verstehen. Sie beschließen ein eigenes Erziehungsprogramm, um den Hund mehr auf sich zu konzentrieren als auf irgendein gerade sich bewegendes Objekt. Als erstes lehren sie ihn, Augenkontakt aufzubauen, prägen ihm seinen eigenen Namen ein. Dann fangen sie damit an, ihn nach und nach in Gegenden zu führen, die eine Fülle an Ablenkungen bieten. Dabei konzentrieren sie sich auf den Hund und loben ihn nachhaltig für jede positive Reaktion. Um sich die Vorteile seines Nachfolgeinstinktes zu sichern, erfinden sie ein im Haus zu spielendes neues Spiel. Sie binden ein leichtes Gewicht (Waschhandschuhe eignen sich gut) an das freie Ende einer dünnen Schnur, die sie an Burleighs Halsband befestigen und werfen dann den Waschhandschuh untereinander hin und her. Wirft Ginny Ben den Handschuh, ruft gleichzeitig Ben Burleigh, dessen natürlicher Folgeinstinkt ihn stimuliert, dem Handschuh auf Ben nachzujagen. Ben lobt den Junghund heftig für sein Kommen. Als Burleigh immer mehr Fortschritte macht, verlängern die Guptils das Seil immer mehr und verlagern die Unterrichtsstunden auf Außenbereiche, die mehr Ablenkungen bieten. Dann lassen sie einfach das Seil lose hängen und werfen allein den Waschhandschuh einander zu, auch zu Freunden, die gleichfalls den Hund rufen. Schließlich lassen sie das Seil ganz weg, vergessen auch den Handschuh und rufen den Hund nur unter Benutzung seines Namens, von Augenkontakt ergänzt mit Handzeichen, mit denen die Wurf- und Fangaktion nachgeahmt wird.

Da Familie Guptil Burleigh laufend und mit viel Selbstvertrauen erzieht, bildet sich aus dieser Erziehung ein festes Band der Verständigung. Überdies haben alle noch viel Spaß am Ganzen.

„Wir brauchten nur drei Wochen, um ihn das alles zu lehren!" rühmen sich die stolzen Besitzer.

Folgetrieb und Generalisation: zwei wichtige Probleme

Bei älteren Hunden sind die negativen Effekte des Nachfolgetriebs besonders häufig anzutreffen, insbesondere wenn noch der Mangel an Detailsehvermögen hinzu kommt. Wir haben schon gesehen, wie Ralphies unschuldiges Seilziehen-Spiel seine guten Beziehungen zu Familie Goodman untergrub. Besitzer von Retrievern, Settern oder anderen Jagdhunden stellen oft mit Entsetzen fest, daß ihre Hunde der Nachbarn Hühner oder Fasane unwiderstehlich finden. Besitzer von Shelties und Border Collies beklagen häufig, daß ihre Hunde alles, was sich bewegt, zu hüten versuchen, einschließlich kleiner Kinder beim Spiel. (Sheltie-Besitzer beschäftigen oft ihre Haushunde auf Stunden, indem sie sich gegenseitig hüten lassen!) Auto, Fahrrad, Motorrad, sie lösen alle Jagdinstinkte aus. Dasselbe gilt natürlich auch für den Reiz, echtes Wild zu jagen und anzugreifen, einschließlich „Vorstadtwild" wie andere Hunde, Katzen und selbst Menschen.

Erinnere Dich unserer Untersuchung des Geschmacks in Kapitel sieben. Hier haben wir festgehalten, wie Hunde ihren Geschmackssinn nutzen, um zwischen „guter Beute" und „schlechter Beute" zu unterscheiden. Natürlich müssen wir vermeiden, daß unser Alaskan Malamute des Nachbarn Chihuahua „abschmeckt", ebenso wenig die preisgekrönte, silberfarbene Perserkatze oder den zu Besuch weilenden Enkel, um dabei festzustellen, ob er für ihn eine geeignete „Nahrung" darstellt. Wenn wir auch eigens einige Hunderassen auf verstärkten Nachfolgereflex und schnellste Reaktion auf Bewegung züchten, dürfen wir dennoch keinesfalls erlauben, daß diese Instinkte ihre natürliche Erfüllung finden: Das Einfangen und Töten von Beute! Ähnlich ist es mit den Schäferhunden. Wir erwarten zwar, daß sie auf Bewegung reagieren, durch leichtes Schnappen die Herde in Bewegung halten. Dennoch dürfen wir dem Familienhund ein solches, ihm angezüchtetes Verhalten nicht durchgehen lassen.

Wir wollen einmal zu unserem romantischen Paar und seinem Picknick zurückkehren. Nachdem Claudia Lehane Mark Stuckey überredet hatte, den aggressiven Beagle gegen einen zarten Sheltie auszutauschen, packte Claudia erneut ihren Picknickkorb mit köstlichen Speisen, legte ihr aufreizendstes Gewand an und war entschlossen, daß dieses Mal kein abscheulicher, schnüffelnder Hund ihr den Nachmittag verderben sollte. Der neue Hund, eine Hündin namens Violet („Sie ist so süß und weiblich, ganz wie eine kleine Blume!") benimmt sich wie eine perfekte Lady. Im Bewußtsein dieses so gut erzogenen, freundlichen Hundes seufzte Claudia vor Erleichterung tief, breitete wiederum ihr weißes Tischtuch unter dem Bergahorn aus, mitten in dem Feld voller Wildblumen. Violet würde *nie* ein so abstoßendes Verhalten wie Jagdhunde zeigen! Nachdem sie Käse und Früchte genüßlich verzehrt, eine gute Flasche Beaujolais untereinander geteilt hatten, legten sich Claudia und Mark gemütlich auf ihre Decke. Die körperhohen Blumen bildeten einen vielfarbigen Vorhang zwischen ihnen und dem Rest der Welt. Claudia lehnte sich verführerisch gegen Mark, streichelte ihm sanft den Nacken und spielte mit den Knöpfen seines Hemdes.

Wie die unsichtbare Leine entsteht – Sinn für Sinn

„Was ist denn das?" schrie Mark und sprang kerzengerade in die Höhe.
„Was ist los? Ich höre gar nichts."
Aber bald hörte Claudia ein Geräusch ähnlich einem fernen Gewitter, das immer näher kam.

„Um Gottes willen, Violet treibt eine Schafherde auf uns zu! Lauf!"

Wenn Jagdhunde und Schäferhunde zu Familienhunden werden, verschwindet das auf dem Sehvermögen basierende Verhalten durchaus nicht plötzlich. Die Tatsache, daß Violet nie in ihrem Leben ein Schaf gesehen hat, bedeutet keinesfalls, daß sie sie nicht auffinden kann und dann auch in Bewegung hielte. Die Tatsache, daß Quimby, ein English Setter, auf einem herrschaftlichen Sitz in Beverly Hills lebt, zusammen mit der Vogelliebhaberin Leslie van Horton, bedeutet in keiner Weise, daß sein Hundeinstinkt, sich an Vögel heranzuschleichen, verschwinden wird. Solange Violet auf Bewegung reagiert, werden sie alle Schafe und schafsartige Bewegungen anziehen. Solange Quimby auf Bewegung reagiert, leben Mrs. van Hortons seltene orientalische Enten stets in Gefahr.

Hunde können nur sehr beschränkt Einzelheiten mit dem Auge erkennen. Die einzige Art, wie wir Hunden helfen können, Gegenstände und Menschen zu differenzieren, allein mit dem Auge oder unter Zuhilfenahme der anderen Sinne, besteht darin, die Bewegung zum Halten zu bringen. Hört die Bewegung auf, hält der Hund an. Erst dann kann er sich selbst orientieren oder Orientierungshilfen annehmen. Dadurch kann sein Trieb „Ich will jagen und die Beute erlegen" durch eine angenehmere Alternative ersetzt werden.

Dies ist jedoch gar nicht so einfach, etwa wenn unsere Hunde sich nachmittags plötzlich in den Hauptverkehr stürzen, um einem Motorrad zu folgen, oder wenn unser Hund versucht, eine kleine Gruppe von Betrunkenen auf einer Spielfläche zu hüten. Das

Selbstvertrauen, das man braucht, um auf Dauer ein solches Verhalten zu ändern, schwindet oft ganz von selbst. Das ist der Grund, daß die beste Methode, den Jagdinstinkt zu verändern, die Setzung anderer Reize erfordert.

Ganz gleich, ob der Hund jagt oder hütet, derartige Ersatzreize (Verleitungen) werden nach nachfolgendem Grundsystem aufgebaut:

1. Als erstes wird der Hund erzogen, auf das Kommando „Platz!" zu reagieren und zu gehorchen.
2. Nach gewisser Zeit wird bei dieser Übung in das Gesichtsfeld des Hundes ein sich bewegendes Objekt eingebaut.
3. Baue Augenkontakt auf, gebe das Kommando „Platz!", konzentriere die Aufmerksamkeit des Hundes auf Dich, bis das sich bewegende Objekt außer Sichtweite ist. Belohne den Hund für seine ordentliche Arbeit.
4. Reagiert der Hund auf die Bewegung, mußt Du sicherstellen, daß das sich bewegende Objekt sofort anhält und erstarrt. Hierdurch wird der Hund für einen Augenblick desorientiert.
5. Orientiere sofort den Hund wieder auf Dich, wiederhole das Kommando „Platz!".
6. Sobald der Hund auf Platz liegt, darf das Objekt sich sehr langsam wegbewegen.
7. Wiederhole diese Übung täglich zwei- bis dreimal, bis das fehlerhafte Verhalten erlöscht und sich der Hund automatisch als Reaktion auf die Bewegung, welche ursprünglich Jagd auslöste, hinlegt.
8. Leichter erscheint zunächst das Kommando „Sitz!" zu realisieren. Das Kommando „Platz!" hat den Vorteil, daß der liegende Hund sich anatomisch schwerer aus der liegenden Stellung lösen kann als aus der sitzenden.

Nachdem erst einmal Mark und Claudia bei Violet stetige Aufmerksamkeit und Gehorsam auf das Kommando selbst erreicht haben, begannen sie mit der zweiten Phase der Erziehung. Dabei erwies es sich als unmöglich, Violet von Anfang an an Schafen auszubilden, sicherlich aus demselben Grund, auf den auch andere Hundebesitzer stoßen, wenn ihre Hunde jagen oder andere Tiere belästigen. Der Schafsbesitzer hatte große Bedenken, seine Tiere könnten gejagt werden. Es gab auch keine Methode, durch die Mark und Claudia Schafe zum Erstarren bringen konnten in dem Augenblick, wenn Violet sie zu jagen begann. Viel wahrscheinlicher wäre es, daß die Schafe noch schneller rannten, dadurch den Hund anreizten, sein falsches Verhalten fortzusetzen. Dadurch würde auch die Gefahr, daß Tiere verletzt würden, noch vermehrt.

Mark und Claudia gaben sich nicht geschlagen und begannen Violets Verhalten sorgfältiger zu beobachten. Dabei suchten sie nach äußeren Anlässen, die in Violet Jagdinstinkte auslösten. Völlig natürlich entdeckten sie schnell, daß viele Arten von Fortbewegung den Hund anzogen. Mark band eine Schnur um ein großes, ausgestopftes Tier und zog damit das Tier langsam aus einer Position außerhalb der Sichtweite des Hundes quer durch das Wohnzimmer. Sofort stürzte sich Violet auf das Tier und zwickte es. Damit hatten Mark und Claudia einen annehmbaren Köder gefunden, konnten mit der Erziehung fortfahren. Claudia konzentrierte den Hund auf sich, befahl „Platz!", Mark zog langsam den Köder aus seinem Versteck in das Gesichtsfeld des Hundes. Ließ sich Violet auf das bewegende Spielzeug ablenken, stoppte Mark die Bewegung sofort und nahm sie nicht wieder auf, ehe der Sheltie sich wieder voll auf Claudia konzentriert, ihrem Kommando gehorcht hatte.

Nachdem Violet erst einmal gelernt hatte, das Spielzeug zu ignorieren, wiederholten Mark und Claudia in Anwesenheit kleiner Tiere und Kinder den gleichen Orientierungs- und Kommandoprozeß. Nach und nach waren sie in der Lage, den Hund auch mit zu der Farm zu nehmen, wo die Schafe gehalten wurden. Dabei konnten sie stolz beobachten, daß sie durch Konzentration auf den Hund und seine positive Reaktion das neugewonnene Verhalten auch hier durchsetzen konnten. Der Hund reagierte stärker auf die Erziehung als auf die weidenden Schafe.

Natürlich, der Einsatz von Ersatzreizen bedeutet, daß der Hundebesitzer jemand finden muß, der bereit ist, seinen Chihuahua, seine Katze oder den Ehemann als Köder bereitzustellen. Es bedeutet evtl. auch jemand zu gewinnen, der das notwendige Auto, Fahrrad oder Lastwagen besitzt. Wenn Du Sorge hast, Dein Hund könnte wirklich beißen, solltest Du sicherstellen, daß jeder Helfer kräftige Kleidung trägt, auch Stiefel, daß dabei Dein Hund über die ganze Zeit an der Leine und unter Deiner Kontrolle steht. Erbitte keine Hilfe von irgendjemandem, der auch nur die kleinsten Bedenken hinsichtlich der Ausbildung hegt. Fehlende Konsequenz aufgrund von zögernder oder unvollständiger Aktionen macht alle Dinge nur noch schlechter. Hilfsbereite und wissende Freunde jedoch können diese Ausbildung für alle Teile sehr erfreulich machen.

Jagt Dein Hund Menschen, kann ein Helfer selbst den Hund orientieren, gleichfalls dem Hund Kommando geben, sich zu setzen, nachdem erst einmal der Besitzer die entsprechende Reaktion erzielt hat. Jagt der Hund Kinder, erzielt man manchmal besonders gute Erfolge im Gehorsam auf das Kommando, indem man ein Kind zusammen mit einem Erwachsenen einsetzt, dieselbe Methode wiederholt mit Erstarren und den entsprechenden Kommandofolgen. Reagiert der Hund einmal auf diese Kombination, läßt man noch immer Erwachsenen und Kind gemeinsam agieren, wobei aber allein das Kind den Kontakt zum Hund aufnimmt und Kommando erteilt. Beim abschließenden Schritt läuft das Kind allein, orientiert, kommandiert und lobt den Hund allein. Noch einmal, man sollte den Hund bei derartigen Übungen generell an der langen Leine führen und stets unter strikter Kontrolle haben. Der ursprüngliche Folge- und Generalisationstrieb ist so stark, daß Ersatzreize und überschwengliches Lob kritisch gesehen werden müssen. Halte Dir stets vor Augen, Du verlangst vom Hund, daß er seine Art der Erforschung *seiner Welt,* einen natürlichen Trieb unterdrückt, weil dieser Trieb in *Deiner Welt* unerwünscht, ja sogar recht gefährlich ist. Nur wenn Du Deinem Hund etwas besseres anbietest – Deine Liebe, Lob und Partnerschaft – anstelle des Nachfolgeinstinkts, wird der Hund diesen aufgeben.

Halte Dir auch vor Augen, daß Du an die Stelle des Folgetriebs ein akzeptables Verhalten setzen willst, das aber Deine oder irgendeiner anderen Person *Anwesenheit* verlangt. Selbst wenn Dein Hund zu 100% unter diesen Umständen reagiert, ist dies keine Garantie, daß er nicht in sein ursprüngliches Jagdverhalten zurückfällt, wenn man ihn seine eigenen Wege gehen läßt. Wenn Du deshalb weißt, daß Dein Hund ein Jäger ist, mußt Du immer dafür sorgen, daß er eingesperrt ist, wenn Du ihn nicht kontrollieren kannst. Dies ist nicht nur Zeichen guter Kommunikation unter verschiedenen Geschöpfen, es kann auch das Leben Deines Hundes retten, unnötige Schäden Deiner Nachbarn und/oder an deren Eigentum unterbinden.

Das Sehvermögen des alten Hundes

Wie wir das ganze Buch über gesehen haben, entwickeln älter werdende Hunde eigene Probleme in ihrem Sinnessystem. Das Sehvermögen macht hier keine Ausnahme. Die kristallklare Linse im Auge eines jungen Tieres wird mit zunehmendem Alter progressiv wolkiger, dadurch werden Kommunikationsstörungen, die aus dem schlechteren Sehvermögen des Hundes entstehen, noch komplizierter. Madelyn und Ernie Hobart haben ihren Australischen Blue Heeler Melbourne schon länger in der Familie als ihren zehnjährigen Sohn. Melbourne wird elf, aber er bewegt sich noch immer wie ein junger Hund. Ja, seine Besitzer und ihre Freunde bewundern geradezu des Hundes offensichtliche Altersfrische.

Eines Abends saß Ernie in seinem Lieblingssessel und las die Zeitung. Melbourne setzte sich neben ihn und schaute ihm liebevoll ins Gesicht. Ernie schaute seinem Hund ins Gesicht und keuchte: „Mein Gott, Mels Augen sind so wolkig. Gibt es bei Hunden auch den grauen Star? Was passiert, wenn er blind wird?"

Madelyn schaute sich den Hund an: „Ich habe dies nie zuvor gesehen. Es muß gerade jetzt erst passiert sein. Ich gehe morgen mit ihm zum Tierarzt."

Wenn ältere Tiere mehr körperliche als Verhaltensprobleme zeigen, werden die meisten Hundebesitzer eine solche Entwicklung als normal ansehen. Es ist jedoch in der Regel wichtig, das Problem klar zu umreißen. Fehlerhafte Meinungen können dann die Interpretation dessen, was das Auge tatsächlich sieht, nicht verwirren.

Problem	Wann tritt/trat das Problem auf	Mögliche Erklärungen
Melbournes Augen sind wolkig.	Seit kurzem, jetzt aber immer.	Normale Altersveränderung.
		Augenerkrankung.
		Star.
		Irgendeine Art Entzündung.
		Krebs.
		Teilweise Blindheit.

Eine solche Definition hilft der Familie Hobart, ruhig zu bleiben. Stellen Hundebesitzer voreingenommene, aber nicht nachgewiesene Diagnosen der Erkrankungen ihrer älteren Hunde („Ich weiß, er hat Krebs!" „Ich bin ganz sicher, sie ist blind!"), dann setzen sie sich selbst Furchtgefühlen aus, gleichzeitig all den Nebeneffekten, die Furcht nun einmal bewirkt. Ich habe schon erlebt, daß Furcht bei Patienten zeitlich begrenzte Taubheit auslöste, die ganz einfach nur ein Wort, das ich sagte, nicht hören konnten oder wollten. Ich erinnere mich einer Untersuchung, bei der der Besitzer wehklagte: „Oh Gott, sie ist blind!", und das während der ganzen Untersuchung. Als ich ihm versicherte, die Augen seiner Hündin seien vollkommen in Ordnung, schrie er: „Lieber

Gott, ich danke Dir, sie kann sehen!" In der ganzen Zeit stießen meine sorgfältigen Erklärungen über die tatsächliche Erkrankung des Tieres und ihre notwendige Behandlung auf taube Ohren.

Bedienen sich die Hobarts der vier Grundfragen, kommen sie sicherlich zu der Schlußfolgerung, daß sie Melbourne keinesfalls verlieren wollen. Es fehlt ihnen aber sicher an ausreichender Information, um zu entscheiden, ob sie irgendetwas verändern müssen. Deshalb bringen sie Melbourne zum Tierarzt, der ihnen erläutert, daß bei dem Hund eine allgemeine Altersveränderung vorliegt, die man als Altersdystrophie bezeichnet. In diesem Alter werden die Augenlinsen wolkig.

„Wie kommt es, daß wir dies jetzt erst entdeckt haben?" will Ernie wissen.

„Das ist Zufall", antwortet der Tierarzt. „Wenn der Wechsel eintritt, kompensiert der Hund die verminderte Lichtmenge, die durch die Linse passiert, indem er seine Pupille mehr öffnet und seine anderen Sinne stärker nutzt. Stelle Dir ein Zimmer vor, das Du beleuchten möchtest, indem Du nur ein einziges Fenster als Lichtquelle einsetzt. Um die Lichtmenge zu regulieren, kannst Du die Rollos öffnen oder schließen. An hellen Tagen schließt Du sie mehr, an bewölkten Tagen kann es notwendig sein, die Rollos ganz zu öffnen. Nun stelle Dir vor, auf dem Fenster sammelt sich eine Menge an Ruß und Schmutz. Um jetzt die gleiche Lichtmenge in das Zimmer zu lassen, mußt Du die Rollos mehr öffnen als zuvor. Möglicherweise öffnest Du sie jetzt an einem sonnigen Tag ebenso wie zuvor an einem bewölkten. An grauen Tagen mußt Du lernen, mit weniger Licht auszukommen. Melbournes Augen arbeiten auf die gleiche Art. Weil er jetzt seine Pupille weiter öffnet als normal, um die gleiche Lichtmenge durchzulassen, konntest Du schließlich klar die bewölkten Linsen sehen. Als Mel jünger war, konntest Du die Linsen überhaupt nicht sehen, weil sie klar waren und weil er bei stärkerem Licht die Pupille mehr geschlossen hielt. Obwohl deshalb die Veränderung erst nach und nach eintrat, traf bei Lampenlicht dieses die Augen des Hundes im richtigen Winkel, dadurch konntest Du plötzlich in das Auge selbst hineinsehen."

In Antwort auf die Sorgen der Familie Hobart um das Sehvermögen ihres Hundes versichert ihnen der Tierarzt, daß der Hund zwar nicht mehr so gut sehen kann wie zuvor, aber daß Mel keinesfalls blind sei. Vermindertes Sehvermögen bedeutet für ein Tier, dessen Sehvermögen in erster Linie auf Bewegung ausgerichtet ist, keinen großen Unterschied; Bewegungen müssen schon außerordentlich langsam werden, ehe der Hund die Fähigkeit verliert, sie wahrzunehmen.

Was kann Familie Hobart tun, um Melbourne zu helfen? Eine Möglichkeit besteht darin, den Hund in erster Linie über den Geruchssinn anzusprechen, wenn sie merken, daß er anders weniger reagiert. Bei älteren Tieren arbeitet der Geruch besser als das Hörvermögen, denn auch das Hörvermögen schwindet in der Regel mit zunehmendem Alter. So kann man zum Beispiel ein *ganz leicht* duftendes Kölnisch Wasser nehmen und mit einem Bodenabstand von etwa 45 cm in Nasenhöhe am Geländer die Treppenstufen markieren, immer auf der Seite, auf der sich die Türen öffnen. Ebenso markiert werden können Möbelbeine, evtl. auch Schuhe und Knöchel, wenn man mit dem Hund spazieren geht. (Für das Geruchssystem eines Hundes bedarf es eines außerordentlich leichten Duftwassers. Ist der Geruch zu stark, irritiert dies nicht nur Besitzer wie Hund, es kann das Tier völlig verstört machen.) Kaufst Du neue Möbel oder neue Gardinen, können diese gleichfalls zur Identifikation leicht besprüht werden. Der Hund lernt wie bei allen Orientierungsmitteln hier schnell, den Geruchssinn anzuwenden, er sagt ihm: „Vorsicht!" und der Hund reagiert entsprechend.

Nach ihrem Besuch beim Tierarzt beraten die Hobarts anhand des neugewonnenen Wissens erneut die Situation. Sie kommen zu dem Schluß, daß Mel sich unverändert benimmt, äußerlich kein Anzeichen verminderten Sehvermögens aufweist. Das Beste für sie bleibt, ihn sorgfältig zu beobachten, für den Augenblick aber keine Änderungen vorzunehmen. Dabei machen sie es sich selbst zur ganz speziellen Aufgabe, die Situation im 3-Monats-Abstand immer wieder zu überprüfen.

Wenn die Lichter erlöschen

Wie gut kann ein Hund den Verlust des Sehvermögens durch andere Sinne ausgleichen? Ich erinnere mich, ich untersuchte einen alten Hund, dessen Besitzer schnellstens zum Tierspital gerannt waren, vollkommen in Panik, weil man den Hund „blind geschlagen" hätte, während er den Urlaub über in einer Pension war. Als ich den Hund untersucht hatte, konnte ich sofort sagen, daß er tatsächlich blind war. Ich konnte aber keinerlei Anzeichen dafür entdecken, wonach der Hund *plötzlich* sein Sehvermögen verloren hatte. Der Hund schien vollkommen gesund mit Ausnahme der Tatsache, daß er gegen Gegenstände ringsum anstieß.

„Ich wußte es, wir sollten ihn nie in eine Pension gegeben haben!" stöhnte der schuldbewußte Besitzer. „Aber wir mußten das Haus renovieren lassen und Pal regt sich so sehr über Fremde auf!"

Zum Renovieren gehörte ein neuer Anstrich des Fußbodens, neue Tapeten, neue Gardinen und Vorhänge, außerdem wurde das gesamte Mobilar neu plaziert. Kurz gesagt, der Renovierungsprozeß hatte alle Geruchsmerkmale zerstört, die Plazierung der Möbel verändert, die der Hund trotz seines fehlenden Sehvermögens über viele Jahre kannte. Meisterhaft hatte er sein fehlendes Sehvermögen durch Geruchs- und Tastsinn kompensiert, seine Besitzer hatten seine Blindheit solange nicht erkannt, bis sie alle ihm gewohnten Hilfen beseitigt hatten.

Nachdem wir erst einmal das Problem identifiziert hatten, stellten die Hundebesitzer bereitwillig die Möbel wieder an die ursprünglichen Stellen, besprühten Türöffnungen, Treppen und Stuhlbeine mit leicht duftendem Kölnisch Wasser und brachten den Hund dann wieder in seine alte Umgebung. Sechs Wochen danach konnte sich der alte Hundebürger in seinem Haushalt wieder ohne Probleme zurechtfinden.

Blindheit bei Junghunden erfordert wie Taubheit nur, daß die Hundebesitzer eine andere Art der Kommunikation aufbauen. So wie die Besitzer von tauben Tieren sich in erster Linie auf Sichtorientierung einstellen, können sich Besitzer blinder Hunde auf Ton und Geruch orientieren. Akzeptiert der Besitzer eines blinden Tieres erst einmal die Krankheit als normal, kommt er auch nicht auf die Idee, das Tier viel zu stark zu schützen, kann sich ein recht befriedigendes gegenseitiges Verhältnis entwickeln. Hat der Hund erst einmal Vertrauen gefaßt, das nur aus laufender Kommunikation erwachsen kann, wird er durch ungewöhnliche Ereignisse nicht mehr erregt als ein sehender Hund. Tatsächlich glauben einige Besitzer blinder Hunde, daß dies sogar noch bessere Familienmitglieder sind, weil die mit dem speziellen Sehvermögen des Hundes verbundenen Probleme nicht auftreten.

Eine andere Form von Blindheit ist eigentlich gar keine echte Blindheit. Oft lassen die Besitzer von Bobtails oder ähnlich zottiger Hunderassen das Haar dicht über die Hundeaugen wachsen und herunterhängen, weil sie dieses besondere Aussehen schätzen. Was ist das Ergebnis? Ein in Wirklichkeit blinder Hund, den die Menschen aber behandeln als würde er sehen. Glauben wir, ein solcher Hund könne sehen, denken wir gar nicht daran, ihn über den Ton oder in anderer Weise zu orientieren oder ihm unsere Anwesenheit auf andere Art verständlich zu machen. Natürlich sind wir schockiert, wenn ein solcher Hund zuschnappt. Ein Schäferhund, der auf Kopf oder Rumpf von seinem Besitzer geschlagen wurde, kann sich zu einer bedrohlichen Zeitbombe entwikkeln, die gerade darauf wartet, bei einem nichts Böses ahnenden Kind zu explodieren. Da der Hund kaum etwas sehen kann, kann er selbst die leichteste Bewegung als eine Drohung empfinden. Es ist schon für einen Hund mit vollem Sehvermögen schwierig genug, einen aufrecht erhobenen Arm von einem Arm zu unterscheiden, der die gefürchtete zusammengefaltete Zeitung führt. Man sollte den Einsatz solcher Erziehungsmethoden bei ungetrimmtem Haar unbedingt vermeiden, oder Schwierigkeiten sind vorprogrammiert.

Ich erinnere mich eines Hirtenhundes, den wir in der Tierklinik hielten aufgrund eines Hüftleidens, dieser ließ niemand an sich herankommen. Als wir die Hündin in einem Zwinger beobachteten, bemerkten wir, daß jedesmal, wenn sie einen Ton hörte, sie sich schnell in diese Richtung umdrehte, ihren Kopf schüttelte, um zumindest für kurze Zeit das Haar aus den Augen zu bekommen. Stelle Dir einmal vor, wie unter solchen Umständen für einen Hund das Leben bedrohlich und frustrierend sein kann. Glücklicherweise waren wir in der Lage, das Vertrauen des Hundes zumindest insoweit zu gewinnen, daß wir ihm die Haare schneiden konnten. Ihr Verhalten und ihre Persönlichkeit besserten sich sofort.

Hast Du schon Erzählungen gehört, wie gefährlich es sei, die Haare oberhalb der Hundeaugen zu schneiden? Die einzige wirkliche Gefahr, welche das Haarschneiden verursacht, liegt bei einem Dutzend von Richtern im Ausstellungsring. Wenn menschliche Ausstellungsstandards diktieren, daß eine bestimmte Hunderasse Haar tragen soll, das die Augen bedeckt, dann muß jedermann, der in einer solchen Rasse auf Ausstellungen erfolgreich sein will, das Haar lang über die Augen des Hundes tolerieren. Wenn Du nicht dazu gehörst, dann schneide die Haare Deines Hundes um der eigenen Sicherheit und um des Wohlbehagens des Hundes willen!

Was Du siehst, bekommst Du

Ein letzter Blick auf das Sichtvermögen von Mensch und Hund zeigt ausschließlich ein menschliches Problem. Hast Du je Bemerkungen wie eine der folgenden gehört?

„Jedesmal, wenn ich einen Deutschen Schäferhund oder einen Dobermann sehe, erschrecke ich mich. Man sollte solche Hunde überhaupt nicht gestatten."

„Ich verstehe wirklich nicht, wie Menschen solche aufgeregten kleinen Hunde ertragen. Für mich sind dies überhaupt keine Hunde. Sie sind viel eher Ratten!"

„Huskies und Alaskan Malamutes sind nichts anderes als Wölfe. Sie gehören überhaupt nicht in die Stadt!"

„Ich würde mir nie einen weißen Hund zulegen, selbst für Geld nicht!"

„Eher würde ich sterben als einen langhaarigen Hund im Hause haben!"

Alle solche Erklärungen reflektieren menschliche Vorurteile, die ausschließlich entstanden sind durch die äußere Erscheinung verschiedener Rassen oder Hundetypen. Was glaubst Du, wie groß sind die Chancen einer echten Kommunikation zwischen einem solchen Menschen und dem Gegenstand seiner Furcht und Mißbilligung? Genauso wie die Liebe auch die unglaublichsten Begrenzungen überwinden kann, alle Kanäle der gegenseitigen Verständigung eröffnen, so können Vorurteil und Angst (was oft das Gleiche ist), die gleichen Kanäle blockieren, sie zu unüberwindlichen Barrieren machen.

Hast Du starke Antipathien gegen eine bestimmte Rasse oder Hundetyp und glaubst, daß deine Vorurteile begründet sind, dann ist dies Dein gutes Recht, vorausgesetzt, Du *mußt nie* mit einem solchen Tier umgehen, das Du so abscheulich findest. Auf der anderen Seite könntest Du Dich selbst einmal in Deinen eigenen Vorurteilen verfangen, ganz ähnlich wie Chuck Cranshaw, der versuchte, seinen Neffen damit zu necken, daß er drohte, aus kleinen Yorkshire Terriern und Chihuahuas Gulasch für seine Deutsche Dogge machen zu lassen. Eines Tages verfiel Chuck Hals über Kopf einer kleinen Zirkusfee, der ein Yorkie gehörte. So mußte er alle seine Maßstäbe neu einrichten. Snippet, der kleine Yorkie seiner Geliebten, war ein sich sehr wohl benehmendes, freundliches, fünf Pfund schweres Bündel an Liebe und Zuneigung. Snippet gewann Chucks Herz in wenigen Tagen. So gab Chuck schnell seine Vorurteile auf, da sie völlig unbegründet waren. Zuvor hatte er nie irgendwelche kleinen Hunde kennengelernt, dennoch hatten sich bei ihm eine Masse unsubstantiierter Vorstellungen angesammelt. Sobald er erkannte, daß Snippet überhaupt nicht in diese dummen Vorurteile paßte, gab er sie auf, die gegenseitige Verständigung blühte!

Obwohl wir Menschen über ein viel besseres Unterscheidungsvermögen von Einzelheiten verfügen als Hunde, unterliegen wir doch oft einem generalisierten Denkprozeß. Werden wir selbst oder jemand in unserer Umgebung von einem Schäferhund, Dobermann, Husky, Terrier oder Zwergpudel erschreckt oder gar gekniffen, nehmen wir an, alle Tiere dieser Rasse bissen Menschen. So schließen sich Türen, entstehen Barrikaden und die Verständigung entflieht durch die Fenster.

Negative Ereignisse geschehen zwischen Individuen, niemals zwischen einer Person und einer Hunderasse, Hundegruppe oder Hundeart. Mehrfach von Dobermännern gebissene Leute fürchten sich vor Dobermännern, mögen sie nicht. Aber es ist außerordentlich wahrscheinlich, daß sie diese Gefühle bereits hegten, *ehe* ein solches negatives Ereignis auftrat. Es ist tatsächlich möglich, daß solche Gefühle ein Ereignis geradezu heraufbeschwören, welches die Gefühle erwarten. Ich habe öfter als einmal gesehen, daß ein Hund auf die Furcht eines Menschen durch Beißen und anderes negatives Verhalten reagierte.

Kommen wir zu einem positiven Vorurteil – das ist Liebe –, sie ermöglicht es Hundebesitzern, einen neuen und schöpferischen Weg zur Verständigung zu finden. Negatives Vorurteil blockiert nachhaltig jede Verständigung. Noch etwas, einige Hundebesitzer verständigen sich sehr gut mit ihrem Hund und *nur* mit ihren Hunden. Für mich ist dies etwas ähnliches, als wenn man nur mit den eigenen Kindern auf gutem Fuße steht. Das ist zwar hübsch, aber es gibt sehr viel mehr Kommunikationsmöglichkeiten für alle die, die das Selbstvertrauen haben, Kommunikation zu suchen und zu entwickeln. Wenn Dich der Anblick einer bestimmten Hunderasse beunruhigt, solltest Du Dein eigenes Denken über den Sechs- Punkte-Prozeß analysieren, dabei jeden einzelnen Hund und jedes einzelne Problem einzeln prüfen. Schlechtes Benehmen ist nicht alles an einem Hund, ein Hund ist nicht die ganze Rasse und eine Rasse repräsentiert nicht eine ganze Hundegruppe (Beispiel Terrier).

Nachdem wir jetzt verstanden haben, wie die Sinne arbeiten, wie wir uns mit unserem Haushund verständigen können und Probleme lösen, wollen wir uns mit einem ganz speziellen Sinn befassen, der auf ganz besondere Art alle Sinne in sich vereint.

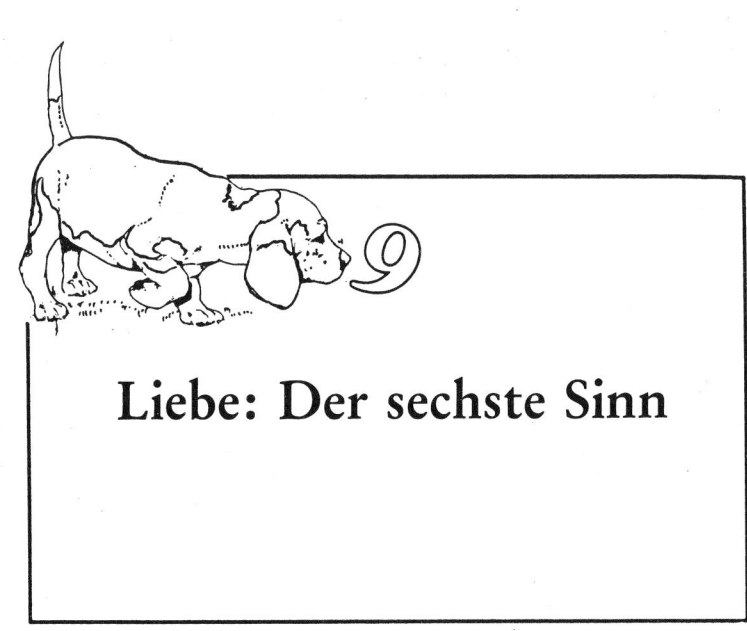

Liebe: Der sechste Sinn

Nach einer harten Auseinandersetzung vor Gericht mit seiner früheren Frau Ilene war Douglas Sitwell der Familienhund Shawn, ein recht aggressiver Setter, zugesprochen worden. Nachdem Douglas zunächst seinen Sieg vor Gericht gefeiert hatte, entdeckte er bald, daß der überschäumende Hund sein Leben ganz wesentlich beeinträchtigte. Da Ilene zu Hause gearbeitet hatte, war Shawn ihr völlig ergeben, an ihre ständige Anwesenheit gewöhnt. Jetzt mußte der Setter lange Zeiten allein bleiben. Das Ergebnis war eine Periode der Zerstörung nach der anderen.

Eines Abends wurde Douglas von den Einzelteilen einer heruntergerissenen Stereoanlage begrüßt, umgeworfene Lautsprecher, angenagte Platten und Tonbänder lagen ringsum verstreut. In seiner Wut packte Douglas Shawn am Hals und schmiß ihn gegen die Wand, dadurch brach ein Vorderlauf des völlig verstörten Hundes. Sofort befielen Douglas Schmerz und Reue. Er fuhr schnellstens zum Tierarzt und in kürzester Zeit war dem Setter ein Gipsverband angelegt.

„Halte Shawn so ruhig als möglich", warnte der Tierarzt. „Stecke ihn in einen Käfig oder in einen Kunststoffbehälter, wenn Du ihn nicht im Auge halten kannst."

Dies klang so gut, daß Douglas noch am selben Tag einen solchen Kunststoffbehälter kaufte. Von da an durfte Shawn nur noch dann heraus, wenn er sich lösen mußte. Obwohl der Lauf wunderbar heilte, hielt Douglas den Hund weiterhin in dem Behälter und hatte nur sehr wenig Kontakt mit ihm. Als einige Monate später Shawns frühere Herrin zu Besuch kam, war der verstörte Hund ein geistiges Wrack.

„Oh Doug, wie konntest Du das nur tun!" schluchzte Ilene und hielt den zitternden Hund im Arm.

Es ist kaum leichter, Liebe als Wechselbeziehung zu definieren als zu versuchen, Liebe selbst zu beschreiben. Einige sagen, alles was Du brauchst ist Liebe (all you need is love); andere wiederum sagen, von Liebe allein kann man nicht leben, Liebe allein ist nicht genug. In vieler Weise kann man die Rolle der Liebe verstehen, wenn man Liebe als eigenen Sinn, als Träger der Verbindung zu einem anderen Geschöpf ansieht. Wie die anderen Sinne dient Liebe als Medium, um Anreize oder Botschaften von einer Quelle zur anderen zu übermitteln.

Zwischen Hundebesitzer und Hund bildet Liebe sowohl eine unsichtbare Brücke als auch eine unsichtbare Leine. Liebe ist ein Pfad, der die Grenzen zwischenartlicher Kommunikation umgeht, enge Zusammenarbeit auch verschiedener Geschöpfe ermöglicht. Wie die durch Nase, Ohr oder Auge gewonnenen Eindrücke, so variieren auch die durch Liebe gewonnenen Bilder von Art zu Art. Einige Hundebesitzer finden die Art, in der Hündinnen oft die schwächsten in einem Wurf ignorieren, abstoßend und barbarisch. Dabei übersehen sie die Tatsache, daß die Wahrnehmungen der Hündin durchaus weit klarer sein könnten als ihre eigenen. Man sollte wissen, daß eine Hündin alle Arten wertvoller Informationen über den Zustand ihres Nachwuchses sammelt, indem sie sorgsam Zoll um Zoll die Welpen mit ihrer empfindsamen Zunge ableckt. Dies ist ein für uns noch nicht voll verständlicher Komplex und geht wahrscheinlich weit über die Einsparung von Seife und Wasser hinaus. Nun könnten sicherlich beide Geschöpfe, Mensch wie Hund, einander ansehen und sagen: „Wie kannst Du Deine Kinder *lieben* und Dich dennoch ihnen gegenüber so verhalten?"

Ist es Liebe oder Instinkt, wenn eine Hündin zufrieden ihre Welpen reinigt und ernährt? Eine Menge Wissenschaftler sagen, es sei Instinkt. Viele dieser Wissenschaftler glauben auch, daß Kommunikation zwischen verschiedenartigen Geschöpfen nur dann auftritt, wenn beide Geschöpfe lernen, in gleicher Art zu denken –, was in der Regel bedeuten würde, denken wie der Mensch. Trotzdem, trotz aller nachvollziehbaren Daten, die besagen, Hunde empfänden keine Liebe – die meisten Hundebesitzer finden es lächerlich, auch nur zu denken, es wäre anders. Hundebesitzer (natürlich auch alle Besitzer von Haustieren) wissen, daß sie ihre Tiere lieben, und daß umgekehrt auch ihre Tiere sie lieben.

Ist das richtig? Obwohl ein Verstehen von Liebe ebenso schwierig ist wie das Begreifen jeder anderen Sinneswirkung, wenn man wirklich sehr gute Wechselbeziehungen zwischen verschiedenen Arten aufbauen will, so haben doch viele Hundebesitzer große Schwierigkeiten mit dem wechselseitigen Charakter der Liebe. Haben wir erst einmal die physiologischen Gründe für das Sehvermögen eines Hundes verstanden, dann können wir auch begreifen, wie die Gesichtseindrücke unseres Hundes von unseren eigenen sich unterscheiden, ohne daß wir aber dabei je Zweifel hegen, daß unsere Haustiere tatsächlich sehen können. Anders ausgedrückt, gäbe es da nicht das Sehvermögen unserer Hunde beeinträchtigende körperliche Verschiedenheiten, könnten wir leicht sagen, wir wissen, daß unsere Hunde sehen können, genauso wie wir wissen, daß wir sie sehen können. Kommt es dann aber zur Behauptung, unsere Hunde liebten uns, dann können das nur wenige mit der gleichen Gewißheit zum Ausdruck bringen, mit der wir die Fähigkeiten unserer vierbeinigen Freunde bestätigen, zu sehen, zu riechen, zu hören oder zu schmecken. Die meisten von uns wissen, wie wir gegenüber unseren Haustieren empfinden. Ganz gleich ob wir unsere Hunde leidenschaftlich lieben, ihnen freundlich zugeneigt sind oder sie gar abgrundtief hassen, *wir können nie sicher sein, welche Empfindungen sie uns gegenüber hegen.*

Eines ist sicher, Chuck Lepesto weiß, daß er für Huggybear sterben würde. Würde Huggybear aber auch für ihn sterben? Huggy ist auf der ganzen Welt sein bester Freund, würde Huggybear aber auch zu ihm stehen, wenn Chuck alle seine Leckerbissen ausgingen und die Nachbarn brieten Steaks auf ihren in den Vorgärten stehenden Grills?

So ganz sicher ist Chuck nicht, sind die meisten von uns nicht. Die meisten Hunde, die dazu ausgebildet sind, im Gefahrfall ihre Familie zu schützen, etwa durch Bellen, Knurren oder Beißen, zeigen im allgemeinen durch ihr Verhalten nur die Ergebnisse der Erziehung ihrer Herren, die darin ein äußeres Zeichen der Liebe und Ergebenheit ihres Hundes sehen.

Obgleich der Hundebesitzer vom Stromableser, Zeitungsboten oder Motorrädern gar nicht bedroht wird, interpretiert der Besitzer die Tatsache, daß der Hund auf derartige

Auslöser defensiv antwortet, irrtümlich als einen Ausdruck wie: „Ich liebe Dich! Ich will Dich beschützen!" Viel häufiger ist tatsächlich das, was der Hund wirklich durch sein Verhalten auf seinen Besitzer übertragen möchte: „Ich habe mich nahezu zu Tode erschrocken!"

Als wir die Probleme rings um das Geräuschempfinden untersuchten, kamen wir zu dem Ergebnis, daß Gleiches Gleiches auslöst; Lärm führt zu mehr Lärm, dasselbe bewahrheitet sich hinsichtlich Liebe und Vertrauen. Weil es Hundebesitzern am Vertrauen an der Fähigkeit und dem Wunsch ihres Hundes mangelt, sie zu lieben, zwängen sie schützendes Verhalten in ihre Hunde, das immer wieder nur einen Mangel an hundlichem Selbstvertrauen spiegelt.

Das Vertrauensspiel

Da wir Liebe nicht in Begriffen unserer eigenen Gattung definieren können, gibt es irgendeinen Weg aus diesem unproduktiven Kreis? Ganz bestimmt! Verursacht mangelndes Vertrauen negatives Verhalten sowohl von Hundebesitzer wie Hund, dann können wir die Situation nur dadurch wieder ins Gleichgewicht bringen, wenn wir auf beiden Seiten Vertrauen aufbauen.

„Das war natürlich nur ein Scherz!" sagt Chuck Lepesto voller Reue. „Einer der Gründe, warum Huggy mein bester Freund ist, liegt darin, daß ich Menschen gegenüber so unbeholfen und schüchtern bin!"

Das ist genau die Art, wie sich viele Hundebesitzer fühlen. Daran ist auch nichts verkehrt, solange uns die Folgen unseres eigenen Mangels an Selbstvertrauen für unsere Hunde klar sind. So trug zum Beispiel eine meiner Klientinnen stets einen kleinen Beutel mit Wurstzipfel in ihrer Handtasche, wann immer sie mit ihrem Hund unterwegs war, also die meiste Zeit. Ihr Hund, eine kastrierte Schäferhund-Mischlingshündin, war so beschützerisch und gleichzeitig ängstlich, daß die Hündin jedesmal nahezu verrückt wurde, wenn ihre Herrin versuchte, aus dem Auto auszusteigen. Die einzige Art, wie die Frau verhindern konnte, von ihrem wild gewordenen Tier gebissen zu werden, war, daß sie einen Wurstzipfel auf den Rücksitz warf und aus dem Auto sprang, wenn der Hund sich auf die Wurst stürzte.

„Warum tolerieren Sie ein solch unmögliches Verhalten?" Dies war meine Frage an meine Klientin, ihr Hund knurrte drohend und zog an der Leine.

„Weil ich Schutz haben möchte."

„Aber die Hündin schützt Sie doch gar nicht wirklich! Sie ist nahezu zu Tode verängstigt, irgendetwas einschließlich ihrer Herrin könnte verletzt werden."

Die Frau schaute mir fest und gerade ins Auge. „Ich wurde einmal beraubt! Es ist mir durchaus wert, so zu leben, wie ich dies tue und zu wissen, daß mir ein solches Schicksal nie wieder droht!"

Was man sich wünscht, bekommt man. Was immer an Selbstvertrauen diese junge Frau auch einmal hatte, offensichtlich verlor sie es bei einem schrecklichen Erlebnis. Alles was blieb war ihre Angst, und diese hatte sie wiederum willig auf ihr Haustier übertragen.

Glücklicherweise hat diese Geschichte ein gutes Ende. Ungefähr zwei Jahre später sah ich die Frau und ihren Hund wieder. Die Änderung beider war bemerkenswert. Beide bewegten sich leicht und voll Selbstvertrauen, alle Anzeichen von auf Furcht basierender Strenge und Aggressivität waren verschwunden. Ich brannte vor Neugierde zu erfahren, welch großartiges Wunder beider Haltung so dramatisch verändert hatte. Das Wunder war ein 1,88 Meter langer, 91 Kilo schwerer Ex-Marinebräutigam. Wenn Liebe kommt, folgt ihr stets Vertrauen, läßt keinen Raum für Furcht.

Gibt es aber nicht genügend frühere Marinesoldaten rund um Dich, um Dir und Deinem Hund Vertrauen einzuflößen, kannst Du es auch selbst tun. Fange einfach damit an, Deinem Hund einfache Kommandos in ruhiger Umgebung zu Hause zu

geben, dann verlagere nach und nach Deine Erziehungsstunden in immer ablenkungs-
reichere, bevölkerte Gebiete. Einkaufscenter und Stadtparks sind besonders geeignet für
diese Art der Vertrauensbildung. Je mehr Dein Selbstvertrauen wächst, um so wahrscheinlicher ist es, daß Dein Hund ebenso sein möchte wie Du, er liebt Dich genau wie
Du ihn liebst.

Worin besteht der Unterschied?

Wir haben bereits gelernt, daß wir mit unserem Hund sehr effektiv zusammenarbeiten, wenn wir alle Arten der Sinnesleistungen nutzen. Welchen Unterschied macht es
dann noch, ob wir unsere Hunde lieben oder glauben, daß sie uns lieben? Für mich
besteht der Unterschied im gleichen wie zwischen einer guten Beziehung und einer
großartigen Partnerschaft. Es gibt auch einen Unterschied zwischen einer Beziehung,
die daraus besteht, was jeder der Partner *tut* und einer Beziehung, die daraus besteht,
was jeder der Partner *ist*. Vielleicht klingt dies zu abstrakt, um praktisch verstanden zu
werden, aber womit sollte man sonst den strahlenden Glanz unglaublicher Hundege-
schichten erklären, die alle Altersstufen und alle Zivilisationen umspannen? Warum gibt
es tatsächlich immer wieder Hunde, die ihr Leben riskieren, um Menschen zu retten und
umgekehrt? Warum hören wir immer wieder Geschichten von Hunden wie Bobbie, der
innerhalb von sechs Monaten über 2 000 Meilen marschierte, um mit seiner Familie
wieder vereint zu sein? Welche Magie befähigt Barbara Woodhouse, bis zu 80 Hunde an
einem Tag zu erziehen?

Trotz aller wissenschaftlichen Daten, die oberflächlich betrachtet das Gegenteil zu
bestätigen scheinen, die Antwort muß etwas mit Liebe zu tun haben. Ist es Magie? Nur
für jene, die nicht den Mut haben, es selbst zu erleben.

Die alte schwarze Magie

Trotz aller romantischen Balladen, nichts ist dunkler als gescheiterte Liebe. Obwohl wir immer wieder sehen, daß Menschen wechseln, neue Beziehungen entstehen, neigen wir doch zu denken, daß die Beziehungen in unseren Haustieren fest verankert sind, sich nie verändern können. Tatsächlich betonen viele Hundebesitzer die herausragende Qualität ihrer Beziehung zu ihren Hunden, die sie als konstant und unveränderbar ansehen. Dadurch aber legen sie bereits die Grundlage für ein mögliches Mißverständnis. Setzen wir die Tatsache eines Wechsels der Beziehung hinzu und sehen wir, wie eine falsche Interpretation von Liebe bei Familie Sitwell für sie selbst und Ihren Hund zu Problemen führte.

Da der Setter Shawn den ganzen Tag mit Ilene zu Hause war, hatte er naturgemäß zu ihr eine wesentlich stärkere Bindung entwickelt, was von seiner Herrin bereitwillig gefördert wurde. Als nun die Beziehungen zwischen Douglas und Ilene sich zu verändern begannen, konzentrierte Ilene immer mehr ihre Zuneigung auf den Hund. Sicherlich war in dieser schwierigen Zeit der Hund für Ilene ein großer Trost. Die Verschiebung der Zuneigungen führte aber auch zu zwei weiteren Veränderungen: Die Zuneigung Shawns zu Ilene wuchs noch mehr, gleichzeitig auch seine Abhängigkeit von ihr. Douglas wiederum stieß ein zuvor viel geliebtes Haustier immer mehr zurück.

Wir Menschen übertragen nur zu häufig unsere Hoffnungen und unsere Furcht auf unsere Hunde, dadurch machen wir sie oft zum Symbol unserer Beziehungen zu anderen Menschen. Gewisse Hunderassen werden zu Symbolen unseres Wohlstandes, unseres Sozialstatus, von anderen Hunderassen geht auf ihre Besitzer ein mehr maskulines oder mehr feminines Image aus.

Im Falle der Sitwells wurde Shawn zum Symbol, wer die Scheidung „gewonnen" hatte, er wurde aber auch zum Symbol, wer die Liebe des Hundes „gewonnen" hatte! Aber wie dies im Leben so oft der Fall ist, entsprach im tatsächlichen Leben das Symbol überhaupt nicht der ihm zugemessenen Bedeutung. Was Douglas ursprünglich als angenehmen, gut erzogenen Lebensgefährten sah, entwickelte sich zum unangenehmen, ja destruktiven Schmerz in seinem Genick. Der am Boden zertrümmert liegende Traum einer anderen guten Beziehung, die fehlgeschlagen war, war mehr, als er ertragen konnte. So übertrug er seine Enttäuschungen auf den Hund.

Mehrfach während unserer Untersuchungen empfahl ich das Halten eines Hundes in einem Käfig als außerordentlich effektive und vernünftige Ausbildungstechnik. Wie wir aber hier sehen, kann auch die beste Methode fehlschlagen – wenn die richtigen Kanäle der Verständigung außer Funktion sind. In der Theorie war das Einsperren von Shawn sowohl aus medizinischen Gründen als auch wegen seines Verhaltens angezeigt. Da Douglas dies aber in erster Linie tat, um den Hund zu bestrafen, weniger aus Liebe und Sorge um Shawn, war das Ergebnis geradezu abstoßend.

Dies ist einer jener vielen traurigen Fälle, die eigentlich überhaupt kein Ende haben. Liebt Douglas Sitwell seinen Hund? Ilene drückt in ihrer anklagenden Frage bereits aus, daß dies gar nicht der Fall sein kann. Ich bin aber nicht ganz sicher. Wenn Liebe wirklich ein eigener Sinn ist, mehr vielleicht eine Sinnesverbindung oder eine Art Leine, dann vermute ich, daß man diesen über eine bestimmte Zeit verlieren kann, ganz ebenso, wie man auch Gehör- und Gesichtssinn verlieren kann. Wenn aber erst einmal ein Mensch Liebe erfahren hat, was bei Douglas tatsächlich über einen größeren Zeitraum Shawn gegenüber der Fall war, kann man das je vergessen?

Ist Liebe in einer Beziehung nicht mehr gegenwärtig, ganz gleich, aus welchem Grund, dann wirkt sich dies weit zerstörerischer aus als ein Mangel oder gar der Verlust eines der anderen Sinne. Ich glaube, der Unterschied zwischen einem Defizit an Liebe und einem Defizit von Ohr, Auge, Zunge, Nase oder Tastsinn entspricht etwa dem Unterschied zwischen dem Zusammenbrechen einer ganzen Brücke und der Panne eines

Autos auf der Brücke. Ist die Liebe nicht mehr vorhanden, werden alle Formen der Zusammenarbeit negativ betroffen. Ist die Liebe aber da, können selbst die außergewöhnlichsten und bizarrsten Arten der Kommunikation Erfolg haben.

Zuviel des Guten

Ist es möglich, unsere Haushunde zu sehr zu lieben? Ich glaube nein. Ich denke, sehr viele Haustierbesitzer, die sich selbst als zu liebevoll sehen, verwechseln Liebe mit Verblendung. Denke daran, Liebe ist ruhig und sanft, Liebe ist nie arrogant oder roh. Menschen die glauben, sie müßten immer ihrem Hund Liebe zeigen oder anderen ihre Liebe zu ihren Hunden dokumentieren, sind in der Regel jene, die zur Liebe nur wenig Vertrauen haben. Hundebesitzer, die auf ihre Beziehung mit ihren Tieren vertrauen, brauchen sich derer nicht zu rühmen oder sie gar verteidigen. Dies bedeutet nicht, daß ihnen ihre Beziehung gleichgültig wäre, es zeigt nur, daß sie sich mehr auf ihr Unterbewußtsein verlassen als auf sorgfältige Beobachtung. Liebe ist kein Gefühl, das in sich selbst oder durch sie endet. Liebe ist ein Band der Kommunikation, eine Energiequelle, die es uns ermöglicht, uns in andere hineinzudenken, neue und wunderschöne Erfahrungen zu erleben.

In unserem Schlußkapitel werden wir einige praktische Anwendungen mit dieser einzigartigen Verbindung über unsere unsichtbare Leine darstellen.

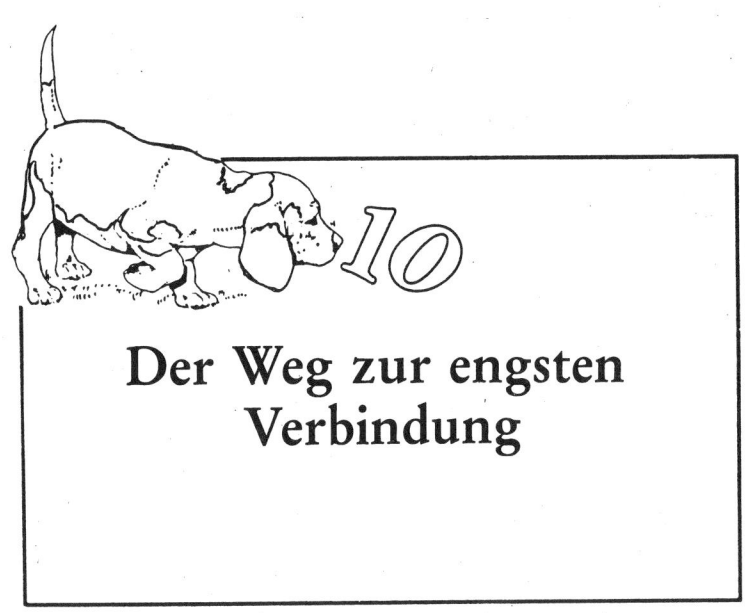

Der Weg zur engsten Verbindung

Die zwei Rassehunde der Familie Eberhard werden mit Kindern, Rockmusik, aufgeregtem Kommen und Gehen, Autofahren und vielen abwechselnden Erfahrungen in der Familie aufgezogen. Jeder Besucher wird wie ein lang verlorener Freund begrüßt, die Hunde schlafen in den Betten ihrer Besitzer und auf der Couch. Draußen im Freien sind die Hunde nur lange genug, um sich zu lösen oder um sich an den Familiengeschehnissen zu beteiligen. Obwohl sie sich die meiste Zeit über vorzüglich verhalten, beschmutzen doch beide Hunde das Haus, kauen und graben zerstörerisch, wo immer sie können und kläffen und heulen, wenn man sie allein läßt. Trotz dieser Fehler lieben die Eberhards ihre Hunde, und die Tiere sind sofort die Lieblinge jedes hundeliebenden Besuchers in ihrem Haus.

Ungefähr zehn Meilen entfernt von der Familie Eberhard teilt Familie Comisky ihren Haushalt mit Bastardmischlingen, Wurfgeschwistern, einem Rüden und einer Hündin, die die meiste Zeit außerhalb des Hauses leben müssen. Ein Hund, meist die Hündin, darf frei laufen, während der andere an der Hundehütte angekettet ist. Werden beide Hunde gleichzeitig freigelassen, machen sie sich auf in die Wälder und sind für Stunden verschwunden. Beide Hunde sind sehr scheu, vom Rüden weiß man, daß er gerne zuschnappt. Obwohl die Hunde gelegentlich auch ins Haus dürfen, bleiben sie doch selten über längere Zeit im Haus. Diese Tiere verbringen ihr ganzes Leben in unmittelbarer Nachbarschaft zum Haus, sie haben wenig Kontakt mit anderen Tieren oder Menschen. Wann immer ein fremdes Fahrzeug oder ein fremder Mensch das Eigentum der Comiskys betritt, knurren die Hunde und bellen abwehrend. Versucht ein Besucher, sich mit ihnen anzufreunden, rennen sie entweder weg, erstarren oder schnappen zu.

In diesem Kapitel gehen wir alles noch einmal durch, was wir gelernt haben und betrachten gemeinsam noch einige immer wieder auftretende Probleme. Nachdem wir jetzt wissen, wie aus den verschiedenartigen Sinnesleistungen Probleme entstehen, auch wissen, daß man sie jeweils zu lösen vermag, wollen wir jetzt sehen, wie der letzte Sinn

– die Liebe – uns dabei hilft, selbst außerordentlich schwierig zusammengesetzte Probleme zu lösen. Sicherlich kann man über die Schwere der Probleme diskutieren, welche durch die Tiere in unseren zwei Haushalten entstanden sind, man kann auch über die Persönlichkeiten der damit verbundenen Menschen zu einem Urteil kommen. Es ist aber Tatsache, daß solche Verhaltensmischungen gar nicht selten sind.

Die Hunde bei Familie Eberhard bringen folgende Probleme: Zerstörerisches Kauen und Graben, Beschmutzen des Hauses und Bellen. Die Probleme im Haushalt Comisky durch die Hunde sind verschiedenartig: Knurren, Schnappen und außergewöhnliche Scheu. Wir können ganz leicht sehen, daß praktisch jeder Sinn der Hunde in jedes der Probleme verstrickt ist. Wie soll man dann beginnen? Der Ausgangspunkt ist immer derselbe: Die vier Grundfragen! Aber in Fällen, wo vielfältige Probleme gegeben sind, setze ich gerne als Vorwort vor der Ausarbeitung der vier Grundfragen eine grundsätzliche Erwägung: Was empfindest Du für den Hund?

Die Anwendung der unsichtbaren Leine

Als wir unsere Diskussion über Kommunikation begannen, sagten wir, Liebe und Vertrauen gingen Hand in Hand für Hund und Hundebesitzer; und die Bereitschaft, etwas zu verändern oder die gegebenen Tatsachen ohne negative Gefühle zu akzeptieren, resultiert aus Liebe und Vertrauen. Wenn Liebe und Vertrauen in sich selbst und das Tier nicht vorhanden sind, kann auch die notwendige Bereitschaft nicht vorhanden sein, das Verhaltensproblem zu verändern oder mit dem Problem friedvoll zu leben. Sieht Gretchen Eberhard ihren einjährigen Pekinesen nur als armseligen Ersatz für ihren gerade gestorbenen Bedlington Terrier mit erstklassigen Ausstellungsqualifikationen, sind ihre Chancen, die Probleme des Pekinesen zu lösen, ungefähr gleich null. Tatsächlich kann es durchaus möglich sein, daß Gretchens Haltung die *Ursache* des Problems des Hundes ist, genauso aber auch das Hindernis, das Problem überhaupt zu lösen.

Liebe und daraus wachsendes Vertrauen und Verantwortung sind Grundvoraussetzungen, wenn man Probleme lösen will, insbesondere, wenn es dabei um vielschichtige Probleme geht. Liebe ist der breiteste Kanal, die reinste Form der Kommunikation.

Solange wir unserem Bozo gerade ins Auge blicken und sagen: „Ich weiß, Du liebst mich, ich weiß, ich liebe Dich auch. Und diese Liebe ist durch den Ärger um den Teppich, um den Müll, den Du über den gesamten Küchenboden verstreut hast, durch das zwei Meter tiefe Loch, das Du unter den Pinien gegraben hast, durch die Mahnungen der Polizei oder durch die Drohungen des Nachbarn in gar keiner Weise gemildert!" – solange können wir alle Probleme lösen.

Klingt das einfach? Probiere es aus! Stelle Dir einfach einmal vor, Dein Hund apportierte Dir Deinen Lieblingsrock mit einem ganz schrecklichen Urinfleck, ein heißgeliebtes Buch mit angenagten Buchdeckeln – oder er verwandelte Deinen hoch geschätzten Blumengarten in einen Sturzacker. Vergegenwärtige Dir Deine Gefühle über den Hund und Dich selbst in einem solchen Augenblick! Bist Du wie die meisten Hundebesitzer, wirst Du über Deinen Hund sehr ärgerlich und enttäuscht sein, tiefen Frust empfinden, außer Dir sein. Nun stelle Dir vor, wie Du reagierst. Auch hier sind die Antworten der meisten Hundebesitzer ziemlich typisch. Ist es das erste Mal, reagieren Hundebesitzer gewöhnlich mit irgendeiner Strafe, der schnell das Vergessen folgt. Ein zweites Vergehen führt in der Regel zu strengerer Bestrafung, weniger Vergeben, weil es für den Besitzer zwei zusätzliche negative Verhaltensmuster anzeigt: Den Fehler des Hundes, der aus der ersten Erfahrung nichts gelernt hat, den Fehler des Besitzers, der den Hund nicht richtig erzogen hat. Passiert das Gleiche weiterhin, steht gewöhnlich bei der dritten Übertretung die Beziehung Hund/Besitzer auf brüchigem Boden.

Stelle Dir die Szene bei der ersten, zweiten und zehnten Übertretung vor und beobachte, wie Deine Gefühle und Deine Reaktionen sich verändert haben. Denke jetzt nicht über eine „richtige Antwort" nach oder wie Du empfinden *solltest*! Beschreibe ausschließlich, wie Du *normalerweise* reagierst. Klingt Dir das irgendwie vertraut? Ob wir uns mit einem einfachen oder komplizierten Problem auseinandersetzen, der erste Schritt ist immer derselbe: Definiere das konkrete Verhalten und Deine Reaktion zunächst als völlig normal.

Nachdem wir jetzt Dein normales Verhaltensmuster in Reaktion auf negatives Verhalten Deines Hundes kennen, wollen wir die ganze Angelegenheit nochmals durchgehen. Dieses Mal aber holen wir erst einmal tief Atem, suchen Augenkontakt mit dem irrenden Tier und sagen zu ihm: „Ich weiß, ich liebe Dich und Du liebst mich! Diese Liebe kann durch nichts, was Du oder ich tun, geschmälert werden." Obgleich dies so einfach klingt, ist es für viele Hundebesitzer außerordentlich schwierig, es wirklich zu tun. Oft ist es der eigene Frust über den eigenen Fehler, der zur körperlichen Züchtigung führt, eher jedenfalls als das negative Verhalten selbst.

„Das ist töricht!" sagt Mrs. Eberhard. „Wir wissen doch, wir lieben unsere Hunde." Das trifft für die meisten Hundebesitzer zu. Aber einer ganzen Anzahl von uns fehlt das Vertrauen in diese Liebe, um daran zu glauben, daß sie Vorrang hat vor unserem schlampigen, inkonsequenten Ausbilden, launenhaften Strafen und dem zerstörerischen Kauen und Graben unserer Hunde. Wir bewundern unsere Hunde, weil sie auch dann noch Liebe zeigen, selbst wenn wir auf sie wie unverbesserliche Narren reagiert haben. Wir fühlen uns aber von unseren Hunden abgestoßen, wenn sie die *gleiche Liebe* zeigen, nachdem sie etwas angestellt haben, das wir schrecklich finden. Von ihrer Natur aus vergeben *und* vergessen unsere Hunde bereitwillig, wenn das Band der Liebe stark ist. Wir Menschen dagegen vergeuden in der Regel viel zu viel Zeit, bis wir zum Vergeben kommen, Vergessen wird dadurch oft völlig unmöglich. In solchen Fällen täten wir viel besser, die kurze Aufmerksamkeitsspanne unserer Hunde nachzuahmen und uns darauf zu konzentrieren, das Ereignis zu vergessen. Das Vergeben kommt dann schon ganz von selbst.

Spieglein, Spieglein an der Wand

Eine Erziehungstechnik hat sich als außerordentlich hilfreich erwiesen. Man stelle sich vor, ein Spiegel wäre oberhalb des Hundegesichtes so angebracht, daß wir uns selbst ebenso gut wie den Hund beobachten können, wann immer wir uns mit dem Hund befassen. Ein solcher Spiegel kann dazu beitragen, daß wir Vertrauen in unsere eigene Fähigkeit gewinnen, richtig mit unserem Hund zu kommunizieren. Ein solcher Spiegel läßt uns ehrlich sein, ermöglicht uns, sofort zu erfassen, wenn unsere Botschaft an unsere Hunde nicht in Übereinstimmung mit unserem Gefühl für den Hund – und uns selbst – steht. Wenn wir diese Technik benutzen, erinnert sie uns stets, daß die Kommunikation zwischen Hund und Hundebesitzer tatsächlich eine vierbahnige Straße darstellt:

- Die Botschaft, die wir an den Hund übermitteln.
- Die Botschaft, die der Hund tatsächlich von uns empfängt.
- Die Botschaft, die der Hund an uns übermittelt.
- Die Botschaft, die vom Hund bei uns ankommt.

Obwohl wir zu gerne annehmen, daß in allen diesen Kanälen volle Übereinstimmung besteht, zeigt uns der Spiegel, daß dies oft nicht der Fall ist. Wir wissen jetzt, daß es Unterschiede in den Empfangsmöglichkeiten bei Hund und Mensch gibt. Wir müssen jetzt lernen, bei unseren menschlichen Übertragungen die notwendigen Anpassungen vorzunehmen, so daß unser Hund wirklich die Botschaft empfängt, die wir ihm zukommen lassen wollen. Dabei müssen wir aber immer noch wissen, daß die Auslegungen beim Hund nie exakt dieselben sind wie die unsrigen.

Wenn John Comisky seinen Hund anschreit: „Weißt Du denn nicht, daß diese Leute unsere Freunde sind?" sagt ihm der Spiegel schnell, daß seine Interpretation der Stellung des Besuchers nicht die gleiche ist wie die des Hundes. Die Spiegeltechnik braucht einige Praxis, durch den Spiegel jedoch verläuft der Datenaustausch unter weniger Mißverständnissen.

Das große Bild

Haben wir erst einmal volles Vertrauen in unsere Gefühle zu unseren Hunden und unseren Beziehungen zu ihnen gewonnen, sollten wir die bestehenden Beziehungen zunächst als normal ansehen. Entscheiden wir uns, daß wir etwas verbessern wollen, dann müssen wir auch bereit sein, das Problem genau zu definieren. Dabei braucht man durchaus nicht jedes einzelne Problem separat zu behandeln, betrachte alle zusammen als Teil einer Einheit und suche nach gleichen oder zusammenführenden Fäden. Wenn zum Beispiel Familie Eberhard eine Liste der Verhaltensprobleme aufstellt, stellt sie fest, daß die Mehrheit der Probleme auftritt, wenn man die Hunde alleine läßt. Auf der anderen Seite treten die besonders negativen Verhaltensstörungen bei den Hunden der Familie Comisky gegenüber fremden Menschen auf.

Das Verhaltensmuster der Eberhard-Hunde ist wohl das allgemein gebräuchlichste. Da Hunde ihrer Natur nach sozial territorial und neugierig sind, ist das Alleinlassen, sie so zu isolieren, für die meisten Hunde eine große Gefährdung. Tatsächlich nehmen einige Verhaltensforscher an, daß bis zu 90% von *allen* negativen Verhaltensmustern bei Hunden auf Isolation zurückgehen. Je nach dem Charakter des einzelnen Hundes kann dieses Verhalten verschiedene Formen haben. Besonders extrovertierte Hunde beißen oder zerkauen Vorhänge und graben Löcher, mehr introvertierte Tiere suckeln Löcher in Kleidungsstücke oder lecken und kratzen sich laufend so stark, daß sie dadurch sogar entstellende Wunden verursachen. Extrovertierte Hunde bellen und heulen bei jedem Passanten, bei einer Sirene oder einer anderen Stimulanz. Introvertierte Hunde bellen und heulen ohne erkennbare Ursache und winseln häufig während der Pausen der anderen Hunde. Hält man extrovertierte Hunde isoliert außerhalb des Hauses, versuchen sie auszubrechen; introvertierte Hunde versuchen dagegen ins Haus zu gelangen. Beide Typen verfallen auf Verunreinigungen des Hauses in erster Linie als Mittel, ihr Territorium zu markieren.

Obwohl die Hunde der Familie Comisky ihrer Natur nach soziale Tiere sind, haben Umgebung und die introvertierte Persönlichkeitsstruktur ihre Entwicklung sozialer Kontakte in Richtung auf die Menschen begrenzt. Erinnere dich, Familie Comisky lebt ein ruhiges, zurückgezogenes Leben und hat selten Besuch. Obwohl es zwischen Hundebesitzern und Hunden ein sehr starkes Band gibt, ist es nicht stark genug, auch zu anderen Menschen zu führen.

„Wie ist das nur gekommen?" fragt Gina Comisky. „Ich dachte, das generalisierte Sichtvermögen des Hundes führe dazu, daß sie alle Menschen auf gleiche Art wie uns liebten." Das würde es theoretisch – wenn wir uns nur mit dem Problem der Kommunikation über das Auge befaßten. Hier handelt es sich jedoch um ein Problem, das alle Sinne anspricht, einschließlich Liebe und Vertrauen. Werden Hunde in abgegrenzten Bereichen gehalten wie bei den Comiskys, dann werden insbesondere die introvertierten Hunde immer scheuer und scheuer. Schließlich führt diese Scheu zu einem Gefühl der Verletzbarkeit, das sich möglicherweise selbst im Verteidigungsverhalten ausdrückt, im Erstarren, Fliehen oder Angreifen.

Wenn wir uns die breite Palette vielschichtiger Problemstellungen ansehen, können wir beide Probleme der Hunde bei Familie Eberhard und bei Familie Comisky in erster

Linie als Folge einer Isolation ansehen. Bei Familie Eberhard zeigt der im Normalfall extrovertierte, stark sozialisierte und auf Menschen orientierte Hund sein schlimmstes Verhalten, wenn man ihn allein läßt. Der isolierte Lebensstil der Hunde bei Familie Comisky hat diese mehr introvertierten Tiere nur schwach soziale Instinkte entwickeln lassen. Sie zeigen ihr schlimmstes Verhalten dann, wenn etwas auftritt, was sie als unnatürliche menschliche Gesellschaft betrachten.

Die Suche nach den Antworten

Eine Auflistung aller Lösungsmöglichkeiten für alle Probleme könnte auch den liebevollsten und aufmerksamsten Hundebesitzer überfordern. Weil wir aber die allen zugrunde liegende Ursache herausgefunden haben, die oft eine Vielfalt von Problemen auslöst, können wir uns auf diesen einen Grund zunächst konzentrieren. In unseren beiden Beispielen wissen wir jetzt, daß Isolation im einen oder anderen Grad der Hauptstörfaktor ist. Weder die Hunde der Familie Eberhard, noch die der Familie Comisky mögen Isolation.

Eine einfache Lösung für die Besitzer wäre, den Hunden das zu gewähren, was sie möchten. Die Familie Eberhard könnte ihren Lebensstil so neu ordnen, daß die Hunde nie alleine gelassen werden. Die Comiskys könnten dafür sorgen, daß nie Besucher zu ihrem Hause kommen. Solche Entscheidungen sind nicht gerade häufig, da bei einer Reihe von Hundebesitzern das Vertrauen in ihre Beziehungen zu ihren Hunden so gering ist, daß sie nicht bereit sind, ihr gesamtes Leben umzustellen, um dadurch negatives Verhalten ihrer Hunde zu beseitigen. Ein Hundebesitzer reagiert laufend auf kleine und verletzende negative Einwirkungen; er oder sie werden in ihrem Glauben erschüttert, nach und nach kommt ihnen der Hund vor wie ein Albatros, der über ihren Köpfen schwebt. Und selbst der gutartigste Hundebesitzer hat unausweichlich einige

Schwierigkeiten, eine Beziehung zu seinen Hunden zu rechtfertigen und aufrecht zu halten, wenn diese auf seiner Seite auf Schuld und Märtyrertum basiert.

Obgleich deshalb die meisten Hundebesitzer es unmöglich finden, alle Umweltbedingungen abzuändern, die im Regelfall zu dem negativen Verhalten beitragen, wollen dennoch wenige auch das vorhandene Benehmen ihrer Hunde weiterhin tolerieren. Dann ist der nächste Schritt, Lösungsmöglichkeiten zwischen zwei Extremlösungen zu suchen. Meist glauben wir, wenn ein Hund schlechtes Verhalten aufgrund Isolation zeigt, daß die einzige Lösungsmöglichkeit im krassen Gegenteil bestehe, nämlich der totalen Freiheit. Dabei übersehen wir oft eine andere Lösungsmöglichkeit, nämlich mehr Beschränkung.

Erinnere Dich, was wir über unserer Hunde Wahrnehmungsmöglichkeiten erarbeitet haben – ihr besseres Hörvermögen, ihre starke Empfindlichkeit auf Bewegung und Düfte, ihre Reaktion auf Berührung –, dies alles in Zusammenhang mit ihrem Territorialverhalten. Obwohl einige Verhaltensforscher Territorialverhalten ausschließlich als physiologische und instinktive Funktionen einordnen, ist es meine Überzeugung, daß solches Territorialverhalten auch eng verbunden ist mit Liebe. Je enger das Band zwischen Mensch und Hund, desto stärker die Gefühle des Tieres zum Besitzer und seinem Eigentum. Werden die Hunde der Familie Eberhard im Haus eingeschlossen, sind dadurch nicht in der Lage, ihr Territorium zu kontrollieren, neue Reize entgegenzunehmen, dann sind sie frustriert. Dringen Besucher ein, sehen sich die Hunde der Familie Comisky verpflichtet, das Eigentum ihrer Besitzer zu verteidigen, obwohl ihre Instinkte ihnen raten, wegzulaufen. In beiden Fällen strömt eine Fülle von über die Sinnesorgane aufgenommenen Daten durch die Hunde und führt dann zu einer Botschaft, die laut und klar sagt: „Finde heraus, was für ein Lärm, Person, Geruch oder Bewegung das ist. Schütze Dein Territorium!" Aber die Eberhard-Hunde können es nicht, die Comisky-Hunde wollen es eigentlich nicht.

Hundebesitzer, die für derartige Problemstellungen eine Antenne haben, können sehr viel Spannungen beseitigen, viel negatives Verhalten unterbinden, ganz einfach dadurch, daß sie ihre Hunde in ihrer Bewegungsmöglichkeit stärker einschränken. Unterbringung in Käfigen löst spannungsbedingtes Verhalten wie Kläffen, Kauen, Graben und Beschmutzen des Hauses, was bei innerhalb des Hauses frei eingesperrten Tieren so oft passiert. Auch Hunde, die außerhalb des Hauses derartiges Verhalten zeigen, können in ihrer Bewegung eingeschränkt werden, aber der Zwinger oder der Käfig sollte innerhalb des Hauses plaziert werden. Der Gedanke ist nicht nur, für den Hund einen sicheren Zufluchtsort zu schaffen, sondern auch so viel wie möglich Spannungen auslösende Reize auszuschalten. Derartige Beschränkungen bergen aber offensichtliche Gefahren, etwa im Zusammenhang mit dem Klima (im Sommer zu heiß, im Winter zu kalt). Auch muß man mit derartigen Beschränkungen vorsichtig sein, wenn man beispielsweise eine lange Reise hinter sich hat, der Hund noch durch all die tatsächlichen oder eingebildeten territorialen Drohungen aufgeregt ist. In solchen Fällen vermehrt sofortiges Einsperren noch die Spannungen, löst Frustration aus. Unter solchen Umständen könnte ein Hund, der sonst die Tür benagte, damit beginnen, seine eigenen Pfoten zu beknabbern.

Stelle den Käfig an einen abgeschiedenen, ruhigen Platz, am besten in das Schlafzimmer der Hauptbezugsperson des Hundes oder in den Wäscheraum in der Nähe des Wäschekorbs, wo der Hund von ihm vertrauten Gerüchen umgeben ist. Hundebesitzer, die viel Radio hören, werden schnell feststellen, daß wenn sie das Radio in ihrer Abwesenheit weiterspielen lassen, dies dazu beiträgt, den Hund ruhig zu halten. Der Radioklang wird damit hörbare Erinnerung an den Besitzer und blockiert gleichzeitig möglicherweise auch von außen kommende bedrohliche Klangeinwirkungen. Benutze das Radio aber nur, wenn es ein Teil Deiner normalen Routine ist. So hatte man einem älteren Klienten, der mit seinem niedlichen Mops ein recht ruhiges Leben führte, geraten, in seiner Abwesenheit das Radio für den Hund spielen zu lassen. Weil aber der

Hund nicht daran gewöhnt war, trieb der Klang der Musik und fremder Stimmen das arme Tier zur Verzweiflung – zu einer Verzweiflung, die sich in Zerstörungen ausdrückte.

Wie die Haltung in Käfigen sehen Hundebesitzer oft jede Form der Freiheitsbeschränkung des Hundes einschließlich Leinenführung als eine Verletzung der Freiheit des Hundes, als ein unbegründetes Vorurteil gegen ihre Fähigkeit, einen Hund richtig zu erziehen. Das Maß echter Freiheit ist das Vertrauen. Ein Tier, das an der Aufgabe, ein Riesengrundstück zu schützen, verzweifelt, ist durch seine Instinkte und sein fehlendes Selbstbewußtsein viel mehr seiner Freiheit beraubt, als ein Kettenhund, der zufrieden in seiner Hütte schläft oder ein Hund in seinem geliebten Käfig. Freiheit ist keine Frage, wo Du bist, es zählt vielmehr, wie Du Dich fühlst. Wie bei unseren Ausarbeitungen über Liebe, Vertrauen und Strafe im Verhältnis zu unseren Hunden ist es außerordentlich wertvoll, auch hier den bekannten Spiegel aufzustellen, wenn wir unsere Überzeugungen über Freiheit zu erforschen suchen.

Nicht nur, daß einige Formen der Bewegungseinschränkungen viel Druck von einem furchtsamen (und deshalb gewöhnlich übermäßig beschützerischen) Tier nehmen, eine solche Begrenzung ist auch für uns Menschen moralische Verpflichtung.

Aus einer Reihe von Gründen haben viele Hundebesitzer Schwierigkeiten, eine ganz einfache Grundwahrheit zu akzeptieren: Wir sind stets für das Verhalten unserer Hunde verantwortlich, für diese Verantwortung gibt es *keine Ausnahme!* Das Gesetz verlangt von uns, daß wir unsere Haustiere kennen, fähig sind, sie jederzeit zu kontrollieren. Beachte, das Gesetz erwartet nicht, daß unsere Hunde gut erzogen sind. Das Gesetz kümmert sich auch nicht darum, ob Dein Hund Dein Haus in Stücke zerlegt oder Deinen Garten zu einer Art Minenfeld umgräbt, dies alles solange es keinen Dritten oder dessen Eigentum beeinträchtigt. Wann immer jedoch Dein Hund etwas tut, was als gefährlich oder als Unfug angesehen wird – einschließlich vor ein Auto laufen oder Stromableser zu beißen – bist du stets verantwortlich, ganz gleich was die Ursachen sein mögen. Wenn Dein Liebling je ein solches Verhalten zeigt, mußt Du unbedingt eine verläßliche Methode wählen, ihn sofort unter Kontrolle zu bekommen, selbst wenn Du planst, ein Ausbildungsprogramm auszuarbeiten, das ein solches Verhalten künftig unterbindet. Steht ein Tier nicht unter Deiner *völligen* Kontrolle über das Wort oder irgendeine Art der Kommunikation, dann mußt Du Deinen Hund mechanisch in seiner Bewegung einschränken. Deine Nachbarn und – Dein Hund werden es Dir danken.

Ein langer Weg zu ein wenig Wissen

Zunächst beginnen die Familien Eberhard und Comisky als Sofortlösung ihre Hunde in ihrer Freiheit zu beschränken, um dadurch Zerstörung und mögliche Bedrohung anderer zu beenden. Danach fangen sie an, sich noch spezielle Einzelinformationen zu besorgen. Beide Familien erlernen die breite Skala der Verhaltensprobleme von Hunden, begründet auf mangelndem Selbstvertrauen der Tiere, und wir haben schon herausgefunden, nichts bildet Selbstvertrauen so schnell aus wie richtiges Lernen.

Weil die Eberhards und ihre wachsende Familie in einem dicht bevölkerten Gebiet leben, entscheiden sie sich, die notwendige Zeit aufzubringen, um ihre Hunde auszubilden. „Wenn die Hunde heute schon nicht mit ihrem eigenen Streß fertig werden", begründet Les Eberhard, „dann wird es für sie nur noch schwieriger, wenn sie erst älter werden." Damit hat Les vollkommen recht. In der Tat zeigen viele furchtsamen Hunde ihre Furcht zunächst durch Bellen, wenn alleingelassen, durch Kauen, Graben und Verschmutzen des Hauses, das später oft in defensives Schnappen und Beißen übergeht. So schreibt Familie Eberhard ihre Hunde in einen 10-Wochen-Lehrgang ein, der ein tägliches Ausbildungsprogramm vorsieht, in dem auch alle Familienmitglieder geschult werden. In Verbindung mit der besprochenen zeitweisen räumlichen Beschränkung zahlt sich ein solch vertrauensbildender Lehrgang in wenigen Monaten aus. Obwohl die

Eberhards nun nicht die Hunde speziell in der Richtung erziehen, nicht zu bellen, graben, kauen oder das Haus zu beschmutzen, lösen sich diese Probleme bereits durch die Beseitigung des Isolationszwangs durch Haltung in Käfigen. Die Vertrauensbildung erfolgt über gemeinsame Arbeit, so verschwinden gleichzeitig die frustrationsbedingten, negativen Verhalten. Sicherlich, Familie Eberhard konnte auch das negative Verhalten ihrer Hunde dadurch korrigieren, daß sie neue Reize setzen wie die Familie Hanff in Kapitel vier oder Mark und Claudia in Kapitel sechs. Derartige Ersatzreize behandeln jedoch bei Verhaltensstörungen, die auf Isolation und mangelndem Vertrauen beruhen, nur Symptome, nicht die Ursache. Familie Eberhard könnte frustriertes Bellen, Kauen oder Graben beseitigen, indem sie neue Reize setzt. Häufiger als nicht jedoch lösen solche Praktiken nur zusätzliche Turbulenzen aus, das Grundproblem des Hundes ist fehlende Übereinstimmung mit den Menschen. Ohne Beseitigung dieser Ursache kann sich sogar die Frustration noch vermehren und neu manifestieren, meist in einer in andere Richtung gehenden zerstörerischen Form.

Die Comiskys gehen auf völlig andere Art das Problem des Verhaltens ihrer Hunde an. Sie mögen sich nicht an einem Programm beteiligen, welches mehr Vertrauen zwischen Mensch und Tier aufbaut, sie entscheiden sich ganz einfach, die Bewegungsfreiheit ihrer Tiere zu beschränken. Wahrscheinlich würde Familie Eberhard dies als ein völlig unverantwortliches Verhalten von Hundebesitzern bezeichnen, dennoch wollen wir uns die Gründe der Familie Comisky anhören:

„Wir haben mit mehreren Sachverständigen und Ausbildern gesprochen. Sie sagten uns übereinstimmend, daß zur richtigen Sozialisierung der Hunde wir tägliche Ersatzreize aufbauen müßten, auch ein klares Trainingsprogramm. Da unsere Hunde sich vor fremden Menschen und Fahrzeugen fürchten, müßten diese Elemente gleichfalls in das Ausbildungsprogramm einbezogen werden. Mit anderen Worten müßten wir uns über das Programm gerade mit all den Dingen auseinandersetzen, derentwegen wir uns in unsere Wälder zurückgezogen haben, mit Dingen, die uns zuwider sind. Offen gesagt, das ist es uns nicht wert! Die Hunde sind alt, wir sind auch alt. Trotz aller unser Versuche, sie zu veranlassen, mehr in der Wohnung zu sein, leben sie lieber draußen und lassen sich lieber anketten."

In diesem Fall bringen die Comiskys ihre Liebe und ihr Vertrauen in die Beziehung zu ihren Hunden in einer vollkommen anderen Art zum Ausdruck. Da ihr Lebensstil so gelagert ist, daß sich das Negativverhalten nur gelegentlich äußert, haben sie das Bewußtsein, daß sie das Verhalten ihrer Hunde *akzeptieren* können ohne große Schuldgefühle, oder daß sich ihre positive Beziehung zu ihren Hunden ändert. Da sie Vertrauen in ihre Fähigkeit haben, eine gute Verbindung zu ihren Hunden aufrecht zu erhalten, fühlen sie sich in ihrer Überzeugung bestärkt, daß es den Hunden wenig ausmacht, in ihrer Bewegungsfreiheit eingeschränkt zu werden. Würden John oder Gina den Gedanken des Ankettens ihrer Hunde abscheulich finden oder glaubten sie, die Hunde litten darunter, würde diese Art von Problemlösung offensichtlich nie erfolgreich sein.

In beiden Fällen sehen wir, wie vielschichtige Probleme schnell auf eine einzelne, zugrundeliegende Ursache reduziert werden können. Diese Ursache können die Hundebesitzer dann aufgrund der eingeholten Informationen und entsprechend ihren eigenen Wünschen beseitigen. Solange Liebe und Verantwortungsbewußtsein von Anfang an gegeben sind, wird stets eine Lösung gefunden.

Einzelproblemlösung

Eine andere Art, vielschichtige Verständigungsprobleme zu lösen, ist eine Aufspaltung. Ähnlich wie verschiedene Hunderassen verschiedenartige Empfindsamkeiten auf äußere Reize haben, so reagieren verschiedene Hundebesitzer auf gleiche Probleme mehr oder weniger stark. So leben zum Beispiel in der Familie Eberhard fünf aktive

Söhne im Alter zwischen 11 und 19 Jahren. Logischerweise gibt es bereits in ihrem normalen Lebensstil eine Menge an Lärm und mehr als ein geflicktes, geleimtes oder mehr oder weniger perfektes Möbelstück. Deshalb sind Bellen, Kauen und Graben für Gretchen Eberhard eigentlich kein großes Problem. Obgleich ihr Haushalt mehr oder weniger ein ramponiertes Aussehen hat, ist Gretchen jedoch besonders stolz auf ihre Reinlichkeit. Allein die Vorstellung von Urin und Kot in ihrem Haus macht Gretchen völlig krank. Wenn auch alle vorhandenen Probleme die gleiche Wurzel haben, für Gretchen zählt nur das Beschmutzen des Hauses, und auf diese Problemlösung will sie sich allein konzentrieren.

In ähnlicher Weise könnten die Comiskys alles hundliche Verhalten tolerieren, das zu ihrem eigenen, abgeschiedenen Lebensstil paßt. Nur, ein ganz besonders geschätzter Besucher ist ihre geliebte kleine Enkelin, und Gina und John würden sterben, wenn ihre Hunde das Kind in irgendeiner Weise bedrohten oder gar verletzten. Deshalb ist es ihnen wert, täglich 30 Meilen zu fahren, das Kind abzuholen und wieder nach Hause zu bringen. Nach und nach gewöhnen sie die Hunde an die Anwesenheit des Kindes und helfen damit sowohl den Hunden wie dem Kind, zueinander Liebe und Vertrauen zu entfalten. Obgleich dies ein recht zeitraubender Prozeß ist, so ist es doch für die Comiskys eine liebevolle Aufgabe, deshalb für sie mehr als lohnend.

Der größte Nachteil, ein Problem isoliert zu lösen, ist der, daß es unnötigerweise den gesamten Erziehungsprozeß kompliziert. In der Zeit, in der Gretchen das Problem der Stubenreinheit ihrer Hunde löst, könnte sie alle Probleme bereinigt haben. In der Zeit, die Familie Comisky braucht, ihre Hunde mit ihrem Enkelkind zu sozialisieren, könnte sie die Tiere auch an alle Leute gewöhnen. Wenn jedoch Hundebesitzer echt glauben, es gäbe nur ein einzelnes Problem, ganz gleich, wie engrahmig dieses definiert wurde, dann ist es unausweichlich das einzige, auf das sie bereit sind, sich zu konzentrieren.

Der Puli meiner Klienten kaute mit Begeisterung Schuhe auf, wann immer er allein gelassen wurde. Die einzige Sorge seiner Besitzer war aber darauf gerichtet, ein ganz bestimmtes Paar Schuhe nicht vom Hund zerstören zu lassen. Ich empfahl, den Hund in Abwesenheit in einen Käfig zu stecken, damit die Isolationsangst zu beseitigen, die zu dem Kauen führte, aber dieser Vorschlag wurde sofort als „viel zu grausam" verworfen. „Warum stellt Ihr die Schuhe nicht an einen Platz, wo der Hund sie nicht erreichen kann?" war mein zweiter Vorschlag.

„Doktor, Sie scheinen nicht zu verstehen. Pierre kann gerne alle meine Schuhe zerkauen, wann immer er will, nur nicht dieses eine Paar. Ich glaube, ich bin ihm gegenüber mehr als fair, das einzige, was er tun kann, ist, daß er meine Gefühle respektiert."

In diesem Fall wurden neue Befehlsreize benutzt, um das Problem zu beseitigen. Aber wie bei der Lösung so vieler Einzelprobleme, das dahinterstehende Mißverstehen zwischen Besitzer und Hund dauerte an.

Nachprüfung: Der letzte Schritt

Manchmal ist es recht schwierig zu beurteilen, ob wir ein ganzes Problem lösen oder nur einen Teil. Hier bedarf es einer nachträglichen Überprüfung. Wenn wir schon von Anfang an wissen, daß wir ein vielschichtiges Problem vor uns haben, wird die kritische Analyse danach noch wichtiger. So zeigten zum Beispiel die Hunde der Familie Eberhard zum Ende ihres zweiten und dritten Ausbildungsmonats beträchtliche Verbesserungen, am Ende des vierten Monats war aber eine merkliche Verschlechterung eingetreten. Zu dieser Zeit entdeckten die Eberhards, daß ihre Söhne in der Ausbildung ziemlich lax geworden waren, so kehrten die Hunde wieder in ihre alten Verhaltensmuster zurück. Obwohl jeder in der Familie ganz klar wußte, wo die Probleme der Hunde lagen und wie man sie lösen könnte, ergab die Nachprüfung, daß es neben den Hundeproblemen auch Probleme mit den Menschen gab. Eine offene und freie Aussprache in der Familie brachte zutage, daß die zwei älteren Jungen solchen täglichen Ausbildungsstunden recht ablehnend gegenüber standen, sie scheuten sich jedoch, dies dem Rest der Familie gegenüber zuzugeben. Stattdessen hatten sie immer weniger Zeit mit den Hunden verbracht. Nachdem glücklicherweise das Problem einmal erkannt war, waren die jüngeren Kinder und die Eltern bereit, diese Nachlässigkeit zu akzeptieren, ohne den anderen ein Gefühl der Pflichtversäumnis und mangelnder Tierliebe zu vermitteln.

Obgleich damit das Hundeproblem zum Menschenproblem geworden war, die Kraft des sechsten Sinnes – der Liebe – half, auch dieses Problem zu lösen. Was passiert aber, wenn Familie Eberhard keine Lösung findet, die für alle akzeptabel ist? Diese Frage ist sehr schwer zu beantworten. Wir alle bilden uns gerne ein, daß wir kompromißfähig sind, in Wahrheit aber arbeiten Kompromisse nur dann gut, wenn am Anfang unsere Überzeugungen nicht zu stark fixiert sind. Sind nämlich unsere Ideen sehr stark, führen Kompromisse über mehr als eine kurze Zeit nur zunächst zu größerem Ressentiment, dann zum Ärger, schließlich zum Schuldgefühl. Was zunächst mit einem Verständigungsproblem Hund/Mensch beginnt, wird über sich voll entfaltende menschliche Emotionen zum Chaos. Kann man nicht die gemeinsame Überzeugung aufbauen, daß ein kurzzeitiger Kompromiß für eine *klar umgrenzte* Zeit mit einem hochgesteckten Ziel für alle Beteiligten akzeptabel ist, dann ist es bei weitem besser zu lernen, mit dem negativen Verhalten der Hunde zu leben.

Bei einer der periodischen Überprüfungen der vorgenommenen Veränderungen in der Familie Comisky stellen sie fest, daß inzwischen die Hündin durch die Anwesenheit fremder Fahrzeuge oder Menschen noch aufgeregter geworden ist als zuvor. Ein Besuch beim Tierarzt zu einer gründlichen körperlichen Untersuchung ergibt, daß die Hündin an einem erblichen Hüftproblem leidet. Die daraus entstehenden Schmerzen führen dazu, daß die Hündin sich noch verletzlicher fühlt als gewöhnlich, daher ihre vermehrte Verteidigungsbereitschaft. Als sie noch die ganze Zeit frei laufen konnte, war ihre tägliche Bewegung gleichmäßig, ihre Hüften machten ihr keine Schwierigkeiten. Nachdem sie jetzt in der Bewegung eingeschränkt ist, kann sie dies nicht mehr so gut kompensieren. Der Tierarzt schlägt vor, Familie Comisky möge mit dem Hund zu seiner Behandlung tägliche Spaziergänge machen, hierdurch gewinnt sie bald wieder ihr normales Verhaltensmuster zurück.

Hätten diese Besitzer nicht routinemäßig die Fortschritte ihrer Hunde überprüft, hätten sie alle diese wichtigen Veränderungen übersehen.

Das feste Band

Das ganze Buch hindurch haben wir direkt oder indirekt immer wieder auf die Liebe als kritischen Faktor in der allesumfassenden Verbindung hingewiesen, aus der eine unsichtbare Leine zwischen Hundebesitzer und Hund entsteht. Unglücklicherweise haben einige Hundebesitzer ziemlich grobe Vorstellungen, was man von Leinen wirklich erwarten kann.

„Sie verhindern, daß ein Hund wegläuft", sagt Gretchen Eberhard.

„Leinen verhindern, daß Hunde in Schwierigkeiten kommen", setzt John Comisky hinzu. „Es ist ein Mittel, sie zu kontrollieren."

Diese Feststellungen spiegeln weit verbreitete Auffassungen. Danach ist eine Leine ein mechanisches Mittel, durch das wir unsere Dominanz oder unsere Kontrolle über unsere Tiere ausüben. Die Leine ist unsere Versicherungspolice, daß unsere Hunde uns nicht verlassen, daß sie all das tun, was wir von ihnen erwarten. Nur ganz wenige Menschen bemerken, daß, wer immer am einen oder anderen Ende der Leine hängt, *beide* Partner durch ihre Gegenwart gleichmäßig aneinander gebunden und beschränkt sind. Die Hundebesitzer, deren Hunde sie die Straße entlangziehen, sind in keiner Weise freier, auch sie können sich nicht normaler vorwärtsbewegen als ihre Hunde.

Hundebesitzer, die allein aufgrund von Leinenzwang ihre Hunde kontrollieren können, wissen, daß sie über ihre Hunde überhaupt keine Kontrolle haben, wenn sie nicht am anderen Ende dieser Leinen sind.

Jetzt aber wissen wir, es gibt eine viel umfassendere Betrachtungsweise einer Leine. Jetzt erkennen wir, daß eine Leine auch als Brücke dienen kann, als körperliches Bindeglied zwischen Hundebesitzer und Junghund, ähnlich dem kleinen Zweijährigen, der an Mutters Schürze hängt oder dem Liebespaar, das unter einer Decke steckt. Plötzlich wird dadurch aus unserem Symbol beschränkter Freiheit und Knechtschaft ein Symbol der Bequemlichkeit, Kommunikation und Liebe.

Ich glaube, es gibt keinen einzigen Hundebesitzer, der sich nicht die Sicherheit einer Leine ohne die Einschränkungen ihrer körperlichen Anwesenheit wünschte. Wir alle haben unsere Vorstellungen von einem Spaziergang durch die dicht bevölkerten Städte oder zerklüfteten Wälder, unsere Hunde an unserer Seite, nicht uns sklavisch ergeben oder von Furcht bestimmt, sondern entspannt und bequem. Manchmal unternehmen sie einen kleinen Abstecher zur Seite, ganz gleich wo wir anhalten, um in ein Schaufenster zu schauen oder mit unseren Blicken dem Flug des Falken zu folgen. Verläßt unser Traumhund für kurze Zeit unsere Seite, verfallen wir nicht in Panik. Wir wissen, alles ist in Ordnung und er wird immer wiederkehren. Er braucht nicht zwei Schritte hinter unserem linken Knie zu bleiben oder sich hinzusetzen, wenn wir stehenbleiben. Wir wissen, er ist immer bereit, kann und will diese Dinge tun, wenn wir es von ihm verlangen, aber es ist nur sehr selten notwendig. Manchmal glauben wir, unser Traumhund sei etwas zu weit gegangen, aber gerade in dem Augenblick, wenn wir ihn pfeifend rufen wollen, kommt er von selbst. Möglich, wir sagen etwas, um ihn zu belobigen, vielleicht auch nicht. Mag sein, alles, was wir mit ihm wirklich teilen, ist gerade die jetzige Aussicht und das gemeinsame Gefühl.

Selbst wenn das Verhalten Deines Hundes sehr verschiedenartig von dem Verhalten des gerade beschriebenen Hundes ist, bist Du wie ich, *ist* Dein Hund Dein Traumhund.

Es ist durchaus möglich, daß Dein Hund so unruhig ist wie ein Kreisel und Du annehmen mußt, daß er mit hoch erhobener Rute in grüne Jagdgründe abwandert, wenn Du ihm den Rücken kehrst. Bedeutet dies etwa, daß Du Deinen Willen Deinem Hund fehlerhaft oder armselig überträgst? Nicht im geringsten – es bedeutet genau das Gegenteil. Die Tatsache, daß Du mit Deinem Hund diese ganz spezielle Beziehung entwickelt hast, das Gefühl des Zusammengehörigseins, erhebt Euch über Begriffe wie einfachen Gehorsam, entzieht sich einer Beschreibung durch Worte. Dieser unruhige, wollige Kreisel sagt Dir, daß die unsichtbare Leine – das Band der Liebe – schon angelegt ist. Alles was Du zu tun hast, Du mußt lernen, darauf zu vertrauen – auch Dir selbst – und dieses Band nutzen.

Wahrscheinlich sollten wir fähig sein, uns diesem Band intuitiv anzuvertrauen, ähnlich dem Straßenhund mit seinem gebrochenen Lauf, der an der Vordertür der orthopädischen Klinik auftaucht oder der verirrte Betrunkene, der seinem acht Pfund schweren Spitz zutraut, daß er ihn schon wieder nach Hause bringt. Aber die meisten von uns haben weder in sich selbst noch in ihre Hunde so viel Vertrauen. Hieran müssen wir arbeiten. Wir müssen Wege schaffen, um zu prüfen, daß die Liebe da ist. Einige von uns empfinden, daß für ein solches Band laufende Antwort auf unsere Kommandos genügend Beweis sei. Andere glauben, die Bereitschaft des Hundes, symbolische Geschenke wie Nahrung, eigenes Schlafquartier oder Ausstattung in gleicher Art entgegenzunehmen wie ein anderer Mensch, zeige an, daß ein festes Band bestehe. Die klügsten Hundebesitzer jedoch setzen ihr volles Vertrauen in die Kraft der unsichtbaren Leine aufgrund des Wissens: Je mehr wir wissen, um so mehr Vertrauen haben wir, um so mehr haben wir mit anderen gleich welcher Art zu teilen. Ich vermute, der Grund, warum einige Verständigungsschwierigkeiten haben, liegt darin, daß sie sich nie die Zeit genommen haben, genügend von und über ihre Haustiere zu lernen. Dies hat wieder zur Folge, daß sie nichts gemeinsam haben, das sie übermitteln könnten.

Der wahre Wert der Liebe als unsichtbare Leine, als Brücke über die Schlucht zwischen Hundebesitzer und Hund, die alle Formen der Kommunikation frei zum Austausch bringt, wurde mir durch meinen Sohn erst ganz klar. Ich unterhielt mich gerade einmal wieder in meiner typischen Art mit einem meiner Hunde und sagte: „Dacron, Du dummer alter Junge, Du bist der beste Hund in der ganzen Welt!"

„Oh Mam", grinste mein Sohn. „Das sagst Du doch zu allen Hunden!"

Und er hat recht, das tue ich wirklich – und meine dies auch immer so! Besteht offene Bindung zwischen den zwei Gattungen Mensch und Hund, ist stets jeder Hund der beste Hund in der ganzen Welt. Wenn ich den Kopf meines Hundes in beiden Händen halte und ihm tief in seine Augen schaue, obwohl er gerade in meinen schönsten Blumenrabatten schlief, und einmal meine eigenen wechselnden und manchmal gestörten Gedanken vergesse, was sehe ich dann? Ich sehe genau dasselbe, was alle Hundebesitzer sehen, die sich die Zeit nehmen und das Vertrauen haben, sich voll der Bindung mit ihrem Hund hinzugeben. Jenseits des verzerrten Blicks und der Fülle von Gerüchen und Geräuschen, jenseits den völlig einmaligen Geruchseindrücken und Empfindungen, gibt es ein immer vorhandenes, dauerhaftes, außerordentlich flexibles und nicht im geringsten einengendes Band – Liebe genannt. Aneinandergebunden zu sein ist überhaupt keine Bindung; es ist die volle Freiheit in der reinsten Form von Freiheit. Dieses Band ist schon angelegt, man kann es immer gebrauchen. Alles was wir zu lernen haben, ist dies zu erkennen.

Werfe einen tiefen Blick auf Deinen Hund, was siehst du? Zuerst magst Du nur eine Reflektion Deiner eigenen Gefühle sehen, aber nimm alles, was Du gelernt hast, über die Verständigung zweier Arten und schaue noch einmal hin. Da! Jetzt weißt Du, was Dein Hund schon immer wußte. Du bist der beste Mensch, der beste Gefährte für den besten Hund in der ganzen Welt.

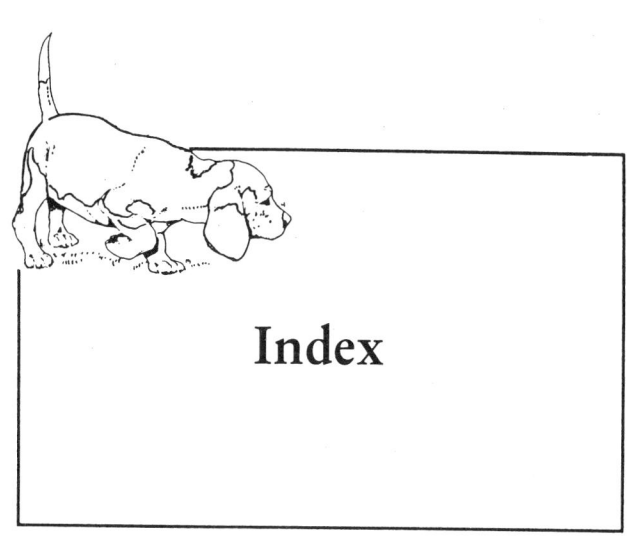

Index

Sachwortregister

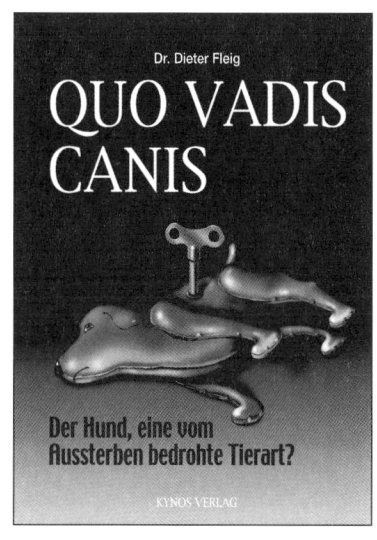

Hunde besser verstehen

Dr. Roger Mugford
HUNDE AUF DER COUCH
Verhaltenstherapie bei Hunden
Was löst bei Hunden Aggressionen aus? Wie kann sich der Mensch gegen angreifende Hunde schützen? Wie befreit man Hunde von ihren Ängsten? Dieses Buch hat der weltweit hoch angesehene Verhaltenstherapeut Dr. Roger Mugford geschrieben - allen Hundehaltern bekannt als der Erfinder von *Halti, Boomerball, Kongspielzeug, Aboistop!* Der große Vorzug des Buches - wir erfahren an Fallbeispielen exakt, welche Schritte erforderlich sind, um die Störungen zu beseitigen. Manchmal ist es mehr Liebe, oft ist es auch mehr Härte gegenüber dem eigenen Hund und sich selbst! *Für jeden Hundehalter, der dazu lernen möchte, ist dieses Buch unverzichtbar!* (Dr. Dorit Feddersen-Petersen) 208 Seiten, 61 Farbfotos. DM 49,80. ISBN 3-924008-75-2

J. M. Evans & K. White
DOGLOPAEDIA - Das große
1 x 1 der Hundehaltung
Die Doglopaedia übermittelt übersichtlich und umfassend das Wissen, das jeder Hundefreund im täglichen Umgang mit seinem Hund wirklich braucht. Sie ist nicht nur ein *Einsteigerbuch für den Anfänger,* sondern in erster Linie *ein Nachschlagewerk,* das zu fast jeder Frage kompetente Antworten anbietet. Für den Laien klar verständliches Tabellenmaterial, Falllösungen *Was tun, wenn...,* über 43 Einzelprobleme, Darstellung des Hundes in gesunden und kranken Tagen mit Körperfunktionen und Infektionskrankheiten, alles findet der Leser übersichtlich zusammengestellt. Dieses Buch empfiehlt der Verlag als eines seiner wichtigsten. 258 Seiten, 41 tabellarische Zusammenstellungen, reiche Illustrationen. DM 42,--. ISBN 3-929545-61-6

Carl Gorman
DER ALTERNDE HUND
Diese Neuerscheinung füllt eine bedauernswerte Lücke. Dabei dauert das Hundeleben 10 bis 16 Jahre - und die letzten Jahre sind ebenso wichtig wie die Jugend! Dr. Carl Gorman weist einen Weg *wie Du Deinem Hund durch seine goldenen Jahre hilfst!* »Es ist eben ein alter Hund, da kann man nichts machen!« Wer dieses Buch gelesen hat, dem fällt es wie Schuppen von den Augen, was er alles bisher durch Nichtwissen und Gedankenlosigkeit an seinen Hunden versäumt hat! Das Altern verliert an Bedrohlichkeit - für Mensch und Tier, wenn man es bewußt angeht, richtig gestaltet. Dieses Buch wird dem Hundehalter eine große Hilfe sein. 136 Seiten, reich illustriert, 6 Farbfotos. DM 28,--. ISBN 3-929545-63-2

Eberhard Trumler
DER SCHWIERIGE HUND
Unser absoluter Bestseller im Verlagsprogramm, unverändert in der fünften Auflage hochaktuell. Die Themen Problemhunde, Aggression, Angst, Wesensschwäche, Kläffen, Zwingerhaltung, Stubenreinheit, Zerstörungen, Weglaufen, Streunen, Kotfressen, Wasserscheu... sie alle werden ausführlich erläutert und Lösungsmöglichkeiten aufgezeigt. Am wichtigsten: *Der kluge Ungehorsam!* Und wo endet das Buch: *Beim schwierigen Menschen!* Sehr empfehlenswert! 206 Seiten, 46 Meisterfotos von Dr. Hans Jesse. DM 36,--. ISBN 3-924008-14-0

KYNOS VERLAG Dr. Dieter Fleig GmbH - Am Remelsbach 30
54570 Mürlenbach/Eifel - Telefon: 0 65 94 / 653 - Telefax: 0 65 94 / 452

THE INTERNATIONAL ENCYCLOPAEDIA OF DOGS

Anne Rogers Clark / Andrew H. Brace

KYNOS GROSSER HUNDEFÜHRER

Deutsche Redaktion:
Dr. Dieter Fleig

- **Sie sind ein Hundefan!**
- **Interessieren Sie sich für alle Hunde?**
- **Können Sie 315 Hunderassen voneinander unterscheiden?**
- **Wissen Sie, welche Hunde besonders zu Ihnen passen?**
- **Kennen Sie sich aus in Rassegeschichte, Wesen, Gesundheit, Popularität, Rassemerkmalen und Anpassungsfähigkeit der einzelnen Hunderassen?**

Drei führende Verlage in Deutschland, England und USA haben zwei weltweit anerkannte Rasseexperten beauftragt, diese Fragen für jeden Hundefreund ausführlich, verständlich, übersichtlich und fachkundig zu beantworten. Hinzu treten Spitzenfotografen aus aller Welt, die 315 Hunderassen so portraitieren, wie sie wirklich sind.

Dieses Buch gehört in die Bibliothek jedes Hundeliebhabers, ein Geschenkbuch für das ganze Leben! Es bietet an, Ihnen den vierbeinigen Lebenspartner vorzustellen, der wirklich zu Ihnen passt.

ISBN 3-929545-29-2, 496 Seiten Großformat, 450 Farbfotos, **nur** DM 99,80.

KYNOS VERLAG Dr. Dieter Fleig GmbH, Am Remelsbach 30, D-54570 Mürlenbach • Tel. 0 65 94 / 653 • Fax: 0 65 94 / 452